Johnson-Jahrbuch
Band 10/2003

Johnson-Jahrbuch

Band 10/2003

Herausgegeben von
Ulrich Fries, Holger Helbig und Irmgard Müller

Vandenhoeck & Ruprecht

Redaktion: Holger Helbig

Umschlagbild: Andreas Lemberg, Uwe Johnson V, Öl auf Leinwand

Die Deutsche Bibliothek – CIP-Einheitsaufnahme

Johnson-Jahrbuch. –
Göttingen: Vandenhoeck und Ruprecht.
Erscheint jährl. – Aufnahme nach Bd. 1. 1994
ISSN 0945-9227

Bd. 10. 2003 –

ISBN 3-525-20909-6

Satz: Competext, Heidenrod
Druck und Bindung: Hubert & Co., Göttingen

Inhalt

Kleine Beiträge

Besprechungen

Johnsons Werke werden wie folgt abgekürzt:

BU	Begleitumstände	KP	Karsch, und andere Prosa
BS	Berliner Sachen	MJ	Mutmassungen über Jakob
DBA	Das dritte Buch über Achim	RK	Eine Reise nach Klagenfurt
HNJ	Heute neunzig Jahr	SV	Skizze eines Verunglückten
IB	Ingrid Babendererde	ZA	Zwei Ansichten
JT	Jahrestage		

Vorwort

Nach durchaus abwechslungsreichen Vorverhandlungen entschied Winfried Hellmann im Sommer 1993, man wolle es einmal versuchen mit dem Unternehmen *Johnson-Jahrbuch*, drei Jahre lang, zur Probe. Das war ein engagiertes Entgegenkommen. Wir sprachen von zehn Bänden. Ulrich Fries gab so viele Bilder bei Andreas Lemberg in Auftrag, dasselbe Motiv, immer wieder neu gemalt. Das letzte ist auf diesem Einband zu sehen.

Die zehn Jahre brachten unvergleichliche Erfahrungen, Erlebnisse und Begegnungen, eine Reihe von Konflikten, viel Arbeit, aber nie auch nur im Ansatz den Gedanken: Das hätten wir nicht anfangen sollen. Was eine detaillierte Bestandsaufnahme angeht, so können wir es an dieser Stelle kurz machen und auf den Anhang verweisen. Wir sind zufrieden und hoffen, dass es den Lesern ebenso geht.

Im Vorwort des ersten Bandes hatten wir das Jahrbuch als einen Platz für das Gespräch über Uwe Johnson und seine Bücher beschrieben. Wie sich leicht an den Beiträgen dieses Bandes erkennen lässt, ist das Gespräch in vollem Gange. Katja Leuchtenberger knüpft mit ihren Überlegungen zur textuellen Topographie an Greg Bonds Aufsatz zu den Rauminszenierungen in Johnsons Werk an. Nicola Westphal führt die Analysen zu einer der Schlüsselszenen aus *Ingrid Babendererde* weiter und ergänzt auf die Weise auch die Untersuchungen zu zwei wichtigen Bezugsfiguren Johnsons, nämlich Schiller und Brecht. Michael Hofmann und Ulrich Krellner diskutieren die Aktualität der *Jahrestage* und betonen dabei unterschiedliche Sichtweisen und Standpunkte. Das dürfte ein Zeichen für die inzwischen veränderte Forschungssituation zu Johnson allgemein und seinem wichtigsten Roman im Besonderen sein: Vor dem Hintergrund zahlreicher Einzelstudien lohnt es nun, allgemeinere Überlegungen zum Umgang mit dem Werk anzustellen; ja sie sind in gewissem Maße geradezu erforderlich, um die Voraussetzungen der weiteren Arbeit zu bestimmen. Es wäre übertrieben, von einem Einschnitt zu sprechen. Zwei in engem Zusammenhang stehende Tendenzen sind dennoch nicht zu übersehen: zum einen die zur rezeptionsgeschichtlichen Standortbestimmung und zum anderen die zur gezielten Aufarbeitung der weißen Flecken der Forschung.

Die Gliederung des 10. Bandes trägt dieser Situation Rechnung. Er beginnt nicht zufällig mit einem Beitrag, dessen Untertitel lautet: Bilder von Uwe Johnson in den neunziger Jahren. Greg Bond mustert die Vorstellungen, die die west- und ostdeutsche Öffentlichkeit sich von diesem Autor machte und macht, in biographischen Berichten, Besprechungen, Filmen und Ausgaben – und von denen die der so genannten Forschung nur einen kleinen Teil bilden.

Verglichen mit anderen Autoren wird man sich über öffentliche Aufmerksamkeit für Uwe Johnson kaum beschweren können. Wie aber umschreibt man ihr Ergebnis? Mit dem Blick fürs sprechende Detail fragt Bond, ob es sich um eine »vergebliche Verabredung« gehandelt habe. *Vergebliche Verabredung,* so lautete der Titel des Sammelbandes mit Johnson-Texten, der 1992 bei Reclam Leipzig erschienen ist. Was aus ostdeutscher Sicht ein symbolisches Ereignis hätte sein können, ging auf dem Weg in die deutsche Einheit unter. Und dies bei einem Autor, der als exemplarisch für die deutsche Teilung gilt: Darf man das als gutes Zeichen lesen? Greg Bond stellt die verschiedenen Perspektiven neben- und gegeneinander, ehe er seinerseits das Bild des Schriftstellers vor seinen schwierigen Texten entwirft: »Johnson bleibt nur etwas für diejenigen, die die Nähe nicht suchen und die Identifikationsmodelle nicht annehmen.«

Uwe Neumanns Beitrag gehört gewissermaßen schon zu dem bei Bond angelegten Projekt einer genaueren Rezeptionsgeschichte. Vermutlich um der Wirkung vorzubeugen, die das Markenzeichen MRR unweigerlich nach sich zieht, behauptet Neumann gleich eingangs, es gäbe keine erzählenswerte Anekdote von Uwe Johnson und Marcel Reich-Ranicki. Und es wäre in der Tat zu wenig, wollte man sich damit begnügen, das sodann ausgebreitete Material den Anekdoten zuzuschlagen. Denn wovon die Rede ist, sind zweifelsfrei bisher noch nicht herausgegebene entlarvende Geschichten – aber eben nicht nur. Der Kurz-Brief, mit dem Johnson es ablehnte, an einem Sammelband zu Koeppen unter der Redaktion Reich-Ranickis mitzuarbeiten, ist ein Kabinettstück von Kritik-Kritik; und Johnson hat es durch gezielte Indiskretion geradezu darauf angelegt, ihn in den Stand einer Anekdote zu erheben. Übertroffen wird diese allerdings durch eine zweite Geschichte, bei der Johnson ausnutzt, dass die Pointe einer Anekdote nicht verbürgt sein muss. Zu studieren ist an diesem Fall, wie er es ein weiteres Mal schaffte, im Literaturbetrieb eine Legende in Umlauf zu setzen: Es gäbe ein Buch, das ein deutscher Schriftsteller Marcel Reich-Ranicki »in Liebe« gewidmet habe.

Nicht die geringste der weiteren Aufgaben der Forschung dürfte die Sichtung der verdeckten Inszenierungen Johnsons sein, aus denen sich diese (und andere) Legenden ergeben haben. Robert Gillett führt gleich mehrmals vor, wie das geht; nicht nur der sorgfältig von Johnson entlehnte Titel seines Aufsatzes will zweimal gelesen sein. Gillett eröffnet seine Untersuchung mit einem Hinweis auf die Art und Weise, in der Johnson dazu aufforderte, aus seinen Fernsehkritiken ein kleines Buch zu machen: indem er in den *Begleitumständen* Erleichterung darüber äußerte, dass ein solches Bändchen den Lesern erspart geblieben sei. Die guten Gründe für die Erleichterung gaben einige Jahre später das Raster der Begründung für die Publikation vor. Solch genaues Lesen trägt dazu bei, die Legenden abzubauen, die den Blick auf die Eigenarten der Texte verstellen. Im Falle der Fernsehkritiken für den *Tagesspiegel* wird man nun nicht länger behaupten können, Johnson habe sie eingetauscht gegen den Abdruck des ostdeutschen Fernsehprogramms. Nicht nur wusste Johnson, dass andere Westberliner Blätter das ostdeutsche Programm bereits druckten, die Leute vom *Tagesspiegel* wussten auch, was sie taten, als sie ausgerechnet Johnson baten, dieses Programm zu besprechen. – Und das Fernsehen gehörte weder zu Johnsons bevorzugten Medien oder Themen, noch das Verfassen von Kurzrezensionen zu seinen bevorzugten Beschäftigungen. Sind unter diesen Voraussetzungen Texte zu erwarten, die das Prädikat »typisch Johnson« verdienen? Turnen Sie mit! (Und wussten Sie, dass Karl-Eduard von Schnitzler und Uwe Johnson denselben Film rezensiert haben, einen sowjetischen?)

Neben dem Beitrag von Gillett zeigen auch die Aufsätze von Elisabeth K. Paefgen sowie Silke Jakobs und Lothar van Laak an, dass ein weiterer nicht mehr ganz weißer Fleck derzeit ausgemalt wird. Alfons Kaiser hat vor wenigen Jahren seinen Umriss nachgezeichnet, Johnson und die Medien. Nach der Verfilmung der *Jahrestage* hat das Thema an Bedeutung gewonnen. Inzwischen, nach der ersten Welle der Reaktionen, wird bereits zwischen der Frage, ob es sich um eine dem Buch adäquate Verfilmung handele und der, ob der Film in Johnsons Sinne sei, unterschieden. Die erste Frage lässt sich beantworten, ohne Johnsons

Ansichten zum Film heranzuziehen, für die zweite dagegen ist dies unabdingbar. Dieses Detail verdeutlicht, dass mit der Arbeit an den weißen Flecken die zunehmende thematische Differenzierung der Forschung einhergeht.

Im Rückblick auf die von Thomas Schmidt am Ende des ersten Jahrbuchs nicht ohne rhetorischen Hintersinn gestellte Frage »Auf dem Weg zum Klassiker?« lässt sich heute feststellen, dass die Kanonisierung Johnsons erstaunlich reflektiert vor sich ging. Das Interesse an Johnsons Büchern riss nicht ab, es nahm eher zu. Über Mangel an Material konnten wir nicht klagen - und es hat weder an aufmerksamer Kritik noch an sachlichem Umgang damit gefehlt.

Wir dürfen schon jetzt auf die Tagung hinweisen, die vom 15.–17. September 2004 am Germanic Institute in London stattfinden wird und ein ebenso spannendes Programm versprechen wie vor zehn Jahren, als es an gleicher Stelle hieß: »... und hätte England nie verlassen‹. Uwe Johnson zum Gedenken«. Wer mag, kann das als Rahmen betrachten. Es wird einen gut ausgestatteten Tagungsband geben, blau eingebunden, und vielleicht legt Herr Lemberg noch ein Bild drauf.

Das Johnson-Jahrbuch wird auch weiterhin erscheinen, im selben Verlag, aber in neuem Gewand. Das freut uns, und wir wünschen den neuen Herausgebern gute Manuskripte, Vergnügen bei der Arbeit, geneigte Leser – und von allem viel.

Wir danken allen, die zehn Jahre lang mitgeholfen haben. Allen, die sich mit Aufsätzen und Rezensionen, mit Leserbriefen, Karten, Kopien und Korrekturen zu Wort gemeldet haben, allen Gesprächspartnern, Rechteinhabern, Verlagsleuten, Herstellern. Besonderer Dank gebührt Dr. Winfried Hellmann und Thomas Geiser, die uns entscheidend unterstützt haben. Wir danken Andreas Lemberg, Karl Rußmeyer, Christine Schuckert, Dr. Ulrike Gießmann-Bindewald, Ruth Anderle sowie Klaus Kokol, Ingeborg Gerlach und Birgit Funke.

Die Herausgeber

Greg Bond

»Wohin ich in Wahrheit gehöre«

Bilder von Uwe Johnson in den neunziger Jahren[1]

1. Vergebliche Verabredung

Vergebliche Verabredung ist der Titel einer Sammlung von Texten von
Uwe Johnson, die Jürgen Grambow 1992 als Taschenbuch im Verlag
Reclam Leipzig herausgegeben hat. Jürgen Grambow hatte sich schon
einen Namen als einziger wichtiger Kritiker und Herausgeber Uwe
Johnsons in der DDR gemacht – mit einem Aufsatz über Johnson in *Sinn
und Form* 1986[2] und dem Band *Eine Reise wegwohin*, der im Sommer
1989 kurz vor der Wende bei Aufbau erschien. Bis dahin hatte die DDR-
Öffentlichkeit Uwe Johnson kaum wahrgenommen, und die spärlichen
Bemerkungen, die es im Laufe von 25 Jahren über ihn zu lesen gegeben
hatte, waren nicht selten von Hass erfüllt. Grambow versuchte, Johnson
zu verstehen und eine ostdeutsche Annäherung öffentlich zu machen.
   Grambows erste Johnson-Anthologie von 1989 enthielt sehr viele
von Johnsons kürzeren »unselbständigen«[3] Texten, Aufsätzen und Kurz-

---

1 Dieser Aufsatz war ein Vortrag auf der Tagung »Nachbarschaft als Fremde« der
Evangelischen Akademie Iserlohn (23. – 25. November 2001) und erscheint hier über-
arbeitet. Es geht hier nicht um die wissenschaftliche Rezeption, die ich separat besprochen habe. Vgl. Bond, Greg: Veraltet? Die Beschäftigung mit Uwe Johnson heute, in:
text+kritik 65/66, Uwe Johnson, Zweite Auflage: Neufassung, hg. von Heinz Ludwig
Arnold, München 2001, S. 3-19.
   2 Grambow, Jürgen: Heimat im Vergangenen, in: Sinn und Form, 38, 1986,
S. 134-157.
   3 Diesen Begriff verwendet Nicolai Riedel in: Uwe-Johnson-Bibliographie 1959–
1998, Stuttgart 1999.

geschichten, aber nicht den Text *Vergebliche Verabredung mit V.K.*, der
dann dem zweiten Johnson-Buch den Titel gab.[4] Vielleicht war dieser
kurze Text zu marginal oder einfach in der Aussage zu undeutlich, um
in den ersten Band aufgenommen zu werden, obwohl viele andere Texte aus Johnsons *Berliner Sachen*, wo der Text zuerst erschienen war, dort
nachgedruckt wurden. Es fällt aber nicht schwer, eine programmatische
Entscheidung hinter der Wahl des Titels für Grambows zweites Lesebuch zu vermuten.

Die Verabredung, die sich 1992 als vergeblich erwiesen hatte, war
die zwischen Deutschland Ost und West oder Deutschland West und
Ost, die in der Wendezeit angekündigt worden war. Die Enttäuschung
in der DDR saß damals tief: ostdeutsche Biographien fielen der öffentlichen Vergessenheit, Diskreditierung und einem allgemeinen Unverständ-
nis oder Desinteresse zum Opfer, meinte man. Oder die Verabredung,
die vergeblich war, war die zwischen Uwe Johnson und der ostdeutschen Öffentlichkeit oder die zwischen Johnson und der gesamtdeutschen Öffentlichkeit, die nun irgendwie wiederhergestellt war. Was Uwe
Johnson sagte, war in einem wiedervereinigten Deutschland überhört
oder verzerrt worden und also vergeblich. Oder die vergebliche Verabredung war die zwischen Johnson und seinen ostdeutschen Lesern, dem
»eigentlichen« Publikum seiner Romane, das diese nie von ostdeutschen
Verlagen zu lesen bekam, bis es das ostdeutsche Publikum in dem Sinne
einer Staatsbürgerschaft der DDR nicht mehr gab.

Gründe hat es genug gegeben für diesen Titel: *Vergebliche Verabredung*. Die Wahl ist gut, ungeachtet ihrer möglichen Intentionen. Denn
selbst wenn die Deutungen des von Johnson geliehenen Titels, die ich
gerade gegeben habe, alle etwas vereinfachend scheinen, der Titel steht
nicht am falschen Platz. Für die Rezeption von Uwe Johnson in den
neunziger Jahren ist es wichtig festzuhalten, wie unbequem und unan-

---

4 Von Johnsons Romanen konnte in der DDR nichts erscheinen, auch nicht ein
Auszug. Drei Jahre später, in *Vergebliche Verabredung*, wirkten die Auszüge aus den *Jahrestagen* eher deplaziert: Sie hätten in *Eine Reise wegwohin* stehen müssen. Auf der Tagung
in Iserlohn wurde darüber diskutiert, warum Johnson so spät beziehungsweise gar nicht
in der DDR ankommen sollte. Der Grund war meines Erachtens rein eine Frage der
politischen Loyalität, und nicht der ästhetischen Moderne. Moderne gab es in den 80er
Jahren genug: von Heiner Müller bis Siegmund Freud und Franz Kafka und James
Joyce; auch *Die Blechtrommel* war erschienen. Die Schriftsteller, die in der DDR geblieben waren und sich für die Moderne öffneten, hatten es nicht immer leicht, aber solange
sie einigermaßen loyal blieben, konnten sie weiterarbeiten. Uwe Johnson war einfach
als Person nicht akzeptabel. Freud, Kafka und Joyce hatten den Vorteil, dass sie der DDR
nie den Rücken gekehrt hatten.

gepasst dieser Autor war, wie er durch die sechziger und siebziger Jahre sich weigerte, den politischen Schablonen in Ost und West gerecht zu werden. Das ist deswegen wichtig, weil die Rezeption von Johnsons Werk und die Produktion von Bildern des Menschen Uwe Johnson in den neunziger Jahren häufig dazu tendierten, die unbequemen Meinungen und Standpunkte dieses Autors nicht wahrzunehmen, während Person und Werk in einem neuen Sinn affirmativ dargestellt wurden. *Vergebliche Verabredung* macht deutlich, dass wir es hier mit etwas zu tun haben, das nicht eindeutig ist, das nicht beschönigt wird, das fehlging. Somit ist dieser Titel ohne Zweifel treffender als der Titel eines anderen Lesebuchs mit Texten Uwe Johnsons, das 1994 im Suhrkamp Verlag erschien: *Wohin ich in Wahrheit gehöre*. Das ist auch ein Johnson-Zitat, und es entstammt einer Rede Johnsons, in der er die Mecklenburgische Seenplatte als einen Ort der Zugehörigkeit beschwört.[5] Es ist merkwürdig paradox: Das Lesebuch aus dem Westen verwendet einen Titel, der auf Johnsons ostdeutsche »Heimat« verweist, während das Buch aus dem Osten den Titel einer Erzählung verwendet, deren Handlung in einer westberliner Kneipe stattfindet. Wer jetzt sagen möchte: So kreuzen sich Ost und West, die Grenze ist überwunden, läge sicherlich falsch. Denn so paradox ist es wiederum auch nicht. Der eine Titel suggeriert Zugehörigkeit, Heimat, und, fast möchte man sagen, Geborgenheit oder Wohlsein, während der andere eine Lücke andeutet. Der eine Titel beinhaltet Identität und Identifikation, der andere den Mangel davon, oder die Differenz. Der eine Titel ist westdeutscher Provenienz, der andere ostdeutscher, in den Jahren 1994 und 1992. Der eine will Nähe, der andere Distanz herstellen.

Bevor ich näher auf diese Problematik und die Rezeption von Uwe Johnson eingehe, möchte ich kurz die Erzählung *Vergebliche Verabredung mit V.K.* vorstellen. Was wir hier haben, ist eine Kneipenszene, eine Miniatur, ein »thumbnail sketch«. Anderthalb Seiten. Veröffentlicht 1975 in Johnsons Buch *Berliner Sachen*, und soweit ich weiß, nirgendwo sonst

---

5 »Aber wohin ich in Wahrheit gehöre, das ist die dicht umwaldete Seenplatte von Plau bis Templin«. Vgl. Johnson, Uwe: Ich über mich. Vorstellung bei der Aufnahme in die Deutsche Akademie für Sprache und Dichtung, in: DIE ZEIT, 4. 11. 1977, S. 46. Dieser Satz wurde zu einem der meistzitierten in der Presse der neunziger Jahre. Übertragen ins Englische hieß es dann: »Yet, in truth, where I belong is amid the thick woods around the Mecklenburg lakes«. Vgl. Struck, Andrea: Coming Home. Güstrow Wants to Pay Tribute to a Lost Son and His Literary Accomplishments, in: Frankfurter Allgemeine Zeitung (E-FAZ), 20. 4. 2000, S. 8 (die ganze Seite ist Uwe Johnson gewidmet).

außer in Grambows Sammelband. Keine Veröffentlichung in Zeitschriften oder Anthologien, keine in weiteren Sammelbänden von Johnsons Werk,[6] während viele kurze Texte von Uwe Johnson immer wieder nachgedruckt wurden. Ein Erstdruck, versteckt in einem Band von *Berliner Sachen*, deren Veröffentlichung mit Johnsons endgültigem Weggang aus Berlin zusammenfiel. Der Text könnte etwas mit Johnsons anderen Berliner Kneipengeschichten zu tun haben: *Zwei Ansichten* und *Eine Kneipe geht verloren*. Vielleicht geht es hier um eine Nebengeschichte zu den Forschungen über »Fluchthelfer«, die Johnson nach dem Mauerbau betrieb, was auch die rätselhafte »Handlung« dieser Geschichte erklären könnte. Der Text gibt dies alles nicht preis, er bietet nicht viel mehr als etwas Atmosphärisches, als einen Ort der Inszenierung. Dass Johnson gerne die Berliner Kneipen besuchte, wissen wir. Das, was hier aber inszeniert wird, ist eine Leerstelle. Hier geht es um eine Verabredung, die vergeblich war.

Laut der Angabe in *Berliner Sachen* wurde *Vergebliche Verabredung mit V. K.* 1971 geschrieben. Nachforschungen im Uwe-Johnson-Archiv ergaben, dass es zwei Fassungen dieses Texts gibt. Sie sind von Johnson datiert: 6271 und 7271, was den Daten 6. und 7. Februar 1971 entspricht. Das macht die erste Vermutung, es handele sich hier um einen Text aus dem Umkreis der »Fluchthelfer«-Recherchen, unwahrscheinlich, denn diese fanden Mitte der sechziger Jahre statt. Der erste Text heißt: »~~Was bestellen die Herren?~~ Vergebliche Verabredung? KNOOP«. Dabei ist der erste Satz durchgestrichen. Der zweite Text heißt: »Vergebliche Verabredung mit V.K.«, wobei die Wörter »mit V.K.« handschriftlich sind. Über dem Titel steht auch handschriftlich »Kafka«. In Johnsons Terminkalender steht unter Freitag, dem 5. Februar 1971: »18 Knof Innsbrucker Platz«. 18 wird 18 Uhr sein, der Innsbrucker Platz ist ein Platz in Schöneberg in Berlin. Was das alles bedeutet, und ob es etwas bedeutet, bleibt aber ungewiss. Ob Johnson Vranz Kafka nicht angetroffen hat in einer Berliner Kneipe oder ob es Emil Knoop aus Gneez war, der nicht kam, weiß ich nicht. Und ob jemand nicht kam, weiß ich auch nicht.[7]

Wer ist V.K? Ich habe keine Ahnung. Die Johnson-Forschung hat auch keine, denn sie hat diesen Text meines Wissens nie näher betrachtet, was bei der großen Menge an Aufsätzen und Büchern und dem

---

6 Aber eine Übersetzung ins Französische, veröffentlicht 1993. Vgl. den Eintrag 0724 in der Uwe-Johnson-Bibliographie (Anm. 3).

7 Ich danke Eberhard Fahlke vom Uwe Johnson-Archiv.

allgemeinen Interesse an versteckten Details und entlegenen Hinweisen in Johnsons Texten ein wenig überrascht. Wer mit wem verabredet war und wann er oder sie mit dieser Person verabredet war, sagt der Text nicht. Diejenigen, die wissen, wer V.K. ist oder war, oder dies zu wissen meinen, beziehen dieses Wissen nicht aus dem Text, wenn es solche Leser überhaupt gibt. Die meisten Leser wissen es nicht. Was wissen sie denn sonst? Es ist einfacher weiterhin zu sagen, was die Leser nicht wissen.

Keiner weiß, wer wartet, und keiner weiß, auf wen. Dass jemand das Treiben in der Kneipe in Friedenau am frühen Freitagabend beobachtet und mit verhaltenem Witz beschreibt, weiß der Leser. Dass die Kneipe relativ voll ist, dass es verschiedene Gruppen verschiedener Menschen gibt. Der Erzähler ist einfühlsam, aber auch distanziert. Er ahnt, dass manch ein Gast lieber da bleiben würde und trinken, als zu seiner Familie heim zu gehen, und das macht ihn ein wenig bissig. Draußen regnet es, und die »Weltgeschichte« rast vorbei: »Draußen im Dunkeln, auf dem nassen Damm, fährt der Gedanke der Klassiker, nackt und ohne Behang, da sind Leute unterwegs und wollen Hegel besuchen, da reist die Konterrevolution.«[8] Wer das versteht, ist weiter als ich.[9] Was ich verstehe, ist eine Stimmung. Es ist, als stände die Zeit still. Vielleicht sitzt der Erzähler und Wartende allein an dem Tisch in der Mitte des Raums, wo sonst kein Gast so gerne sitzt, weil er sich ausgestellt fühlt. Vielleicht sitzt er an der Bar und nimmt teil an den Gesprächen zwischen Trinkern und Wirtin. Vielleicht sitzt er gar nicht in der Kneipe, sondern stellt sich das alles nur vor, und ist derjenige, der am Ende die Vordertür zur Straße von außen antippt, dann aber doch nicht hinein kommt? Vielleicht aber sind Erzähler und Wartende überhaupt nicht identisch. Wir wissen nichts, aber der Titel scheint uns viel zu sagen. Jemand hat sich mit V.K. verabredet, und das war vergeblich. Im Klappentext zu *Berliner Sachen* schrieb Johnson: »Da kann einer ganz gut warten, auch wenn ein Anderer die Verabredung verschusselt hat, in einer anderen Kneipe zwar, mir auch noch zwei Pils, Komma nicht ausgeschlossen.«[10] Wer der Eine oder der Andere ist, verrät Johnson nicht. Was wir wissen, ist, dass hier jemand

8 Johnson, Uwe: Vergebliche Verabredung mit V. K., in: ders., Berliner Sachen, Frankfurt am Main 1975, S. 106f.

9 Vielleicht ist das eine Beschreibung eines Werbetextes auf einem vorbeifahrenden Bus, wie Eberhard Fahlke in Iserlohn vermutete. Der Text wird an Hegel erinnern, aber gleichzeitig »konterrevolutionär« sein. Erinnert sich jemand?

10 Vgl. »Die Katze Erinnerung«. Uwe Johnson – Eine Chronik in Briefen und Bildern, zusammengestellt von Eberhard Fahlke, Frankfurt am Main 1994, S. 269.

eine Kneipenszene beobachtet oder erfunden hat; wir erfahren einiges
von dem, was er gesehen oder erfunden hat, und wir können lesen, wie
er dies beschreibt.

Wer war mit wem verabredet: Uwe Johnson war nicht mit der westdeutschen Öffentlichkeit verabredet und auch nicht mit der ostdeutschen. Er war mit niemanden verabredet, nicht einmal mit seinen Lesern. Die Leser, sagte er, sollten ihre Unabhängigkeit bewahren bis zur
letzten Seite eines Romans, sie sollten anfangen, nachzuzählen, was alles
in dem Roman nicht stimmt, und sie sollten etwas erwarten für das Geld
und die Zeit, die sie für die Lektüre aufwenden.[11]

2. Rezeption bis 1990: vierfache Distanz

i. Uwe Johnson und die westdeutsche Öffentlichkeit

Uwe Johnson hat die westdeutsche Öffentlichkeit sehr kritisch gesehen,
und er hat den westdeutschen Staat in wesentlichen Punkten nicht angenommen oder sogar abgelehnt. Als Johnson 1961 bei einer Lesung in
Italien versuchte, den Mauerbau in Berlin als eine Handlung des ostdeutschen Staates, die aus der Not entstanden war, zu erklären, wurde er in
Westdeutschland heftig kritisiert. Politische Erklärungsversuche waren
unerwünscht, scheint es, wenn sie nicht auch mit moralischen Kategori-
en und moralischer Entrüstung verbunden waren. Der Fall Johnson wurde
im Deutschen Bundestag behandelt, weil dem Autor ein staatliches Stipen-
dium abgesprochen werden sollte. Das passierte dann doch nicht. Es
ging nicht um politische Erklärungen im Sinne von Begreifen der Geschichte, sondern um politische Erklärungen in der Form von moralischen Appellen. Diese Art der Auseinandersetzung lehnte Uwe Johnson
ab.[12]

Politisch fühlte sich Uwe Johnson in Westdeutschland nicht zu Hause. Er stand der westlichen Linken in Deutschland und den U.S.A. sehr
skeptisch gegenüber, und mit der Politik der rechten Volksparteien hatte
er erst recht nichts Gemeinsam. Die ganz rechte Politik der Neonazis

---

11 Das wäre das ROI bei Uwe Johnson. Vgl. Johnson, Uwe: Wenn Sie mich fragen, in: Eberhard Fahlke (Hg.), »Ich überlege mir die Geschichte ...«. Uwe Johnson im
Gespräch, Frankfurt am Main 1988, S. 51-64.

12 Der Fall Kesten ist von Johnson selbst in *Begleitumstände* dokumentiert. Wenn es
um seine eigene Person ging, war Johnson durchaus in der Lage, moralische Appelle
abzugeben, in der Form von Anklagen gegen andere Personen.

und deren Wahlerfolge verzeichnete er mit kühlem Entsetzen in seinem
Roman *Jahrestage*. Ich kenne keine Äußerung Johnsons, in der er die
westliche Demokratie verteidigte oder gar so etwas wie den damaligen
»Verfassungspatriotismus« bezeugte. Aber auch mit dem alltäglichen Leben und den Zielen der Menschen in Westdeutschland konnte Johnson
wenig anfangen. In *Zwei Ansichten* gibt es ein klischeehaft einfaches Bild
eines westdeutschen Materialisten, dem sein Sportwagen alles bedeutet,
professionelle Integrität aber nichts. In den *Jahrestagen* geht Johnson schonungslos mit älteren westdeutschen Damen auf Ferienreisen um, die das
Gefühl haben, immer im Recht zu sein, und keinerlei Grenzen des An-
stands zu kennen scheinen. In seinem Aufsatz über DDR-Bürger in der
Bundesrepublik, *Versuch, eine Mentalität zu erklären*, beschreibt Johnson
die Verwunderung der DDR-Bürger darüber, dass die Medien frei sind
und nur noch genießbar und konsumierbar, am Ende also bedeutungs-
los.

ii. Die westdeutsche Öffentlichkeit und Uwe Johnson

Große Teile von Johnsons Poetik-Vorlesungen aus den Jahren 1979/
1980 beschäftigen sich mit der Rezeption seiner Werke in der westdeutschen Presse oder mit der Richtigstellung aus der Sicht des Autors in
verschiedenen Fällen von öffentlichem Streit. Insofern hat dieses Werk
schon viel mit Rousseaus *Konfessionen* gemeinsam: Es geht um die Abrechnung mit dem öffentlichen Bild, eine Abrechnung, die durchaus in
die Regionen von Obsession oder Paranoia tendiert. Vor allem die Literaturkritik wird von Johnson angeprangert, indem er sie zitiert und ihre
Widersprüche und teils lächerlichen Urteile bloßstellt. Es ging Johnson
aber um mehr als um eine humoristische Kritik der Schwächen des Feuilletons. Seit der Veröffentlichung seines ersten Romans, *Mutmassungen
über Jakob*, wurde Johnson als der »Dichter der beiden Deutschland« oder
»Dichter der deutschen Teilung« gesehen und meist dafür hochgelobt.
Endlich, hieß es, haben wir einen Schriftsteller, der das Thema geteiltes
Deutschland zu gestalten weiß, und, was meistens nicht gesagt wurde,
der unsere Vorurteile nicht allzu sehr strapaziert. Denn Johnson schrieb
über die DDR, und in seinen ersten beiden Romanen war kaum etwas
über die Bundesrepublik zu lesen; was da stand, konnte überlesen werden. Die DDR wurde zwar sehr differenziert, aber immerhin äußerst
kritisch behandelt. Das war nicht mehr der Fall bei dem dritten Roman,
Zwei Ansichten, und die Kritik befand, dass dieser Roman den hohen
Ansprüchen der ersten beiden nicht genügte. In gewisser Weise stimmt
das, denn hier wird eine einfachere Erzählform angewendet, aber dieser

Roman stellt außerdem Johnsons direktesten Angriff auf die Lebensweise der Bundesbürger dar.

Was Johnson in der Rezeption seiner Bücher bemängelte, war die
vereinfachende Art und Weise, wie sie politisch instrumentalisiert wurden:

Adenauers Kurs lief hinaus auf einen Krieg gegen jene Deutschen, mit denen
sich zu vereinigen er versprochen, geschworen und gelobt hatte. [...] Die Hand,
mit der er seinen Eid ablegte auf die deutsche Einheit, verhehlte die andere, die
die westdeutsche Republik wegzog von der ostdeutschen. [...] Und wo noch
hatte schlechtes Gewissen sich gehalten, ein Unbehagen angesichts der Differenz
zwischen der Rhetorik der Neujahrsansprachen und der Tatsächlichkeit der täglichen Entscheidungen?

Im westdeutschen Feuilleton. Da musste nur jemand kommen mit einem
Roman, in dem Leute zu beiden Seiten der deutschen Grenze leben, wenngleich noch mit einer anderer [sic!] Sorge als gerade dieser. Kühn zog das Feuilleton den Schluss, man müsse in der Literatur suchen, was in der Politik ver-
säumt wurde, und ernannte den durchaus verdutzten Verfasser zum »Dichter der
deutschen Teilung«.[13]

1966 ging Johnson in die USA. In den Poetikvorlesungen, *Begleitumstände*, legt er das als direkte »Flucht« vor dieser öffentlichen Vereinfachung
seiner Themen aus. Was ihn gestört hat an der Rezeption, wird wohl
unter anderem die Vereinnahmung seines Namens in einem eindeutigen
Sinne gewesen sein, während er in seiner Literatur darzustellen versucht
hat, dass jede Angelegenheit mehr als nur eine Ursache oder Bedeutung
habe. Während Uwe Johnson die Differenz, »die Entfernung: den Unterschied«[14] meinte, und damit auch die Unsicherheiten des Erzählers,
machte die Kritik daraus eine runde Sache: Der »Dichter der beiden
Deutschland« oder die (zumindest semantische) Einheit. Gegen eindeu-
tige Urteile sträubte sich Uwe Johnson, auch gegen ästhetische, und wenn
diese politisch oder moralisch waren um so mehr.

Johnson lebte von 1968 bis 1974 wieder in West-Berlin, danach bis
zu seinem Tod in England. Er hat die wichtigsten Literaturpreise der
Bundesrepublik erhalten und wurde in Nachrufen gewürdigt. Doch die
letzten Jahre waren schwierige Jahre, und Schlagzeilen machten nicht
mehr nur seine Literatur, sondern auch die persönlichen Begleitumstände seiner letzten Jahre. Das sollte in den neunziger Jahren auch wieder so

---

13 Johnson, Uwe: Begleitumstände. Frankfurter Vorlesungen, Frankfurt am Main
1980, S. 391f.
14 Johnson, Uwe: Das dritte Buch über Achim, Frankfurt am Main 1961, S. 9.

kommen, zusammen mit einer Neufassung der Etikettierung als »Dichter der beiden Deutschland« – beides westdeutsche Richtungen in der Rezeption, die der Autor ablehnte.

iii. Die ostdeutsche Öffentlichkeit und Uwe Johnson

Als ein »Zeitkorrespondent« den westberliner Boykott der Berliner S-Bahn im Jahre 1964 kritisierte, zitierte ihn die Ostberliner *Berliner Zeitung am Abend* als Gewährsmann und nannte auch seinen Namen. »Steigen mehr Westberliner um? Zeit-Korrespondent Uwe Johnson zum S-Bahn-Boykott. Bestätigt durch BVG-Tariferhöhung.«[15] Es folgen ausführliche Auszüge aus Johnsons Artikel *Boykott der Berliner Stadtbahn*.[16] In diesem Fall war Johnson der DDR-Presse nützlich, und er konnte wohlwollend zitiert werden, in diesem einzigen Fall. War es bloß naiv oder war es Mut, war es ein Rettungsversuch für Uwe Johnson und ehrenvoll, dass der ostberliner Redakteur den Namen des »Zeit-Korrespondenten« nannte? Ich weiß es nicht, vermute aber, dass es letzteres war.

Johnsons Name durfte damals nicht auf seiner Übersetzung von Herman Melvilles *Israel Potter* und nicht auf seiner Übertragung des *Nibelungenlieds* stehen, die beide in DDR-Verlagen erschienen. Erst in der zweiten Auflage von *Israel Potter* 1973 und der siebenten Auflage des *Nibelungenlieds* 1981 wurde Johnson genannt. Damals durfte Johnsons Name aber durchaus gedruckt werden: zwischen 1960 und 1964 in einer ganzen Reihe hässlicher Kritiken des »Republikflüchtlings« in »Organen« wie *Sonntag, Neue Zeit, Der Morgen, Neues Deutschland, Neue Deutsche Literatur, Weimarer Beiträge* und zwei Büchern, *Literatur im Zeitalter der Wissenschaft* und *Beiträge zur Gegenwartsliteratur: IV. Deutscher Schriftstellerkongreß vom 25. bis 27. Mai 1961. Referate und Diskussionsbeiträge.* Damals war es wohl nötig, dem Phänomen Johnson, wie es in den westlichen Medien dargestellt wurde, etwas entgegenzusetzen, und wer in der DDR las, bekam das mit. Was der Leser nicht hatte, war ein freier Zugang zu den Büchern Uwe Johnsons, um nachprüfen zu können, inwiefern Johnson den bürgerlichen Menschenbildern, den wirklichkeitsverzerrenden modernistischen Normen und der republikfeindlichen Aussage tatsächlich entsprach.

Die DDR druckte Johnsons Bücher nicht, aber im Jahre 1982 erschien die Anthologie *BRD heute. Westberlin heute* bei Volk und Welt, mit Johnsons Text *Ach, Sie sind ein Deutscher?* Wer den Text kennt, wird

---

15 BZ am Abend, Nr. 60, 11. 3. 1964, S. 5.
16 DIE ZEIT, 10. 1. 1964, S. 9f.

wissen, dass er sich auf den ersten Blick als richtig erweist für eine Anthologie westdeutscher Literatur in der DDR, da er die Ängste eines Deutschen (worunter in diesem Zusammenhang Westdeutschen zu verstehen ist) vor dem Ruf der Deutschen im Ausland beschreibt. Auf den zweiten Blick möchte man schon fragen, ob dieser Text über einen Deutschen, der nach England geht und die Menschen dort kennen lernt, nicht einen anderen, heute kaum noch nachvollziehbaren Sinn hatte, als er 1982 in der DDR veröffentlicht wurde. Ähnliches lässt sich fragen über die Titelwahl des einzigen Buchs mit Johnson-Texten in der DDR, *Eine Reise wegwohin*. Einerseits wählt der Herausgeber den Titel einer Erzählung, die die Bundesrepublik Deutschland in sehr schlechtem Licht erscheinen lässt, weil ihre Sicherheitsorgane einen Journalisten verfolgen, der die Anerkennung der DDR fordert. Andererseits wird jeder Titel über das Reisen in der DDR ein einfaches Signal gewesen sein.[17] Es ist gleich, wohin man schaut und was man sieht: Die ostdeutsche Öffentlichkeit konnte Uwe Johnson immer nur taktisch wahrnehmen und auch vereinnahmen.

iv. Uwe Johnson und die ostdeutsche Öffentlichkeit

Uwe Johnson wollte in der DDR gelesen werden. Die offizielle DDR-Öffentlichkeit wollte Uwe Johnson nicht, außer es passte ihr doch. Er beschrieb einige Probleme der Öffentlichkeit in der DDR sehr genau in dem Roman *Das dritte Buch über Achim*. Bevor eine Sache öffentlich wird, wird sie geprüft auf Nutzen und Gefahr und Richtigkeit für die größere Sache, und sie wird umgeändert, bis sie passt. In den *Jahrestagen* kommt die offizielle ostdeutsche Öffentlichkeit kaum noch vor, denn sie

---

17 Der Herausgeber selbst deutet die Wahl dieses Titels im Sinne der Frage, wohin man gehen soll: die »Minderheit«, die eine »Trennung« als den »letzten [...] möglichen Ausweg wählt«, »deren Abkehr vom bisherigen Land aber keineswegs die uneingeschränkte Zustimmung zum aufnehmenden Staatsgebilde einschließt«. Vgl. Grambow, Jürgen: Eine Reise wegwohin. Eigene Region und das Fremde (Uwe Johnsons Rezeption in der DDR), in: Sprache im technischen Zeitalter, 27/112, 1989, S. 306-314, hier: S. 311. Man trennt sich vom Staat – das hatte Uwe Johnson ähnlich, aber auch distanzierter, gesehen in seinem Text: Versuch, eine Mentalität zu erklären. Über eine Art DDR-Bürger in der Bundesrepublik Deutschland, in: Barbara Grunert-Bronnen (Hg.), Ich bin Bürger der DDR und lebe in der Bundesrepublik, Zürich 1971, S. 119-129. Das Wort, das Grambow in diesem Zusammenhang nicht verwendet, ist das etwas aus der Mode gekommene Wort »Ausreise« (die beantragt wurde in einem »Ausreiseantrag«). Für Johnson war es 1959 noch ein Umzug, keine Flucht; für das Wort Emigration hatte man in jenem Zusammenhang merkwürdigerweise keine Verwendung.

ist es nicht wert, wahrgenommen zu werden, solange sie nur wahrnimmt, was in ihr beschränktes Raster passt. Das Zentralorgan der SED, *Neues Deutschland*, ist in den *Jahrestagen* der »Kettenhund der ostdeutschen Militärbasis, der innerhalb der äußeren Umzäunung wiederum in einen Maschendrahtkraal eingesperrt war, so daß er sich mit keinem Zivilisten anfreunden konnte und sich entwickeln mußte zu einem hypochondrischen, introvertierten, schwer irritierten Typ, der noch wenn es junge Hunde regnete vor seiner Hütte stand und geiferte«.[18] So ein Typ, wenn er typisch war für die ostdeutsche Öffentlichkeit, an deren Spitze er stand, war für Uwe Johnson nicht einmal ernst zu nehmen.[19] Sein Wunsch, seine Romane in der DDR veröffentlicht zu sehen, war vergebens, und heute kann man sich nur fragen, ob etwas in der Johnson-Rezeption anders gewesen wäre, wenn die DDR-Öffentlichkeit die Möglichkeit gehabt hätte, seine Werke öffentlich und frei zu diskutieren. Jens Reich bezeichnete nach der Wende *Mutmassungen über Jakob* als ein Kultbuch seiner Generation, ein Buch, das seine Wirkung aber verfehlt habe.[20] Ich bin der Meinung, die *Jahrestage* wären noch wichtiger in der DDR gewesen, als ein Buch über den Prager Frühling und die Hoffnung, aber das ist alles müßig. Statt offener Rezeption war es in der DDR nur möglich, die Auseinandersetzung mit Uwe Johnson versteckt und in Anspielungen zu führen und in der Anlage von Büchern wie *Kindheitsmuster* (von Christa Wolf, vergleichbar mit *Jahrestagen*) oder *Horns Ende* (Christoph Hein, vergleichbar mit *Mutmassungen über Jakob*). Heute ist aber davon nicht viel mehr übrig als für die kurzweilige Beschäftigung eines Literaturwissenschaftlers ausreicht.[21]

18 Johnson, Uwe: Jahrestage. Aus dem Leben von Gesine Cresspahl, Bd. 1, Frankfurt am Main 1970, S. 73.

19 Oder für Gesine Cresspahl nicht. Uwe Johnson hatte 1964 ein halbes Jahr lang das Fernsehen der DDR für eine Zeitung in West-Berlin rezensiert; dieses Fernsehen hätte Gesine nicht einmal sehen wollen, aber nicht, weil sie dem Medium an sich misstraute.

20 Reich, Jens: Da sind wir, Figuren, federwerkgetrieben. Das verhinderte Kultbuch einer Generation in der DDR: Eine Neulektüre von Uwe Johnsons *Mutmassungen über Jakob,* in: Frankfurter Allgemeine Zeitung, 18. 5. 1994, S. 37.

21 Die Anzahl von Schriftstellern und Intellektuellen in der DDR, die sich nach der Wende direkt zu Uwe Johnson öffentlich geäußert haben, ist groß. Als Gewährsmann stand er in den neunziger Jahren zur Verfügung. Uwe Neumanns Sammlung von Äußerungen von Schriftstellern zu Uwe Johnson soll demnächst im Suhrkamp-Verlag erscheinen; einen Vorgeschmack gibt es in: Johnson-Jahrbuch, Bd. 4, Göttingen 1997, S. 177-196 und Bd. 6, Göttingen 1999, S. 277-304.

3. Rezeption nach der Wende und in den neunziger Jahren:
Versuchte Nähe

Ohne die Vereinigung Deutschlands wäre Uwe Johnson zwar nicht in
Vergessenheit geraten, aber doch kaum so präsent wie heute. Der Mauer-
fall hat die Rezeption nicht nur beschleunigt, sondern überhaupt neu
belebt. Das gilt für die populäre wie auch die wissenschaftliche Rezeption, die in den neunziger Jahren eine regelrechte Industrie zur Herstel-
lung von Sekundärliteratur geworden ist.[22]
    Es geht hier auch um einen Markt der Verlage und der Medien,
deren Entscheidungsträger es für richtig gehalten haben, Uwe Johnsons
Werk und die Person Uwe Johnson bekannter zu machen oder die Werke
in andere Formen der Produktion zu verwandeln. Der bisherige Höhepunkt ist zweifellos die Verfilmung der *Jahrestage* für das Fernsehen. Das
bedeutet aber auch, dass Uwe Johnson und sein Werk vermarktbar waren oder sind oder dass sie vermarktbar gemacht werden konnten. Das
ist nicht von vornherein zu verurteilen. Aber es ist nachzufragen, wie es
kommt, dass Uwe Johnson besser zu verkaufen war, – und welche Bilder von Uwe Johnson lassen sich am besten verkaufen?
    Da die Teilung Deutschlands vorbei war, konnte Johnsons Verlag
einen »Dichter der deutschen Teilung« hervorragend vermarkten, und
viele Medien zogen mit. Plötzlich sah man Menschen in öffentlichen
Verkehrsmitteln, die Uwe Johnsons Bücher lasen, vielleicht in den neu-
en, etwas preiswerteren Taschenbüchern des Suhrkamp-Verlags Leipzig, die kurz nach der Wende den ostdeutschen Markt etablieren sollten.
In den frühen neunziger Jahren erschien eine Vielzahl von Veröffentlichungen von Texten von und über Uwe Johnson in der Tagespresse,
und die größeren Projekte, die bis zum Ende des Jahrzehnts erfüllt werden sollten, wurden konzipiert oder angedacht: eine Uwe Johnson-Bio-
graphie, die dann zwei, drei oder vier wurden, populäre Einführungen
in das Werk, neue Fernsehdokumentationen über den Autor, Neuaufla-
gen seiner Bücher und wichtige Neuerscheinungen von Werken und

---

22 Diese Beobachtung, dass Johnson mit der Wende wieder neu rezipiert wurde,
ist meines Erachtens empirisch zu belegen; die großen Johnson-Projekte der neunziger
Jahre sprechen auch dafür. Darüber gab es eine Diskussion auf der Tagung in Iserlohn,
wobei einige Teilnehmer den Anstieg des Interesses für Uwe Johnson vor der Wende,
Mitte der achtziger Jahre sahen. Es ist wohl auch eine Frage der Wahrnehmung, der
eigenen Biographie und der Polemik.

Briefwechseln, ein Literaturpreis im Namen von Uwe Johnson, Tagungen und Veranstaltungen zu Autor und Werk, in der Wissenschaft zwei Jahrbücher und der Kommentar zu den *Jahrestagen* und im Fernsehen die Verfilmung des Romans.

Welches Bild, welche Bilder von Autor und Werk wurden erfunden? Welche Vorstellung von Uwe Johnson hatte man in den neunziger Jahren, und warum hatte man diese Vorstellung gerade dann? Sicherlich gab es nicht *ein* Bild, und es gab teilweise heftigen Streit zwischen den professionellen Kommentatoren über diesen Autor. Ich möchte folgende Thesen vorschlagen:

1. Man konzentrierte sich zuerst auf Uwe Johnson und die DDR, wobei man Uwe Johnson und die fünfziger Jahre meinte, denn der Autor hatte die DDR 1959 verlassen, und Beschreibungen der späteren DDR in seinen Werken sind selten.

2. Man kam dann relativ schnell zur Biographie des Autors, wobei man sah, dass dieser Autor früh und unglücklich gestorben war, und dass er außerdem die DDR, und somit seine wahre Heimat, die meist im Sinne einer (unpolitischen) Landschaft mit Menschen verstanden wurde, hatte verlassen müssen.

3. Man schlug vor, mit Uwe Johnson einen Autor und einen Textkorpus zu haben, anhand dessen man die geteilte deutsche Vergangenheit begreifen könnte. Das heißt, man sah Uwe Johnson als zeitgemäß an, und man schlug ihn als Identifikationsfigur vor.

4. Uwe Johnson war für die Massenmedien brauchbar gemacht worden, und man drehte den Film *Jahrestage* und machte aus Johnson identitätsstiftenden Fernsehkitsch, konsumierbar für denjenigen, der als durchschnittlicher Quotenmacher gilt, und doch ein bisschen anspruchsvoll, so dass derselbe imaginäre Fernsehzuschauer sich dabei ein wenig aufbauen kann.

Die folgenden Ausführungen beziehen sich auf diese vier Thesen. Es soll herausgearbeitet werden, wie die Entwicklung in der Rezeption war, und wo sie ein wenig zu kurz griff. Nebenbei sollte nicht vergessen werden, dass die Literaturwissenschaft immer mehr ins Detail ging und ein höchst differenziertes Bild der »Erzählkunst« (Norbert Mecklenburg) Uwe Johnsons herausgearbeitet hat und dass sie weiterhin daran arbeitet. Eine Vermittlung zwischen der Sekundärliteratur und den populären Medien ist schwer und selten, und meist findet sie überhaupt nicht statt, wie die Verfilmung der *Jahrestage* zeigt. Die Sekundärliteratur, so möchte man meinen, wird mit Recht so benannt, und die populären Bilder orientieren sich viel zu häufig an einem niedrigen gemeinsamen Nenner.

i. Die DDR

Das Bild von Uwe Johnson und seinem Werk war in den ersten Jahren nach der Wende sehr DDR-geprägt, und das hält bis heute noch an. Vergessen wir nicht, dass Uwe Johnson 14 Jahre in der SBZ und der DDR lebte, davor aber 11 im Dritten Reich, und danach 24 Jahre an verschiedenen Orten im Westen. Prägend waren die DDR-Jahre mit Sicherheit, aber Johnsons literarische DDR erscheint immer innerhalb eines viel größeren historischen und geographischen Zusammenhangs. In der Rezeption wurde sie allzu häufig dieses Zusammenhangs beraubt.

Nach der Wende gab es »Spurensuchen« in Mecklenburg und Leipzig, die zu Büchern, Aufsätzen, Zeitschriftensondernummern, Zeitungsartikeln und -reihen und Funk- und Fernsehbeiträgen führten. Norbert Mecklenburg lieferte einen möglichen Grund, wenn nicht Begründung, für die damals boomende Rezeption: Johnsons Werk erscheine »als literarische Archäologie jenes deutschen Teilstaates, der mit den 90er Jahren der Geschichte angehört«.[23] Das stimmt zweifellos, aber ich möchte darauf hinweisen, dass die Formulierung sehr genau gewählt ist: Johnsons Werk kann als eine *Archäologie* der DDR gelesen werden, also eine Untersuchung ihrer verborgenen Früh- und Vorgeschichte. Ein Archäologe gräbt. Er arbeitet rational, kritisch und ohne sich zu schnell ein Bild zu machen. *Er findet vieles nicht. Oft hat er keine Antworten auf die Fragen, die er findet. Er denkt langsam darüber nach.* Das wäre ein Ansatz gewesen, aber er wurde leider nicht sehr ernsthaft verfolgt. Denn dieser Ansatz hätte unter anderem bedeutet, die DDR historisch zu verstehen, und damit auch zurückzugehen in die Jahre vor ihr, wie Uwe Johnson es selbst getan hatte.

Stattdessen durften diejenigen, die jetzt auf Uwe Johnson aufmerksam gemacht wurden, zweierlei Bilder konsumieren: erstens die mehr oder weniger verkitschte Darstellung einer verlorenen Heimat in der mecklenburgischen Landschaft und zweitens das Bild eines jungen Mannes, der von der DDR politisch verstoßen und verfolgt wurde, bis hin zu dem extremen Bild eines nicht mehr jungen Mannes am Ende seines Lebens in England, der deswegen gescheitert ist, weil die DDR ihn verfolgt hatte. Ob Uwe Johnson das gelegentlich so empfunden haben mag

---

23 Mecklenburg, Norbert: Vorschläge für Johnson-Leser der neunziger Jahre, in: Johnson, Uwe: Karsch, und andere Prosa, Frankfurt am Main 1990, S. S. 95-113, hier: S. 95.

oder nicht, scheint mir hier zweitrangig zu sein.[24] Die Konzentration der Rezeption auf die DDR als eine verlorene Heimat hatte eine ganz bestimmte Funktion in den Jahren nach der Wende. Erstens: die Heimat war unpolitisch, sie war eine Landschaft, eine Stimmung, eine Jugend. Man gab zu, dass Uwe Johnson in der FDJ tätig gewesen war, und man gab zu, dass er diese Tätigkeit mit einem politischen Ideal verbunden hatte, das dann nicht mit der Realpolitik in der DDR vereinbar war. Aber das war nur eine Episode, und Uwe Johnson wurde dafür bestraft. In der Johnson-Rezeption war die DDR das abzulehnende politische System, das den Autor verfolgt hatte und das er schonungslos beschrieben hatte, und sonst war dieses Land eine Landschaft, eine unpolitische Heimat. Diese Rezeptionsweise setzte 1988 mit Bernd Neumanns Artikel in der *Zeit*, »Landfahrt in ein mystisches Wasserreich«,[25] ein. Die Assoziationen, die solche Sprachbilder hervorrufen, können kaum weiter entfernt sein von dem politisch und materialistisch denkenden Schriftsteller Uwe Johnson.

Die Funktion dieser Rezeption war: Die DDR ist politisch abzulehnen, eigentlich ist sie es gar nicht wert, wahrgenommen zu werden, aber als verratene Heimat können wir sie wiedergewinnen. So wichtig es war, aus Sicht sowohl des Staats DDR und der Menschen, die dort gelebt haben, die verschwiegene, eigene Vergangenheit aufzuarbeiten und Verbrechen zu benennen, und so sehr das Werk von Uwe Johnson hierfür Identifikationsmöglichkeiten bot, diese Erinnerungsarbeit war nicht die eigentliche Funktion der Rezeption von Uwe Johnson in den Medien. Denn dort ging es darum, Material für eine Diskreditierung der DDR zu liefern und doch gleichzeitig das Land zu vereinnahmen als eine Heimat in Deutschland. Man erinnere sich an den so genannten deutsch-deutschen Literaturstreit nach der Wende, als die Diskreditierung von Christa Wolf zu einer Debatte über den Wert der gesamten DDR-Literatur führte. Uwe Johnson war nicht Gegenstand dieses Streits, aber gleichzeitig wurde seine Position gefestigt als der einzig wahre Schriftsteller der DDR, der Unschuldige, der Unbescholtene, der Wahrhaftige, der

---

24 Oder, wenn man diese Gefühle ernst genommen hätte, wäre die Aufmerksamkeit auf das Phänomen der Verfolgungsängste und Verschwörungstheorien als Ergebnis geschichtlicher Erfahrung zu lenken gewesen, was man aber nicht tat. Man ging statt dessen davon aus, dass die Verfolgung tatsächlich war.

25 Neumann, Bernd: Landfahrt in ein mythisches Wasserreich. Neues über Uwe Johnson: Besichtigung der Stätten seiner Jugend in Mecklenburg – Begegnung mit Augenzeugen der Anfänge eines Schriftstellers in der DDR, in: DIE ZEIT, 12. 8. 1988, S. 29f. Der Artikel selbst ist viel nüchterner als der Titel vermuten lässt.

Verfolgte, derjenige, dessen Heimat jetzt neu entdeckt werden kann. Das passierte dann auch, indem Journalisten und Fernsehmacher und Biographen und Photographen und Geschäftsmänner in Sonderzügen aus dem Westen Mecklenburg bereisten und ihre Bilder dieses Mannes produzierten. So viel angestrengte Nähe.

ii. Die Biographie

Band 1 der Schriften des Uwe-Johnson-Archivs ist ein Erinnerungsbuch an Uwe Johnson von Siegfried Unseld. Band 2 ist ein Reisebuch in »Johnsons Mecklenburg«. Band 7 ist eine Verteidigungsschrift des Hausanwalts des Suhrkamp-Verlags, gerichtet gegen die rechtlichen Versuche von Frau Johnson, das Testament des Autors in Frage zu stellen. Das traurige, vorläufige Ende einer gut gemeinten Reihe, die mit dem Interesse an Johnson nach der Wende entstanden ist, und nun ins Stocken geriet: der angekündigte Band 6, mit Johnsons Drehbuch für den Fernsehfilm *Summer in the City*, ist immer noch nicht erschienen. Aber dieser Band 7 der Schriften des Uwe-Johnson-Archivs ist auch das vorläufige Ende der Biographien über Uwe Johnson, und das ist ein ebenso trauriges Ende.

Die Biographie Uwe Johnsons hätte man vor der Wende schwerlich schreiben können. In den Jahren danach sind zwei oder drei Biographien erschienen,[26] zwei Bücher über Johnsons Testament[27] und vier mehr oder minder auch biographische Einführungen in Leben und Werk, die für den schulischen oder universitären Gebrauch gedacht sind.[28]

Warum hat man sich plötzlich für die Biographie von Uwe Johnson interessiert? Plötzlich, meine ich, ist das richtige Wort. Die Biographien selbst jetzt unter die Lupe zu nehmen, ist nicht mein Anliegen: uneingeschränkt empfehlen kann ich die Chronik *Die Katze Erinnerung*, während die anderen Werke etwas kritischer zu betrachten wären. Es gab zwei oder drei Höhepunkte in der Beschäftigung der Medien mit Uwe Johnson, was man anhand der Anzahl von Berichten in der Tagespresse sehen kann. Veröffentlichungen von Büchern Uwe Johnsons − *Heute*

---

26 Neumann, Bernd: Uwe Johnson, Hamburg, 1994; Fahlke, Die Katze Erinnerung (Anm. 9); Grambow, Jürgen: Uwe Johnson, Reinbek bei Hamburg 1997.

27 Gotzmann, Werner: Uwe Johnsons Testamente oder Wie der Suhrkamp Verlag Erbe wird, Berlin, 1996; Lübbert, Heinrich: Der Streit um das Erbe des Schriftstellers Uwe Johnson, Frankfurt am Main 1998 (Schriften des Uwe Johnson-Archivs 7).

28 Hanuscheck, Sven: Uwe Johnson, Berlin 1994; Golisch, Stefanie: Uwe Johnson zur Einführung, Hamburg 1994; Baker, Gary L.: Understanding Uwe Johnson, Columbia/South Carolina 1999; Hofmann, Michael: Uwe Johnson, Stuttgart 2001.

Neunzig Jahr 1996 und die beiden Briefwechsel mit Max Frisch und Siegfried Unseld 1998 und 1999 – wurden beachtet. Aber noch mehr beachtet wurden die biographischen Themen: die umstrittene Biographie von Bernd Neumann erfuhr eine sehr große Resonanz, und der Streit um Johnsons Testament und Erbe wurde in der Tagespresse häufiger behandelt als die Veröffentlichung von Johnsons Nachlassroman *Heute Neunzig Jahr*.[29] Das Leben dieses Autors ist als die Geschichte eines persönlichen Scheiterns beschrieben worden, auch wenn das nicht immer explizit ausgesprochen wurde.

Im Januar 1992 erschien im *Spiegel* ein Artikel zu Uwe Johnson, der zeigen wollte, »wie sehr die DDR den Schriftsteller schikaniert hat«. Der Titel war »Autor braucht Gehirnwäsche«, entnommen einem Gutachten von Max Schröder zu Johnsons Typoskript für den Roman *Ingrid Babendererde*. Der Artikel wollte zeigen, dass Johnson bis an sein Lebensende Angst vor der Staatssicherheit der DDR hatte, berechtigterweise. Die Legende des Verrats Johnsons durch seine Frau wird hier unkritisch wiederholt, was Frau Johnson zu einem knappen Leserbrief als Antwort bewegte.[30]

Was weiß man heute über Uwe Johnson? Schrieb über die DDR, starb jung, erlitt eine schwere Krise, eine Ehekrise? Die beiden Bücher über Johnsons Testament, die 1996 und 1998 erschienen, schleppten Kolportagen der Ehekrise und des Scheiterns Uwe Johnsons als Schriftsteller und des Daseins als vereinsamter Alkoholiker in England nach sich. Egal ob diese ernst gemeint, gut gemeint oder gar nicht gemeint waren, das Ergebnis ist gleich: Man erfährt manchmal mehr über das Scheitern dieses Autors als über seine Erfolge. Das halte ich für falsch, und man kann an dieser Tendenz durchaus eine kulturpolitische Funktion erkennen. Wenn Johnson gescheitert war, dann weil er seinen eigenen Wahn aus der vielfältigen Verfolgung durch die DDR bezog. Dass er

---

29 Diese Behauptungen beruhen nur auf der Anzahl der angegebenen Presseberichte, die in der Bibliographie von Nicolai Riedel verzeichnet sind. Natürlich ist das nur ein ungefährer Indikator von Resonanz, und von nachhaltiger Resonanz, so hofft man, gar keiner.

30 »Autor braucht Gehirnwäsche«. Neue Quellen belegen, wie sehr die DDR den Schriftsteller Uwe Johnson schikaniert hat, in: Der Spiegel, 6. 1. 1992, S. 128-134. Laut der Angabe in Nicolai Riedels Johnson-Bibliographie wurde der Artikel von Willi Winkler verfasst. Der Leserbrief von Frau Johnson erschien im Spiegel am 20. 1. 1992, S. 10. Ein weiterer *Spiegel*-Artikel verfolgte das Thema weiter: Drei Türen aus Stahl. Neuentdeckte Dokumente zeigen, wie der aus der DDR stammende Schriftsteller Uwe Johnson von der Stasi beobachtet wurde, in: Der Spiegel, 13.6. 1994, S. 196-199. Dieser Artikel wurde unter Mitwirkung von Bernd Neumann geschrieben.

vielleicht durch seinen Verleger unter Druck gesetzt wurde, ist besprochen worden.[31] Aber warum musste es so weit kommen? Weil Uwe
Johnson die *Jahrestage* nicht beenden konnte. Und warum konnte er das
nicht? Weil er in eine persönliche Krise geraten war. Und was war die
Ursache davon? Der Alkohol? Die ehrgeizige Anlage des Buches *Jahrestage* selbst als Ursache der Schreibhemmung? Nein: die Geheimdienste.
Der Verrat. Die DDR. Seine Frau. Diese Thesen gingen sogar in die
»Wissenschaft« hinein; Wolfgang Paulsen hat versucht, dieses unsachliche Bild in zwei Büchern zu propagieren.[32] Ein Phänomen, das hier
durch alle Deutungen geht, ist das der Schuldzuweisung. Ob der Schul-
dige die Stasi ist, die DDR, Johnsons Vater, seine Mutter, seine Frau,
sein Verlag oder sein Verleger, es ist nicht Johnson selbst. Das ist bei dem
Tod eines Autors, der an Selbstmord grenzte, nicht überraschend, aber
es ist vielleicht trotzdem der falsche Ansatz.[33]

Ich bezweifele nicht, dass die DDR Uwe Johnson »verfolgte« (obwohl ich hier vor Überbewertung der spärlichen bekannten Tatsachen
warne), und ich bezweifele nicht, dass es Uwe Johnson in seinen letzten
Jahren schlecht ging. Ich frage nur, was fehlt, wenn die biographische
Beschäftigung mit diesem Mann diese Bilder an erste Stelle setzt? Was
fehlt, ist das Bild eines Autors als wacher Zeitgenosse, als Herausgeber
und kritischer Lektor, als Teilnehmender am literarischen und politischen Leben in West-Berlin und Westdeutschland und als erfolgreicher
Autor. Die Briefwechsel zwischen Johnson und Max Frisch und Johnson

---

31 Vor allem von Werner Gotzmann (siehe Anm. 26). Diesen Streit beiseite lassend
halte ich es für wichtig festzuhalten, dass der Suhrkamp-Verlag sich in den neunziger
Jahren auch durch sehr gute Bücher für Uwe Johnson engagiert hat: die beiden Briefwechsel Johnson-Frisch und Johnson-Unseld; *Heute Neunzig Jahr*; Norbert Mecklenburgs *Die Erzählkunst Uwe Johnsons*; Eberhard Fahlkes *Die Katze Erinnerung*; Taschenbuch-
ausgaben der Romane.

32 Paulsen, Wolfgang: Uwe Johnson. Undine geht: Die Hintergründe seines Roman-
werks, Bern 1993; ders., Innenansichten. Uwe Johnsons Romanwelt, Tübingen 1997.

33. Diese Art Suche nach den Schuldigen für das schreckliche Ende des Lebens
eines Schriftstellers hat es ebenso bei der Schriftstellerin Sylvia Plath gegeben, wie
Jacqueline Rose in ihrer Auseinandersetzung mit den Plath-Erben anmerkt in: »This is
not a biography«. Jacqueline Rose writes about her conflict with the Estate of Sylvia
Plath, in: London Review of Books, 24/16, 22.8. 2002, S. 12-15: »In the case of Plath,
the subjective component of all biography takes on a special edge. Someone has to be
guilty. Someone is to blame. And if someone is going to be proclaimed guilty, then
someone else – the person telling the story – has to be certain. Plath biographies are
remarkable for their rhetoric of conviction« (S. 12). Etwas ähnliches scheint mir in den
Biographien Uwe Johnsons im Gange zu sein wie auch in seiner eigenen »Autobiographie«, *Begleitumstände*.

und Siegfried Unseld helfen hier weiter und verdienen vielleicht jetzt mehr Beachtung als alle Biographien. Hier wird die Arbeit des Autors von ihm selbst dargestellt.

iii. Deutsche Herkunft und deutsche Identität

Dass das Werk Uwe Johnsons nach der Wende nicht nur historische Erfahrungen (literarischer Art) liefern konnte, sondern auch Hinweise für die Gegenwart – das schien nahe zu liegen. Wenn das Werk deutsch-deutsche Zustände festhält und jetzt ein ehemals geteiltes Deutschland zusammenwächst, dann kann man von Uwe Johnson in Deutschland etwas über das jeweils andere erfahren. Und dann? Dann weiß man vielleicht, wie man mit dem anderen umzugehen hat? Die *Jahrestage, Das dritte Buch über Achim, Mutmassungen über Jakob* als eine Art deutsch–deutscher, interkultureller Ratgeber?

Das ist natürlich alles Unsinn. Erstens müsste man genau definieren, inwiefern Uwe Johnsons Werk Aussagen über die Deutschen in Ost oder West trifft, die heute hilfreich sind. Welche Aussagen sind das genau? Und selbst dann, hieße es die Wirkung von Literatur überstrapazieren, wollte man so etwas wie Ratschläge aus ihr ziehen. Was Literatur vermittelt, ist eine Wahrnehmung oder eine Art und Weise der Wahrnehmung, und meines Erachtens ist die Wahrnehmung bei Uwe Johnson in höchstem Maße ungeeignet, irgendwelche positiven Schlüsse für die Anwendung des Werks in einem wiedervereinigten Deutschland zu ziehen. Wiederholt ist gefragt worden, was Uwe Johnson in den neunziger Jahren so aktuell mache. Die Antwort sollte vorsichtig gegeben werden, das Werk taugt nicht dazu, landläufige Ansichten zu bestätigen. Oder ist er doch der »Dichter der beiden Deutschland«?

Siegfried Unseld gab 1994 sein Johnson-Lesebuch heraus, mit dem programmatischen Titel: *Wohin ich in Wahrheit gehöre*. Ein kurzer Text Johnsons ist vorangestellt, ohne ins Inhaltsverzeichnis aufgenommen zu sein:

Die Orte des Aufwachsens aus dem Gedächtnis verlieren, das hiesse ja die Dievenow vergessen, die für ein Kind zu breite Schlange Wassers mit ihren niedrigen schwarzen Booten, den glucksenden Fischkästen, dem wildwüchsigen Bruch und den federnden Wiesen an ihren Ufern. Sie bleibt, wie die Peene, die bei Karnin weissen Sand auswäscht, fein wie für Sanduhren, wie die Nebel, die an der güstrower Bahnhofsbrücke den Blättersträhnen der Trauerweiden zu trinken gibt. Unverzichtbar und jeweils aufs Neue zu leben ist der Tag, der aufwachte an der bützower Schleuse, seinen Mittag hielt inmitten der Ebenen von Schwaan und den Abend beging auf den wiegenden Querwellen des alten Ha-

fens von Rostock. Alle Flüsse sind aufgehoben in ihrer Zeit, und alle nach ihnen, vom badischen Rhein bis zum Hudson der Walfänger, wozu sind sie denn
da? zu erinnern an die Flüsse von ehemals.[34]

Es ist ein schöner Text, poetisch, und er beschreibt den schönen Gedanken, dass die Kindheitserinnerungen ein wesentlicher Bestandteil eines
jeden Menschen sein dürfen und dass diese im Glücksfall im besten Sinne Landschaftserinnerungen sind. Aber warum wird dieser Text einem
Uwe Johnson-Lesebuch vorangestellt? Weil er bislang unveröffentlicht
ist und sozusagen eine Neuheit darstellt?

Der Text suggeriert die Einheit: die Einheit von Erinnerung und
Gegenwart, die Einheit des Lebens im Fluss der Zeit. Es ist ein für Uwe
Johnson eher untypischer Text, nicht wegen des Themas Erinnerung
oder wegen des Wunsches, Vergangenes und Gegenwärtiges als Einheit
zu erfahren, sondern weil dieses Thema hier nicht ironisch gebrochen
wird. Hier ist keine Grenze, die mittendurch geht, wie es sonst bei Johnson
der Fall ist. Ähnliche Gedanken werden in den *Jahrestagen* vorgeführt,
aber als Wunschdenken und als Hoffnung, als eine nur gedachte Einheit
von Damals und Heute, die aufgrund von politischen und kulturellen
Brüchen überhaupt nicht möglich und nicht einmal wünschenswert ist.[35]

In seinem Nachwort zum Lesebuch zitiert Unseld diesen Text noch
einmal.[36] Dieses Nachwort kann man wohlwollend betrachten: Es macht
einen einfachen Gebrauch von Ernst Blochs Utopiegedanken. Die Aktualität Uwe Johnsons steht für Unseld fest:

Wie kein anderes Werk eines deutschen Schriftstellers hat das Bestehen zweier
deutscher Staaten die Bedingungen seines Lebens und Schreibens geprägt. Da
wir nach der Vereinigung den schwierigen und langwierigen Versuch machen
wollen, zu *einem* Staat zusammenzuwachsen, da wir Antworten suchen auf die
Fragen: wie war das am Anfang und wie war das am Ende möglich, bietet sich
das Werk von Uwe Johnson an. Es ist in unserer deutschen Geschichte hinter-
legt.[37]

---

34 Wohin ich in Wahrheit gehöre. Ein Uwe Johnson-Lesebuch, hg. von Siegfried
Unseld, Frankfurt am Main 1994, S. 7.
35 Die bekannte Erinnerung Gesines in den *Jahrestagen* an den Inselsee in Güstrow
und der Wunsch, dass der Anblick ihr »gegenwärtig« sein möge »in der Stunde meines
[...] Sterbens« (JT, 1822) ist im Roman gebrochen durch einen Appell an den Genossen
Schriftsteller. Dieser Bruch lässt sich in der Rezeption leicht wieder kitten. Siehe zum
Beispiel Struck, Coming Home (Anm. 5), die ihren Artikel beendet mit dem Thema
»What would I rather see in the hour of my death?«
36 Mit sechs orthographischen Abweichungen. Vgl. Unseld, Siegfried, Uwe Johnsons
»ureigene Sache«, in: Wohin ich in Wahrheit gehöre (Anm. 34), S. 371–387, hier: S. 384.
37 Ebd., S. 377.

Anstelle die hier aufgeworfenen Fragen im Folgenden mit politischen Inhalten zu erhärten oder gar zu beantworten, und das anhand des Werks Uwe Johnsons, geht Unseld zum Thema Heimat über, und zu der Feststellung, Uwe Johnson habe es mit den Flüssen gehabt. Es mag zutreffen, dass Uwe Johnson Flüsse und Wasser wichtig fand, aber die Fragestellung war historisch und politisch, und nicht mythisch oder symbolisch, auch nicht literarisch. Unseld zitiert nun das Prosafragment, das dem ganzen Band vorangestellt ist, und dann schreibt er:

In dieser ganz und gar persönlichen Melodie hat Uwe Johnson ein Bekenntnis zu dem gegeben, was ihn als Schriftsteller ausmacht: den Beschwörer des Zusammenhangs von Gegenwart und Erinnerung. [...] Seine Bücher machen Vorschläge, wie deutsche Geschichte, einst West und Ost, zu verstehen, wie sie zu lesen sei. Wenn unsere Erinnerung dann »Bescheid weiß«, dann können auch wir Leser das »Welcome home« sprechen, das dieser Erzähler der beiden Deutschland so unverzichtbar verkündet.[38]

Es führt, so meine ich, eine direkte Verbindung von dieser Art vereinfachender Affirmation der Einheit (auch der deutschen, der politischen) zu der Schlussszene des Fernsehfilms *Jahrestage*. Das alles hat mit Uwe Johnsons Werk nur noch Themen, Figuren und Geschichten gemeinsam, die Requisiten ja, Gehalt aber nicht.

iv. Die Jahrestage – der Film

Unter den vielen kritischen Bemerkungen, die man zu diesem Film machen kann und gemacht hat,[39] ist die ästhetische Frage die vielleicht wichtigste. Wie kann man Uwe Johnsons Chronik deutscher Geschichte verfilmen und so tun, als ob das, was man zeigt, wirklich so passiert wäre, wie man es zeigt? Das Problem des Erzählers und das Problem der Erinnerung werden vollkommen ausgeblendet – wäre es dem Publikum nicht zuzumuten gewesen zu zeigen, dass Geschichte ein Prozess der lückenhaften und oft verzweifelten Erinnerungsarbeit in der Gegenwart ist? Dass Geschichte manipulierbar ist? Oder waren diese Dissonanz und diese Differenz mit der bequemen und identitätsbildenden Ästhetik des Fernsehens nicht vereinbar?

---

38 Ebd., S. 384f.
39 Mecklenburg, Norbert: *Jahrestage* als Biblia pauperum. Uwe Johnsons Filmästhetik und der Fernsehfilm Margarethe von Trottas, in: Johnson-Jahrbuch, Bd. 8, Göttingen 2001, S. 187-200; Böttiger, Helmut: Uns Uwe. Zum Desaster der Fernseh-*Jahrestage*, in: text+kritik 65/66 (Anm. 1), S. 170-172.

Ich möchte nicht alle Kritikpunkte an diesem Film hier erörtern, sondern beschränke mich nur auf zwei Bilder: das Bild, das den Eintritt in die Vergangenheit einleitet, und das Schlussbild.

Marie will wissen, wie ihr Vater war; sie hat Fotos der Familie ihrer Mutter auf dem Fußboden in ihrem Zimmer ausgebreitet: wie eine Treppe, die in die Vergangenheit führt. Ihre Mutter möchte lieber noch nichts erzählen, und Marie steigt beleidigt aus dem Fenster und versucht über die Feuertreppe zu fliehen. Gesine holt sie zurück und ist nun bereit zu erzählen; was folgt ist eine kurze nachdenkliche Pause und dann die Blende nach Mecklenburg 1932. Diese schöne, ästhetisch schmerzlose und schnittfreie Art, in die Vergangenheit zurückzugehen, erinnert an die Vorwürfe einiger früher Kritiker der *Jahrestage*, die damals, als das flüssige und vor allem allwissende Erzählen kurzzeitig verpönt war, Johnson das raunende Imperfekt des allwissenden Erzählers vorwarfen.[40] Diese Position ist doppelt veraltet: Erstens darf man längst wieder erzählen, man soll es sogar, und zweitens ist es inzwischen bekannt, dass Uwe Johnson keineswegs die Vergangenheit heraufbeschwört, als ob sie ohne Weiteres dem Heute zugänglich wäre. Nur beim Fernsehen war das nicht bekannt.

Das Schlussbild im Buch: Prag ist von der Roten Armee besetzt worden. Gesine trifft sich mit dem Lehrer Kliefoth am Strand und übergibt einen schriftlichen Text, den die Leser nicht kennen. Wir vermuten darin viele Lebensläufe, Verbrechen, Hoffnungen und Ängste der Deutschen und viele Fragen, viele Lücken in der Erinnerung. Vor allem aber die Erinnerung an Schuld und das Eingedenken der Toten. Das Schlussbild im Fernsehen: Gesine Cresspahl, Marie und Anita Gantlik laufen, tänzeln zum Meer hinunter, und hinter ihnen auf den Dünen erscheinen: Major Pontij und Herr Wassergahn, Albert und Louise Papenbrock, Lisbeth und Heinrich Cresspahl, D.E, Jakob und Marie Abs, Pius Pagenkopf und Dieter Lockenvitz. Alle im Sonntagsanzug, frisch gewaschen. Diese Toten lächeln selig, sie stehen erhaben über den Dingen und nicken einander anerkennend und wissend zu. Die Trauer Gesines über D.E.s Tod wird vergehen, das scheinen sie zu wissen. Die Musik schwelgt. Diese Toten sind zufrieden, sogar selbstzufrieden. Es ist wie

---

40 Vgl. zum Beispiel Reich-Ranicki, Marcel: Uwe Johnsons neuer Roman. Der erste Band des Prosawerks *Jahrestage*, in: Michael Bengel (Hg.), Johnsons »Jahrestage«, Frankfurt am Main 1985, S. 135-142. Reich-Ranicki wirft Johnson vor, er schreibe traditionell, altmodisch und anachronistisch, und was die Erzählung über die Vergangenheit in Mecklenburg betrifft, sei »die Manier des allwissenden Erzählers« vorherrschend (S. 140).

ein Werbefilm für Waschpulver.[41] Das versöhnliche Bild am Ende dieser Verfilmung ist ein Bild der Glückseligkeit. Es ist vor allem ein unzweideutiges Bild. Die Nähe stellt sich ein. Ende gut alles gut. Als ich dieses Bild zum dritten Mal sah, konnte ich nicht mehr, ich musste lachen. Beim ersten Mal hätte ich fast geweint, so anfällig bin ich für solche Bilder. Lachen musste ich auch, als ich den Text *Vergebliche Verabredung mit V.K.* noch einmal las, ein leises Lachen, das viele Fragen enthielt und weniger Antworten und Staunen über die sprachlichen Fähigkeiten dieses Autors.

4. Schluss

Das Problem besteht keineswegs darin, dass man Uwe Johnson und sein Werk verwandelt und verändert für die heutige Zeit, denn das ist immer unvermeidlich. Das Problem ist nicht ein Problem der Wahrheit, sondern ein Problem der Funktion. Wozu wird Johnson heute verwendet? Und damit das auch so funktioniert, was wird ausgelassen?

Damit Uwe Johnsons Werk heute als Affirmation einer semantischen und möglicherweise auch politischen und gesellschaftlichen deutschen Einheit erscheinen kann, als Kritik der DDR und als Verteidigung der Heimat, müssen einige Aspekte des Werks und des Lebens dieses Autors unterbelichtet bleiben. Das erste und vielleicht das wichtigste, was man in diesem Zusammenhang nennen sollte, ist ein ästhetisches Verfahren. Was Uwe Johnson beschrieb, hatte immer mehr als nur eine Seite, es hatte manchmal so viele Seiten, dass Kritiker wie Leser frustriert den Faden verloren. *Mutmassungen über Jakob* stellt die Wahrheit als einen Anspruch an die Wahrheit dar, nicht als etwas, was man weiß. Die Wahrheit besteht aus den vielen verschiedenen Wahrnehmungen der Wirklichkeit und aus den Vorgeschichten der jeweiligen Wahrnehmungsform. Es gibt nicht einen Jakob, es gibt genauso viele wie es Menschen gibt, die sich an ihn erinnern – und doch gab es einen Jakob wirklich. In dem Aufsatz *Berliner Stadtbahn* hat Uwe Johnson das ästhetische Problem der Wahrheit mit dem politischen Problem einer geteilten Welt in Verbindung gebracht. Die populäre Rezeption von Uwe Johnson in den neunziger Jahren lässt nun vermuten, dass das Ende dieser geteilten Welt

---

41 Norbert Mecklenburg sieht die Werbeästhetik in diesem Film so: »Räumlich-Geographisches verkommt zu Pseudorealismus, wo es im Stil von Urlaubs- und Immobilienwerbung dargeboten wird«; vgl. Mecklenburg, Biblia pauperum (Anm. 39), S. 192.

eine neue vereinfachte Ästhetik rechtfertigt. Das mag sein, aber es wird dem Werk Uwe Johnsons nicht mehr gerecht.

Einige wichtige Themen von Uwe Johnson werden zwar nicht ganz ausgeklammert, aber entschieden unterbewertet. Das sind erstens seine Kritik an der westdeutschen Gesellschaft, und entsprechend dazu in der Biographie die Tatsache, dass Johnson zehn Jahre lang quer zum westdeutschen politischen und gesellschaftlichen Leben stand. Für einen »Dichter der beiden Deutschland« war dies schon in den sechziger Jahren nicht immer erwünscht. Zweitens und drittens: Johnsons Darstellung des Dritten Reiches und seiner Folgen und sein Festhalten an den politischen Hoffnungen des Prager Frühlings sind in der populären Rezeption in den neunziger Jahren vernachlässigt worden.

Der Prager Frühling ist der Fluchtpunkt der *Jahrestage* und für die heutige Johnson-Rezeption eine große Herausforderung. Denn die politischen Vorstellungen, die Gesine Cresspahl durchaus teilt, sind anachronistisch. Die politische Analyse ist es nicht, aber die an sie geknüpfte Hoffnung auf Zukunft wohl doch. Diesbezüglich neigen die meisten Interpreten zu verkürzten Darstellungen. Johnsons Beschäftigung mit dem Sozialismus endete nicht mit seiner Exmatrikulation in Rostock. In den *Jahrestagen* ist die gefährdete politische Utopie ein wichtiges Moment. Es wird von der westdeutschen oder gesamtdeutschen Rezeption mehr oder weniger ausgeklammert, indem man die Utopie als von vornherein gescheitert betrachtet. Die Kapitalismus-Kritik bei Uwe Johnson, die auch eine Kritik westdeutscher und amerikanischer Verhältnisse war, wird in der Rezeption häufig zugunsten seiner Sozialismus-Kritik vernachlässigt. Aber bei Uwe Johnson kann man erfahren, dass es eine sozialistische Utopie in Deutschland bis vor kurzem noch gab. Was man mit dieser Erfahrung heutzutage anfangen kann, ist eine andere Frage: nur sollte man Uwe Johnson und sein Werk nicht dafür vereinnahmen, von Freiheit zu reden und die deutsche Einheit in ihrer jetzigen politischen Form als eine Art Heimat zu verkaufen.

Die deutsche Schuld ist Uwe Johnsons Thema schlechthin, und es wäre natürlich ungerecht zu sagen, dies wäre in den neunziger Jahren gar nicht rezipiert worden. Doch Johnsons Beschäftigung mit der deutschen Schuld gegenüber jüdischen und anderen Opfern blieb unterbelichtet. Die neuen Fernsehdokumentationen über diesen Autor konzentrierten sich auf die DDR,[42] die biographische Beschäftigung ebenso, das

---

42 Der neueste mir bekannte Film fürs Fernsehen ist: Mutmassungen über die Wirklichkeit: Der Schriftsteller Uwe Johnson, von Jürgen Bever für arte und den WDR,

Dritte Reich ist eine unangenehme Kindheitserfahrung, aber dass ein großes Thema der *Jahrestage* in der Frage besteht, wie man persönlich mit der Schuld einer Nation umgehen kann, wird häufig übersehen. Es fällt mir schwer zu verstehen, wie man Uwe Johnsons Werk als Identifikationsangebot heute überhaupt vorschlagen kann. Das Werk hält eine Zeit der Teilung und der Entfremdung in Deutschland fest, deren Wurzeln eindeutig in der Nazi-Zeit und davor liegen. Gesine, Jakob, Cresspahl und viele andere fühlen sich in beiden Deutschland fremd. Sie sind keine Vermittler zwischen Ost und West, sie lehnen Deutschland Ost und West als politische Gebilde ab. Sie lehnen die deutsche Nationalität als Identität ab. Sie lehnen viele Lebensarten und Menschen in Deutschland ab: vom totalitären Charakter im Sozialismus bis zum Konsumenten im Kapitalismus. Wie kann eine solche Fremdheit heute Bestand haben, wenn es darum geht, deutsche Identität in Europa positiv zu bestimmen? Es wird keine Identität geben, wenn die Fremdheit nicht überwunden wird.[43] Johnson bleibt nur etwas für diejenigen, die die Nähe nicht suchen und die Identifikationsmodelle nicht annehmen. Oder besser gesagt, nur für diejenigen, die eine andere Art Nähe und Identifikation darin finden, als heutzutage in Deutschland zu erwarten wäre. Dieser Autor feierte seinen Geburtstag nicht, weil er am 20. Juli war.

Dr. Greg Bond, Sprachenzentrum, Technische Fachhochschule Wildau, 15745 Wildau, bond@sprz.tfh-wildau.de

---

Erstausstrahlung am 21.6. 2001 nach der Wiederholung der verfilmten *Jahrestage* unter der Rubrik »Jahrestage. Le roman des deux allemagnes« bei arte am 19. und 21.6. 2001. Der Film enthält mehr Originalaufnahmen von Uwe Johnson als alle anderen früheren Fernsehfilme, aber die deutsche Schuld und der deutsche Faschismus finden nur einmal nebenbei Erwähnung und werden nicht einmal angesprochen, wenn es darum geht, Gesine Cresspahls Leben in New York zu beschreiben.

43 Oder doch viel, wenn man das negative Bild der deutschen Identität ersetzt durch ein europäisches, und dann so weit geht, zu sagen, Uwe Johnson hätte das insofern vorweggenommen, als er eine deutsche Identität ablehnte. Aber das führt hier zu weit.

Uwe Neumann

Deckname Marcel

Uwe Johnson und Marcel Reich-Ranicki

In der Tat gibt es keine Position in unserer bürgerli-
chen Gesellschaft, die papstähnlicher wäre als die des
Kritikers.
Martin Walser, 1977

Nein, Literaturpapst ist keineswegs freundlich gemeint.
Dennoch drückt es auf vertrackte Weise, unwillig, An-
erkennung aus, gerade weil man sie verweigern will.
Rolf Schroers, 1980

Im geistigen Leben ist keiner »Papst«. Er wird vielmehr
von anderen, die das anscheinend nötig haben, dazu
gemacht...
Joachim Kaiser, 2002

Früher einmal, in einer kaum noch erinnerlichen Zeit des vergangenen
Jahrtausends, früher einmal konnte man Marcel Reich-Ranicki einen
»Literaturpapst« nennen, hatte dabei die Augenbrauen ein wenig hoch-
zuziehen und durfte sich daraufhin in dem überlegenen Bewusstsein
wähnen, etwas ungemein Ironisches, Zynisches oder Hämisches, in jedem Fall aber etwas Kritisch-Entlarvendes geäußert zu haben. Auch in
unseren Tagen führt Marcel Reich-Ranicki noch den nämlichen Titel,
allerdings sind die Anführungszeichen verschwunden und die Ironie hat
sich bis auf Spurenelemente verflüchtigt. Was ehedem ein Schimpf- und
Schmähwort war, hat sich zu einer Beschreibungskategorie gewandelt,

die zwar nicht neutral daherkommt, die aber doch, in Ermangelung eines anderen Superlativs, als die einzig angemessene erscheint. Niemals zuvor hat es in Deutschland einen Literaturkritiker gegeben, der eine solche Wirkung und Machtfülle besaß wie Marcel Reich-Ranicki. Welche illustren Namen man auch immer anführen mag, ob Gotthold Ephraim Lessing, Theodor Fontane, Walter Benjamin oder Alfred Kerr, niemand vermag Reich-Ranicki den Ruf als Deutschlands einflussreichster Kritiker streitig zu machen. Längst ist zudem die aberwitzige Situation eingetreten, dass Reich-Ranicki berühmter ist als der Großteil der von ihm rezensierten Schriftsteller. Zu verdanken ist solche Prominenz vor allem dem Fernsehen, einem Medium, das Marcel Reich-Ranicki wie kein anderer Berufskollege für seine Zwecke zu nutzen versteht. Auf dem Bildschirm ist der Starkritiker, dessen Entertainer-Qualitäten auch auf ansonsten literaturfeindlichen Kanälen geschätzt werden, seit bald zwei Jahrzehnten in einer Weise dauerpräsent, dass es schon nicht mehr möglich ist, einen Text von ihm zu lesen, ohne dabei seine charakteristische Sprechweise im Ohr und sein grimassierendes Gesicht vor Augen zu haben. Aber genug der Vorrede. Die einzigartige Rolle, die Marcel Reich-Ranicki im deutschen Literaturbetrieb spielt, ist schon Grund genug, um einmal der Frage nachzugehen, was Uwe Johnson und Marcel Reich-Ranicki voneinander gehalten haben. Wer nun das Thema für unergiebig hält oder gar meint, diesbezüglich schon alles zu wissen, dem seien einige unveröffentlichte Texte angekündigt – mit vielen Überraschungen, versteht sich.

Von ihrer Persönlichkeit her, um beim Augenfälligsten zu beginnen, bilden Uwe Johnson und Marcel Reich-Ranicki Gegensätze, wie sie größer kaum denkbar sind. Auf der einen Seite Reich-Ranicki als »unser Lautester« (Eckhard Henscheid), auf der anderen Seite jener wortkarge Mecklenburger, von dem Hellmuth Karasek einmal spottete, er sei »im Gespräch einer der perfektesten Schweiger der deutschen Gegenwartsliteratur«.[1] Ein idealer Gast im *Literarischen Quartett* wäre Uwe Johnson sicherlich nicht gewesen.[2] Ohnehin konnten Johnson und Reich-Ranicki

---

1 Karasek, Hellmuth: Deutschland deine Dichter. Die Federhalter der Nation, Hamburg 1970, S. 138.
2 Was Johnson als Gast in Talk-Shows taugt, lässt sich einer Tagebucheintragung von Walter Kempowski aus dem Jahre 1983 entnehmen: »TV: Die eiertanzenden Schriftsteller in Berlin. Kuddeldaddeldu-Kant, Eulen-Heym, Austern-Hermlin und die Dussels aus der Be-Er-De. Raddatz steckte seinen klugen Kopf abwägend wiegend zwischen die, die jeweils im Bild waren. Johnson sagte keinen Ton. Daß sie miteinander reden können, heben sie als etwas Besonderes hervor. Als ob das bloße Ingangsetzen der

nicht viel miteinander anfangen. Sind sich die beiden begegnet, wie es sich häufig bei Tagungen der Gruppe 47 ergab, ist es zu keinem nennenswerten Gedankenaustausch gekommen. Auch die Hoffnung, dass das Aufeinandertreffen zweier so unterschiedlicher Temperamente nicht doch die eine oder andere erzählenswerte Anekdote hervorgebracht haben könnte, sieht sich enttäuscht. Hiervon konnte ich mich selbst überzeugen, als ich im Herbst 2000 von Marcel Reich-Ranicki einen Beitrag für eine Anthologie mit Schriftsteller-Äußerungen über Uwe Johnson erbat. Die Antwort fiel zwar knapp aus, ließ an Klarheit aber nichts zu wünschen übrig: »Natürlich gab es viele persönliche Begegnungen mit Uwe Johnson, sie waren nicht interessant und es lohnt sich nicht, darüber zu schreiben.«[3]

Niemanden wird es überraschen, dass das Verhältnis zwischen Johnson und Reich-Ranicki kein harmonisches, sondern ein höchst konfliktreiches war. Anders könnte es auch gar nicht sein. Marcel Reich-Ranicki, der in deutschen Landen am meisten gehasste Kritiker, hat in Schriftstellerkreisen fast nur Feinde, was nach seinem Selbstverständnis wiederum ganz in Ordnung ist und als untrüglicher Ausweis seiner Unbestechlichkeit zu gelten hat. Mit anderen Worten: Ein Kritiker, der etwas tauge, müsse Feinde haben, und – so will es die Logik – je mehr Feinde er hat, desto besser der Kritiker. Der gnadenlose Verreißer ist denn auch hinlänglich oft verrissen und polemisch angegriffen worden. Anders als viele seiner Schriftstellerkollegen, man denke an Günter Grass oder Martin Walser, hat Uwe Johnson aber niemals öffentlich gegen Marcel Reich-Ranicki Stellung bezogen. In diesem Schweigen spricht sich ein Selbstverständnis aus, das sich auf allerhöchste Autoritäten berufen darf. »Du weisst«, schreibt Johnson 1967 an Manfred Bierwisch, »dass ich nach Goethe lebe und einem Rezensenten nur antworten wuerde auf die Beschuldigung, ich haette Steuern hinterzogen.«[4] Diesen Grundsatz zu befolgen, kann Johnson nicht immer leicht gefallen sein, zumal in seinen frühen Jahren, als im Zuge des Kalten Krieges auch im Feuilleton mit harten Bandagen gekämpft wurde und Johnson manch einen unfairen

---

Stimmwerkzeuge irgend etwas bewegt! Es wäre besser, sie würden miteinander saufen oder essen oder singen: ›Eins, zwei, g'suffa!‹« Kempowski, Walter: Sirius. Eine Art Tagebuch, München 1990, S. 168.

3 Reich-Ranicki, Marcel: Brief an Uwe Neumann vom 20.10. 2000.

4 Johnson, Uwe: Brief an Manfred Bierwisch vom 10.1. 1967, unveröffentlicht, Johnson-Archiv. – Dem Leiter des Johnson-Archivs, Dr. Eberhard Fahlke, möchte ich an dieser Stelle für die Erlaubnis danken, aus noch unveröffentlichten Briefen von Uwe Johnson zitieren zu dürfen.

Tiefschlag einstecken musste. Verschiedentlich hatte Siegfried Unseld seinen jungen Autor davon abzuhalten, die Angriffe mit einem Gegenschlag zu parieren.[5] Den Höhepunkt einer langen Reihe von Anfeindungen, deren Aggressivität noch immer verblüffend ist, bildet das umfangreiche Pamphlet von Karlheinz Deschner, der eine ungewöhnliche Energie darauf verwandt hat nachzuweisen, dass Uwe Johnson das »häßlichste Deutsch unserer Zeit« schreibe.[6] Auch zu der wortreichen Philippika von Deschner hat sich Johnson niemals öffentlich geäußert. Nun sollte man hieraus nicht schließen, dass Johnson über Rezensentengeschwätz erhaben gewesen wäre oder dass er womöglich, wie es Arno Schmidt von sich behauptete, vorsichtshalber erst gar keinen Blick in das Feuilleton geworfen hätte. Das Gegenteil ist der Fall. Johnson verfolgte sehr genau, was man über ihn schrieb (er bewahrte sogar viele Artikel auf), und natürlich war auch er wie alle Schriftsteller eitel und verletzlich. Zu spüren bekam dies Manfred Bierwisch, als er für eine mehr oder weniger unbedachte Bemerkung rüde zurechtgewiesen wurde:

Du schreibst auch, du kannst einem Herrn Deschner nicht ganz unrecht geben. Ich habe mir dessen Buch noch einmal angesehen und mir gemerkt dass ich nach seiner Meinung scheisse wenn ich schreibe, dazu die Ausdrücke Afterkunst, dem Kretin näher als dem Genie, Idiotendeutsch, Originalität der Impotenten, Schreiberling, Infantilismus, Griffoneur, Barbaroglottie, der Einbruch des Proletentums in die Literatur, welche Feststellungen du also ziemlich zutreffend findest.[7]

Die persönlichen Verletzungen und Kränkungen liegen offen zu Tage. Nimmt man zu Deschners Anrempeleien noch all das hinzu, was wutschnaubende Johnson-Hasser wie Hans Habe, Kurt Ziesel oder William S. Schlamm haben verlauten lassen, dann kann man sich nur darüber wundern, wie moderat Johnsons Titulierungen ausfallen, sobald er sich über die Kritikerzunft äußert. Von der »beamteten Kritik« ist dann die Rede, der »Besprechungsgilde« oder dem »vereinigten westdeutschen Feuilleton« – alles in allem Bezeichnungen, die von milder Ironie zeu-

5 »An sich ist es bewährtes Gesetz unseres Verlages«, schreibt Unseld im März 1960 an Johnson, »auf Kritiken nicht und in keiner Form zu reagieren, es sei denn, man ist gezwungen, Verleumderisches oder bewußt Falsches richtig zu stellen.« Johnson, Uwe/Unseld, Siegfried: Der Briefwechsel, hg. von Eberhard Fahlke und Raimund Fellinger, Frankfurt am Main 1999, S. 75.
6 Deschner, Karlheinz: Talente, Dichter, Dilettanten. Überschätzte und unterschätzte Werke in der deutschen Literatur der Gegenwart, Wiesbaden 1964, S. 207.
7 Johnson, Uwe: Brief an Manfred Bierwisch vom 19.3. 1965, unveröffentlicht, Johnson-Archiv.

gen, aber weder aggressiv noch geschmacklos ausfallen. Freilich meint auch Johnson, dass das Leben ohne die Kritiker einfacher wäre. Die Lösung aller Probleme findet sich in einem eigenwilligen Text, den Johnson für Günter Eich geschrieben hat. Dort liest man folgende Anekdote: »Die Kritiker sollte man alle auf den Mond schiessen: sagt Höllerer einst in der Pension Elite, und [Günter Eich] nickt trübe, zweifelnd an der technischen Machbarkeit. Sonst gerne.«[8] Ginge es nach Johnson und Günter Eich, wäre Marcel Reich-Ranicki natürlich einer der Wunschkandidaten für einen solchen bemannten Mondflug. Für diese Annahme spricht auch, dass Johnson in seinem Text einen »Grosskritiker« erwähnt, der sich einmal nörgelnd über Günter Eichs *Maulwürfe* ausgelassen hat. Wer hier gemeint ist, kann man sich leicht denken, zumal Reich-Ranicki die *Maulwürfe* in der Tat übel verrissen hat. Aber auch das alles klingt immer noch sympathisch und hat nichts zu schaffen mit den rabiaten Vorschlägen, die andere Schriftsteller zur ›Entsorgung‹ von Kritikern machen. Wir kommen noch darauf zurück.

In den Anfängen sah alles noch rosig aus. Im zeitlichen Abstand von knapp einem Jahr debütierten der Kritiker und der Schriftsteller Ende der fünfziger Jahre in der Bundesrepublik, und beide waren sie Senkrechtstarter. Im Juli 1958 kam Reich-Ranicki, 38jährig, von Polen nach Deutschland und fand sofort Anschluss an das kulturelle Leben.[9] Ein seit

---

8 Johnson, Uwe: Porträts und Erinnerungen, hg. von Eberhard Fahlke, Frankfurt am Main 1988, S. 60.

9 Verwundern kann das nicht, denn Reich-Ranicki war schon immer der, den wir alle kennen. Als einer der ersten traf der Schriftsteller Horst Krüger mit dem Neuankömmling zusammen: »Für mich ist diese erste Begegnung mit ihm unvergeßlich geblieben. Ich weiß, daß ich damals hell entzückt war über diesen Neuankömmling aus dem Osten. Mangel an Zuwanderern bestand schon damals nicht. Nur er war ganz anders als all die anderen. Es ging von ihm ein Temperament aus, fast beängstigend. Unruhe, Leidenschaft, Energie beflügelte das Gespräch. Es hielt ihn nicht im Sessel. Er lief durch das Zimmer, kampfesmutig. Er redete dauernd. Er war im höchsten Maße erregt. Und das Komische war: der Grund seiner Erregung war nicht Konrad Adenauer, nicht die deutsche Wiederbewaffnung, auch nicht die Atombombe, worüber sich damals die westdeutschen Intellektuellen erregten. Der Grund seiner Erregung war – die deutsche Literatur. Das war ungewöhnlich, 1958 jedenfalls. / Ich weiß, daß ich an diesem Abend damals viel gelacht habe. So viel Empörung, so viel feurige Leidenschaft – nur um Bücher? Ich besinne mich noch genau, als wir zu vorgerückter Stunde an meinem Bücherregal standen, und ich, lachend, ermunternd, habe dann zu ihm gesagt: Also über Sie mache ich mir keine Sorgen. Sie kommen hier an. Sie setzen sich durch. In ein paar Jahren sind Sie hier ganz oben, bestimmt! / Nein, eigentlich bin ich kein guter Prophet. Ich habe mich oft getäuscht in meinen Prognosen, Literaten, Freunde, Kollegen betreffend. Nur in seinem Fall war Irren kaum möglich.« Krüger, Horst: Das

1957 bestehender Kontakt zu Hans Werner Richter erlaubte es Reich-Ranicki gleich für das Jahr 1958 eine der begehrten Einladungen für eine Tagung der Gruppe 47 zu erhalten. Diese wohlgemerkt *eine* Tagung reichte ihm schon hin, um sich neben Walter Jens, Walter Höllerer, Joachim Kaiser und Hans Mayer als einer der gefürchteten »Großkritiker« zu etablieren. Als im Herbst 1959 die nächste Tagung anstand, schrieb Hans Werner Richter an das neue Gruppenmitglied: »Sie müssen auf jeden Fall kommen, ich kann Sie als Kritiker nicht mehr entbehren. Es wird Ihnen wahrscheinlich nicht entgangen sein, daß Sie einen neuen Ton in die Diskussion getragen haben, bei aller Schärfe ein Ton echter und nicht angenommener Toleranz, und genau dieser Ton ist es, den die Gruppe braucht.«[10] Aber nicht nur in der Gruppe 47 schaffte Reich-Ranicki einen sofortigen Durchbruch, in der literarischen Öffentlichkeit zählte er bereits 1960 zu Deutschlands »führenden Buchkritikern«, wie es in einer *ZEIT*-Umfrage hieß, die Reich-Ranicki mit berechtigtem Stolz in seiner Autobiographie *Mein Leben* zitiert.[11]

Marcel Reich-Ranicki hatte also schon einen gewissen Namen, als er als einer der ersten Kritiker überhaupt eine Rezension über den Debütroman *Mutmassungen über Jakob* schrieb, der neben der *Blechtrommel* von Günter Grass die literarische Sensation des legendären Bücherherbstes 1959 darstellte. Während die *Blechtrommel* von Reich-Ranicki verrissen wurde (was er später in einer für ihn ungewöhnlichen Selbstkritik bereute), kam Johnsons Roman, trotz aller Beanstandungen, sehr gut weg. Im Schlusteil der Rezension, bei Reich-Ranicki immer der gefürchtete Ort, an dem der Daumen rauf oder runter geht, konnte man lesen:

Es spricht für Johnson, daß man sich seine *Mutmassungen* kaum in einer anderen Form vorstellen kann – es spricht entschieden gegen ihn, daß er, die Mittel des Romans von Joyce bis Faulkner übernehmend, im Übereifer so weit gegangen ist, daß sein Buch schließlich an die Aufmerksamkeit und Geduld des Lesers maßlose Ansprüche stellt, die durch die intellektuelle Substanz nun doch nicht gerechtfertigt sind. Am Rande sei vermerkt, daß der Autor sich auch eine eigene Zeichensetzung leistet und vor allem vom Komma nur selten Gebrauch macht – das ist immerhin überraschend, denn Johnson ist schon über zwanzig, also zu alt für solche Kindereien.

So oft man formale Extravaganzen beanstanden muß, so viele völlig unverständliche Sätze immer wieder auftauchen, so sehr die Affektation verärgert – so

heilsame Ärgernis, in: Walter Jens (Hg.), Literatur und Kritik. Aus Anlaß des 60. Geburtstages von Marcel Reich-Ranicki, Stuttgart 1980, S. 33–43, hier: S. 36f.

10 Richter, Hans Werner: Briefe, hg. von Sabine Cofalla, München 1997, S. 286.

11 Reich-Ranicki, Marcel: Mein Leben, Stuttgart 1999, S. 431.

ist doch jene Leidenschaft spürbar, der man sich nicht entziehen kann. Diese Wirkung verdankt Johnson vor allem der sprachlichen Kraft seiner Prosa. Wer hat hier eigentlich Pate gestanden? Die Stimmung mancher Szenen scheint an Barlach zu erinnern. Oft hört man Brecht, etwa im folgenden Satz über Stalin: »... hat der Allerbeste in seiner unendlichen Gerechtigkeit hinrichten lassen Mitstreiter unzählig, die schuldig waren nützlichen Widerspruchs«. Aber im Grunde ist die Sprache Johnsons, die von norddeutschen Dialekten mitgeprägt wurde, erstaunlich selbständig und expressiv – wenn wir von dem Unkraut, das freilich oft wuchert, absehen wollen.

Alles in allem: Johnsons Buch ist weniger ein fertiger Roman als eine »Fingerübung« großen Stils. Dieser trotzige und eigenwillige Schriftsteller wird uns noch manche Überraschung bereiten. Die Kritik mag ihm ruhig Ratschläge erteilen – wahrscheinlich wird er sie ohnehin nicht befolgen. Er wird experimentieren und sich dabei die Stirn wundschlagen, niemand kann und soll ihn daran hindern. Er wird Bücher schreiben – bei denen wir ihn – wie bei diesem Erstling – hundertmal zu allen Teufeln wünschen werden. Aber er wird seinen Weg gehen. Wie gesagt: dieser Johnson ist eine ganz große Hoffnung. Nicht mehr und nicht weniger.[12]

Man kennt diesen apodiktischen Tonfall zur Genüge, dennoch bleibt die Sicherheit verblüffend, mit der Reich-Ranicki einem gänzlich unbekannten Schriftsteller die Zukunft genau so voraussagt, wie sie auch tatsächlich eintreffen wird. In späteren Jahren hat Reich-Ranicki diese Rezension denn auch immer wieder als Sternstunde in seiner Kritikerlaufbahn betrachtet. Überhaupt seien es die Lobreden, auf die er als Kritiker stolz sei, und nicht, wie fälschlicherweise immer angenommen werde, seine gefürchteten Verrisse. Fehler und Misslungenes aufzuzeigen, sei eben ein Leichtes, die Schwierigkeit bestehe im Erkennen der ästhetischen Qualitäten eines literarischen Kunstwerkes. (Und nebenbei gesagt: würde heutzutage ein Debütant von Reich-Ranicki so rezensiert werden, wie es dem jungen Uwe Johnson widerfahren ist, bräuchte man sich um dessen Karriere keine Sorgen zu machen). An Reich-Ranickis Rezension sind noch zwei Gesichtspunkte erwähnenswert, die über sein Selbstverständnis als Kritiker Auskunft geben. Da ist zum einen die Forderung nach Gegenwartsbezogenheit und Gesellschaftskritik, die Johnson mustergültig erfüllte, zum anderen der Vorbehalt gegenüber formalen Experimenten, der sich vor allem im Ärger über die eigenwillige Inter-

---

12 Reich-Ranicki, Marcel: Ein Eisenbahner aus der DDR. Zu Uwe Johnsons Roman »Mutmassungen über Jakob«, in: Nicolai Riedel (Hg.), Uwe Johnsons Frühwerk im Spiegel der deutschsprachigen Literaturkritik. Dokumente zur publizistischen Rezeption der Romane »Mutmassungen über Jakob«, »Das dritte Buch über Achim« und »Ingrid Babendererde«, Bonn 1987, S. 60–62, hier: S. 62.

punktion äußerte. Jahrzehnte darauf wird Reich-Ranicki mit Befriedigung feststellen, dass sich Johnson in seinen späteren Werke solche »billigen Extravaganzen«[13] nicht mehr geleistet habe. Seine Rezension der *Mutmassungen über Jakob* wird Reich-Ranicki im Übrigen immer dann zitieren, wenn er sich mit dem Vorwurf konfrontiert sieht, er habe keinen Sinn für »schwierige« Literatur.

Sehr positiv wird von Reich-Ranicki auch das *Dritte Buch über Achim* besprochen. Im Unterschied zu vielen Kritikern, die sich über Johnsons zweiten Roman enttäuscht zeigten, bescheinigte Reich-Ranicki dem Roman eine neugewonnene Reife, die sich in einem souveränen Umgang mit den erzählerischen Mitteln manifestiere. Johnson wolle nicht mehr der Undurchschaubarkeit der Welt mit einer ebenso undurchschaubaren Darstellungsweise begegnen, er habe zu einer klareren Konstruktion und damit zu einer größeren Lesbarkeit gefunden. Verärgerung gab es aber dennoch ob zahlreicher Verfremdungseffekte, mit denen Johnson die Aufmerksamkeit des Lesers aufrechterhalten wolle, was aber gerade dieser Autor »weiß Gott nicht nötig« habe: »Denn es gibt heutzutage nur wenige deutsche Schriftsteller, deren Bücher es verdienen, so aufmerksam gelesen zu werden wie die Prosa des Uwe Johnson.«[14] So lautet der Schlusssatz der Rezension. Zwei Jahre später hat Reich-Ranicki seine beiden Johnson-Rezensionen in einen Aufsatz mit dem Titel *Registrator Johnson* einfließen lassen, in dem er vor allem auf Johnsons Auseinandersetzung mit dem Sozialistischen Realismus eingeht.[15]

In dem Jahr, in dem *Das dritte Buch über Achim* erscheint, kommt es im internen Kreis der Gruppe 47 zu einer Krise, die ein solches Ausmaß annimmt, dass sie von Hans Werner Richter sogar als existenzbedrohend eingeschätzt wird. Der Grund trägt einen Namen: Marcel Reich-Ranicki. Im September 1961 schreibt ein verunsicherter Hans Werner Richter an Wolfgang Hildesheimer: »Schwer fällt mir Ranicki. Was mache ich nur mit dem? Ich mag ihn gar nicht mehr. Er ist in einer Gruppe von Freunden ein toter Punkt ... oder ein blindes Huhn, das immerfort gackert

---

13 Reich-Ranicki, Marcel: Der doppelte Boden. Ein Gespräch mit Peter von Matt, Zürich 1992, S. 44f.

14 Reich-Ranicki, Marcel: Ein Mann fährt ins andere Deutschland. Uwe Johnsons »Das dritte Buch über Achim«. Das erste wirklich wichtige Werk über unsere große Frage, in: Riedel, Johnsons Frühwerk (Anm. 12), S. 126-130, hier: S. 130.

15 Reich-Ranicki, Marcel: Registrator Johnson, in: ders., Deutsche Literatur in West und Ost, München 1983, S. 236-250. Aufgenommen wurde der Aufsatz auch in: Hans Mayer (Hg.), Deutsche Literaturkritik, Bd. 4: Vom Dritten Reich bis zur Gegenwart (1933–1968), Frankfurt am Main 1983, S. 662-677.

... und Windeier legt.«[16] Mit dieser Einschätzung stand Hans Werner Richter bei weitem nicht allein da. Mehrere Gruppenmitglieder forderten Richter unmissverständlich auf, Reich-Ranicki nicht mehr einzuladen. Ziemlich ratlos wendet sich Richter daraufhin an Siegfried Lenz:

> Was soll ich tun? Sie alle wollen an den Tagungen der Gruppe nicht mehr teilnehmen, wenn ich Ranicki weiterhin einlade. Der angegebene Grund ist: Die Kritik wird allzu akademisch, offiziell, hat innerhalb der Gruppe ein Eigenleben, und dient nicht dem Autor, sondern schadet ihm. Das, was dort gesagt wird, eben von jenen Berufskritikern, könne man auch in den Zeitungen lesen, und damit hätte die Gruppe ihre eigentlich ursprüngliche Aufgabe verfehlt, nämlich das kritische Gespräch unter Autoren. Die Fachkritik, wobei es fragwürdig sei, ob diese Fachkritiker überhaupt über ein Privileg dieser Art verfügten, sei von Übel. Dabei würden nicht Freundschaften gebildet, sondern zerstört, und auch das Kommunikationselement der Gruppe, das sich so stark in den letzten und auch vorletzten Nachkriegsjahren ausgewirkt hätte, ginge verloren. Ranicki sei gerade hier ein toter und störender Punkt. Sein mangelndes Gefühl für Freundschaften, seine Eitelkeit, sein sich Anpassen an gerade herrschende Linien, seine, wie man sagt, Verballhornung der literarischen Nachkriegsentwicklung, das sei alles auf die Dauer unerträglich. Es genüge, wenn man das in den Zeitungen läse. In der Gruppe möchte man es nicht haben. Ranicki gehöre einfach nicht zur Clique, so wenig wie Hans Mayer. Diese Ansicht teilen auch Leute wie Enzensberger, Kaiser, und andere.
>
> Was soll ich tun? Lade ich Ranicki weiterhin ein, so muß ich damit rechnen, daß die Gruppe auseinanderfällt. Gewiss, ich könnte ihn noch eine Weile starrköpfig gegen eine solche Opposition halten, aber auch meine Gefühle gegenüber Ranicki sind nicht mehr sonderlich freundschaftlich. Zwar hatte ich immer Spaß an seinem »Glaskopf«, doch habe ich im letzten Jahr zu viel gelesen, was mir herzlich mißfallen hat, leider auch in katholischen Blättern. Die Gruppe 47 ist nun einmal eine auch politisch engagierte Gruppe und hat eine in dieser Hinsicht weitgehend einheitliche Mentalität. Ranicki hat das nie bemerkt. Das war sein Fehler. Um diese Einheitlichkeit geht es in der kommenden Zeit und Grass hat recht, wenn er sagt: »Jetzt muß die Gruppe strapaziert werden.«[17]

Um gleich den Ausgang der Streitigkeiten vorwegzunehmen: Die Fraktion der MRR-Gegner wird sich nicht durchsetzen, der ungeliebte Kritiker erscheint weiterhin auf den Gruppentagungen. Dass die von Hans Werner Richter an Reich-Ranicki herangetragene Bitte, er möge sich hinfort zurückhaltender zeigen und der reinen Autorenkritik mehr Raum gewähren, bei dem sprichwörtlichen Temperament dieses Kritikers nicht Gehör finden würde, hätte Richter eigentlich vorhersehen können. Die

---

16 Richter, Briefe (Anm. 10), S. 361.
17 Ebd., S. 367.

Akademisierung der Kritik schritt also weiter voran, und die Gruppe 47 stolperte weiter ihrem Ende entgegen. Bedauerlich ist, dass die von Richter im September 1961 formulierte Idee, die Kritiker ihrerseits einmal auf den Prüfstand zu stellen, keine Umsetzung findet.[18] Notwendig wäre das allemal gewesen, wie nicht zuletzt eine Bemerkung von Friedhelm Kröll unterstreicht: »Das Eigentümliche der Geschichte der Literaturkritik der Gruppe 47 bestand darin, daß deren Kriterien so gut wie nie problematisiert und relativiert worden sind.«[19] Hier wurde sicherlich eine Chance verpasst, die nicht nur die Gruppe 47 betraf. Noch 1987 wird Gerhard Köpf darüber Klage führen, dass es in Deutschland »keine entwickelte Kultur einer Kritik der Kritik«[20] gebe. Hat sich daran etwas geändert?

Der gescheiterte Palastaufstand gegen die Großkritiker der Gruppe 47 ließ einem Schriftsteller keine Ruhe, der schon in jungen Jahren im Rufe stand, ein besonders streitlustiger Zeitgenosse zu sein: Martin Walser. Noch im Herbst 1961 schreibt Walser seine eigene Kritik der Kritik, den *Brief an einen ganz jungen Autor*, in dem er auf satirische Weise durchspielt, wie es einem jungen Schriftsteller ergehen würde, der in der Gruppe 47 nach seiner Lesung von den Kritikern in die Mangel genommen wird. Uwe Johnson war von Walsers Text ganz angetan. Das Verhalten der Kritiker in der Gruppe 47, so meinte Johnson, habe »niemand lustiger und genauer beschrieben als Martin Walser«.[21] Nach solchem Lob kommt man um ein längeres Zitat nicht herum:

[...] Dein Vorgelesenes landet [...] bei Reich-Ranicki, der sofort aufsteht, wenn er sich mit Dir abzugeben beginnt. Weil er schneller sprechen kann als sein Vorredner, kann er, bei nur geringer Überschreitung der erträglichen Rede-Dauer, alle Verfahren seiner Vorgänger an Dir exekutieren und noch ein eigenes dazu. Sein eigenes Verfahren ist ein rechtschaffenes, es hat auch mit seiner eigenen Rechtschaffenheit zu tun. Höllerers Sprach-Bakteriologie, Jensens Maßnahme und Platzanweisung und Kaisers Versuch, Dein Bild in seinem Spiegel-Kabinett zu versehren, haben Reich-Ranicki, außer Wiederholungen und Korrekturen, nur noch übriggelassen, die weltliche Nützlichkeit und Anständigkeit Deines Vorgelesenen zu beurteilen. Und schon der bloße Gedanke, daß ohne

---

18 Vgl. ebd., S. 709.

19 Kröll, Friedhelm: Gruppe 47, Stuttgart 1979, S. 55.

20 Köpf, Gerhard: Die Preisfrage: Hat Literatur Kritik nötig?, in: ders., Vom Schmutz und vom Nest. Aufsätze, Frankfurt am Main 1991, S. 64-72, hier: S. 66.

21 Johnson, Uwe: Begleitumstände. Frankfurter Vorlesungen, Frankfurt am Main 1980, S. 278.

sein Da- und Dabeisein dieser weiß Gott nicht nebensächliche Aspekt ganz un-
erwähnt geblieben wäre, versetzt Reich-Ranicki in große Eile. Wenn Du, ihm
zuhörend, glaubst, er hätte das, was er Dir sagt, schon gewußt, bevor er Deiner
Lesung zuhörte, so beweist Du dadurch nur, daß Dir solche Fertigkeit fremd ist.
Bedenke bitte immer, der Kritiker ist in jedem Augenblick einer. Der Autor hat
Pausen. Und selbst wenn Reich-Ranicki etwas sagt, was er schon vor Deiner
Lesung wußte, so ist es doch Deine Schuld, daß ihm das jetzt wieder einfällt. Laß
Dich nie dazu hinreißen, einem Kritiker einen Vorwurf zu machen. Wisse (viel-
mehr): der Autor ist verantwortlich für das, was dem Kritiker zu ihm einfällt. Ja,
ich weiß, das ist eine schreckliche Verantwortung. Aber noch steht ja Reich-
Ranicki vor Dir, und das ist gut so, denn wie auch immer seine Vorgänger mit
Dir verfahren sein mögen, er wird Dich nicht ganz verlorengehen lassen.

Natürlich will auch er zeigen, daß streunende Adjektive und Vergleiche, die
nur noch von verheirateten Entomologen gewürdigt werden können, seine kritischen Sinne beleidigt haben, natürlich reitet auch er gern laut und prächtig
über den Markt wie König Drosselbart (der Ahnherr aller Kritiker) und zerdep-
pert Dir Deine Keramik, aber ohne den Oberton einer spröden, fast preußischen
Güte kann er einfach nicht schimpfen. Eine nordöstliche Mutter ist er; in den
Westen gekommen, um mit glänzenden Augen seinen Tadel so lange vorzutragen, bis sich eine Familie von solchen, die nur von ihm geadelt werden wollen,
um ihn versammelt. Sollte die GRUPPE 47 je eine Abordnung zu irgendwelchen
Literatur-Olympiaden schicken, so wird der Mannschafts-Trainer, der für zeiti-
ges Schlafengehen, Beseitigung von internen Intrigen und Ausräumung von
Wettbewerbs-Neurosen sorgt, zweifellos Reich-Ranicki sein. Unnachsichtig ist
er nur gegen die geistigen Gegenden, aus denen er selbst stammt. Möglich, daß
er so Heimweh bekämpft.[22]

Auch in den Reihen der Gruppe 47 fand der Text große Zustimmung.
Nicht nur Gruppenchef Hans Werner Richter war hellauf begeistert,
selbst diejenigen, die die Zielscheibe des Spottes abgaben, also die Kritiker, zeigten sich amüsiert, allen voran Joachim Kaiser.[23] Ein Hans Mayer
fand den Text sogar so gut, dass er ihn später in seine Anthologie mit
Glanzlichtern der deutschen Literaturkritik aufgenommen hat.[24] Solch
emphatische Zustimmung auf Seiten der Betroffenen ließ aber auch
Zweifel an der Wirksamkeit von Walsers Kritik aufkommen, so dass von
einer »Anpassung« an die herrschenden Verhältnisse gesprochen wur-

---

22 Walser, Martin: Brief an einen ganz jungen Autor, in: Hans Werner Richter
(Hg.), Almanach der Gruppe 47 1947–1962, Reinbek bei Hamburg 1962, S. 418-423,
hier: S. 421.
23 Vgl. Richter, Briefe (Anm. 10), S. 395.
24 Mayer, Deutsche Literaturkritik (Anm. 15), Bd. 4, S. 627-635.

de.[25] Inwieweit dieser Vorwurf berechtigt ist, sei einmal dahingestellt, bestehen bleibt die Tatsache, dass die Macht der Kritiker in der Gruppe 47 weiterhin anwächst. Einen vorläufigen Höhepunkt erreicht diese Entwicklung 1964 im schwedischen Sigtuna. Was Hans Werner Richter über diese Tagung zu berichten weiß, klingt bereits so, als sei es auf das *Literarische Quartett* gemünzt: »Nicht mehr der Autor ist wichtig, sondern der, der über ihn spricht. Es ist der Sieg der Kritik über die Literatur.«[26] Reich-Ranickis Stellung im Literaturbetrieb ist in diesen Jahren schon so herausragend, dass ihn Robert Neumann einen »Literaturpapst« und einen »Präceptor Germaniae« nennen kann,[27] und das im Jahre 1964! Dass kurze Zeit später mit dem Tod der Literatur auch das Ende der Großkritiker verkündet wird, ist signifikant für den literaturfeindlichen

25 Hermann Peter Piwitt schrieb über Walsers Text: »Wer wissen will, was Anpassung in den sechziger Jahren bedeutete, lese dieses Stück umarmender Kritik der Kritik, in dem Walser die Großkritiker der Gruppe 47 porträtiert. Wie man sich Respekt verschafft, ohne sich Gegner zu machen, wie man in Ärsche *so* kriecht, daß es aussieht, man trete rein – dieses Tui-Talent hat es hier zu einer nicht mehr überbietbaren dekadenten Perfektion gebracht.« Piwitt, Hermann Peter: Klassiker der Anpassung, in: Literaturmagazin 1, 1973, S. 15–23, hier: S. 18. – Ein anderer Vorwurf wurde erst vier Jahrzehnte später in der Diskussion um Martin Walsers Skandalroman *Tod eines Kritikers* erhoben. Walsers Text aus dem Jahre 1962 sei, und man kann es sich schon denken, ein frühes Zeugnis von Walsers Antisemitismus. Verwunderlich sei das aber nicht, denn, so Klaus Briegleb, die gesamte Gruppe 47 sei ohnehin antisemitisch. Vgl. Briegleb, Klaus: Unkontrollierte Herabsetzungslust. Martin Walser und der Antisemitismus der »Gruppe 47«, in: Die Welt Nr. 149 vom 29.6. 2002, Die Literarische Welt, S. 7; vgl. auch ders., Missachtung und Tabu. Wie antisemitisch war die Gruppe 47?, Berlin 2003, S. 282f. An der Argumentation von Briegleb erstaunt immer wieder, wie einerseits mit großer Sensibilität auch die unscheinbarsten Äußerungen auf antisemitische Gehalte hin untersucht werden, andererseits aber auf unerträgliche Weise vergröbert und verallgemeinert wird. Eben noch wurde mit dem philologischen Elektronenmikroskop gearbeitet, im nächsten Moment schon erfolgt der Griff zur Keule.
Wie überzogen Brieglebs Ausführungen sind, mag man nicht zuletzt auch daraus ersehen, dass Marcel Reich-Ranicki, der für jedwede Form von Antisemitismus naturgemäß ein besonderes Sensorium entwickelt hat, zu einer ganz anderen Einschätzung gelangt: »Ich habe während der Tagungen nicht die geringsten antisemitischen Äußerungen wahrgenommen.« Damit aber nicht genug, denn so ist es offenbar auch den zahlreichen Autoren jüdischer Herkunft ergangen: »Ich kann mich nicht erinnern, daß sich einer dieser Kollegen über Antisemitisches auf den Tagungen der ›Gruppe 47‹ je beklagt hätte.« Reich-Ranicki, Marcel: War die »Gruppe 47« antisemitisch?, in: Frankfurter Allgemeine Sonntagszeitung Nr. 15 vom 13.4. 2003, S. 28.
26 Richter, Hans Werner: Wie entstand und was war die Gruppe 47?, in: Hans A. Neunzig (Hg.), Hans Werner Richter und die Gruppe 47, Frankfurt am Main 1981, S. 27–110, hier: S. 99.
27 Neumann, Robert: Vielleicht das Heitere. Tagebuch aus einem andern Jahr, München 1968, S. 60 und S. 484.

Zeitgeist, hat mit den Realitäten aber nichts zu tun. Mehr noch: Reich-Ranickis eigentliche Zeit als Großkritiker sollte erst noch kommen.

Den Streit, der sich in der Gruppe 47 an Marcel Reich-Ranicki entzündet, scheint Uwe Johnson, soweit sich dies aus bekannten Zeugnissen ersehen lässt, nur von der Peripherie aus verfolgt zu haben. Von seiner Seite aus bestand für Ressentiments eigentlich auch gar kein Anlass. Nicht nur hatte Reich-Ranicki die beiden ersten Romane überaus positiv besprochen, auch machte er sich bei verschiedenen Gelegenheiten zu Johnsons persönlichem Verteidiger (und welcher Schriftsteller wünschte sich das nicht?). Zuallererst ist hier an den Streit zwischen Johnson und Hermann Kesten zu denken, in den Reich-Ranicki energisch eingriff, als Heinrich von Brentano, der damalige CDU-Fraktionsvorsitzende, vor dem Bundestag gegen Johnson polemisierte und die Rücknahme eines Stipendiums forderte.[28] Ein weiteres Mal stellte sich Reich-Ranicki vor Johnson, als dieser von zwei ostdeutschen Kritikern in verleumderischer Weise attackiert wurde.[29] In den *Begleitumständen* hat Johnson den namentlich nur mit ›Marcel‹ gekennzeichneten Artikel zitiert und mit den Worten kommentiert: »Seien Sie vielmals bedankt, ›Marcel‹, hierfür.«[30]

Zu einem Problemfall beginnt Johnson für Reich-Ranicki zu werden, als 1964 der Band *Karsch, und andere Prosa* erscheint. Im Grunde hat der Band von vornherein keine Chance, denn den Rückgriff auf ein bestehendes Figurenarsenal, ein für Johnsons Poetik fundamentales Prinzip, wertet Reich-Ranicki a priori als unschöpferische Reprise, wie man sie häufig bei alternden Schriftstellern finde, deren Schaffenskraft am Schwinden sei. Ins Zentrum seiner Kritik rückt Reich-Ranicki die Erzählung *Eine Reise wegwohin*, die er als Dokument einer schriftstellerischen Krise liest. Lobte er früher Johnsons sprachliche Kraft, stellt er nunmehr die Frage, »wo hier stilistische Eigenwilligkeit aufhört und sprachliches Unvermögen beginnt«. Direkt darauf heißt es im Schlusssatz: »Vor allem aber stellt sich die beunruhigende, fast beklemmende und für die deutsche Gegenwartsliteratur höchst wichtige Frage, welchen Weg Uwe Johnson weiterhin gehen wird.«[31] Knapp ein Jahr später musste

---

28 Vgl. Reich-Ranicki, Marcel: Brentano, Brecht, Horst Wessel und Johnson, in: ders., Literarisches Leben in Deutschland. Kommentare und Pamphlete, München 1965, S. 45-49.

29 Vgl. Reich-Ranicki, Marcel: Tatsachen, in: DIE ZEIT Nr. 21 vom 25. 5. 1962, S. 13.

30 Johnson, Begleitumstände (Anm. 21), S. 248.

31 Reich-Ranicki, Marcel: Uwe Johnson: »Karsch und andere Prosa«, in: ders., Literatur der kleinen Schritte. Deutsche Schriftsteller heute, München 1967, S. 48-55, hier: S. 55.

sich Reich-Ranicki in seinen Befürchtungen bestätigt sehen. An den *Zwei Ansichten* monierte er ein Abrücken von Johnsons früheren poetologischen Positionen, vor allem aber legte er Johnson die schematische Darstellung ost- und westdeutscher Wirklichkeit zur Last. Mit seiner Kritik bewegte sich Marcel Reich-Ranicki allerdings im mainstream der Rezensenten, die die *Zwei Ansichten* nahezu unisono verurteilten. Selbst in der Forschung erblickt man in diesem Johnsonschen Roman den »Tiefpunkt seiner Schaffenskraft«.[32] Bei allen Bedenken, und das sollte nicht vergessen werden, bezeichnet Reich-Ranicki die *Zwei Ansichten* aber doch noch als »ein höchst lesenswertes Buch«.[33] Was ein Totalverriss ist, wird Johnson erst fünf Jahre später erfahren.

Ein Ärgernis sollte Uwe Johnson für Reich-Ranicki noch aus einem ganz besonderen Grunde werden, allerdings geht es dabei nicht um Johnson selbst als vielmehr um die von ihm ausgehende Wirkung. Mit seiner selbstreflektorischen und erkenntniskritischen Schreibweise, seinem die Wahrheitssuche vorführenden »Mutmaßungsstil«, wurde Uwe Johnson in den sechziger Jahren rasch zu einem Vorbild für zahlreiche Schriftsteller. Wie verblüffend schnell sich diese Entwicklung vollzieht und worin ihre problematische Seite besteht, lässt sich an einigen Reaktionen von Reich-Ranicki illustrieren. Im Jahre 1963 liest man in einer Rezension:

Von Flensburg bis zum Gotthard wimmelt es heutzutage – sogar die DDR nicht ausgeschlossen – von Johnson-Epigonen, Grass-Jüngern und Walser-Imitatoren. Das sind die schlechtesten Vorbilder nicht, gewiß, nur daß oft nicht die starken Seiten ihrer Romane Schule machen, sondern deren Schwächen und Makel. Und daß gerade das übernommen oder nachgeahmt wird, was sich auf keinen Fall übernehmen oder nachahmen läßt.

Der Johnsonsche Nebel beispielsweise ist nicht transportabel. Denn er ist ein immanenter Bestandteil des Lebens in der DDR. Nicht Johnson hat ihn geschaffen, sondern die SED. Er hat ihn nur als erster in einem Roman vergegenwärtigt. In der Nähe der Alpen gibt es einen solchen Nebel nicht, wohl aber andere Umstände, die es dem Menschen erschweren oder verwehren, den Mitmenschen zu erkennen. Diese Phänomene gilt es ins Bewußtsein der Leser zu heben. Mit einer im Grunde primitiven Verdunkelung der Szene kann man nicht die Vieldeutigkeit der Geschehnisse im menschlichen Zusammenleben zeigen. Statt

---

32 Golisch, Stefanie: Uwe Johnson zur Einführung, Hamburg 1994, S. 64.
33 Reich-Ranicki, Marcel: Uwe Johnson: »Zwei Ansichten«, in: ders., Literatur der kleinen Schritte (Anm. 31), S. 156-165, hier: S. 165.

vieldeutig werden die Vorgänge und Gestalten nur undeutlich, statt Tiefe wird Langeweile geboten.[34]

Bereits ein Jahr nach diesem Situationsbericht bezeichnet Reich-Ranicki das Wort »Mutmaßungen« als ein »Stichwort der Epoche«.[35] Weitere vier Jahre später, 1968, kann Reich-Ranicki nur noch die Hände über dem Kopf zusammenschlagen: »Seit Uwe Johnson das Stichwort ›Mutmaßungen‹ und Max Frisch die Formel ›Ich stelle mir vor‹ in Umlauf gebracht haben, wenden unsere Romanciers eine Patentlösung an: In der neuen deutschen Prosa kann man sich vor diesen ›Ich-stelle-mir-vor‹-Szenen nicht mehr retten.«[36] Ähnliche Befunde formulieren auch andere Beobachter der Literaturszene, freilich etwas nüchterner.

Der frühe Johnson ist bei Reich-Ranicki insgesamt gut weggekommen. Mit den *Jahrestagen* sollte sich das ändern. Schon die Länge des Romans reizte Marcel Reich-Ranicki zu einem Ausfall, der in der Johnson-Gemeinde mittlerweile legendär ist:

Im Zusammenhang mit den *Mutmassungen* sagte Johnson: »Ich habe das Buch so geschrieben, als würden die Leute es so langsam lesen, wie ich es geschrieben habe.« Von dieser fatalen Mischung aus Weltfremdheit und Selbstvertrauen – denn um den Geisteszustand von Menschen, die so langsam lesen, wie anspruchsvolle Romane in der Regel geschrieben werden, muß es besonders schlecht bestellt sein – zeugen auch die ungewöhnlichen Dimensionen der *Jahrestage*. Um es überspitzt auszudrücken: Für Leser, die heute Zeit und Geduld für 1500-Seiten-Romane haben, lohnt es sich nicht, 1500-Seiten-Romane zu verfassen. Und bis das Gegenteil bewiesen ist, erlaube ich mir die Ansicht, daß sich derartige Vorhaben nur als totale Fiaskos erweisen können.[37]

Von seinem vor über dreißig Jahren formulierten Dogma ist Reich-Ranicki bis auf den heutigen Tag nicht abgerückt. Als bequemer Bewertungsmaßstab taucht es in vielen Rezensionen auf (»Dieser Roman umfaßt 770 Seiten. Also kann er kein guter Roman sein.«) und wurde im *Literarischen Quartett* hinreichend oft wiederholt.[38] Weitere Kritik-

---

34 Reich-Ranicki, Marcel: Jürg Federspiel: »Massaker im Mond«, in: ders., Literatur der kleinen Schritte (Anm. 31), S. 39-43, hier: S. 42f.

35 Reich-Ranicki, Marcel: Schwierigkeiten heute die Wahrheit zu schreiben, in: ders., Literarisches Leben in Deutschland (Anm. 28), S. 194-200, hier: S. 200.

36 Reich-Ranicki, Marcel: Hans Erich Nossack: »Der Fall d'Arthez«, in: ders., Lauter Verrisse, erweiterte Neuausgabe, Stuttgart 1990, S. 50-56, hier: S. 55.

37 Reich-Ranicki, Marcel: Die Sehnsucht nach dem Seelischen, in: Raimund Fellinger (Hg.), Über Uwe Johnson, Frankfurt am Main 1992, S. 181-188, hier: S. 182f.

38 Im Literaturbetrieb hat man sich diesbezüglich schon oft über Reich-Ranicki mokiert. Werner Fuld weiß eine Anekdote zu erzählen, die zu schön ist, um wahr zu

punkte, die man nicht nur bei Reich-Ranicki finden kann, betreffen die Erzählperspektive, die Montagetechnik sowie die Unglaubwürdigkeit der Figur von Marie. Der eigentliche Paukenschlag erfolgt, einmal mehr, am Schluss der Rezension:

Mit manchen Naturbeschreibungen gerät Johnson sogar in die unmittelbare Nachbarschaft der Blut- und Boden-Literatur von gestern: »Hinter dem Haus stand ein schwarzer Baum voller Amseln. Nach Süden, Westen, Norden hin war es leer um den Hof. Nur der Wind sprach. Im Norden war ein Loch zwischen Erde und Himmel, ein Streifen Ostsee.«

Die Folgen sind verheerend: Durch Johnsons vertrackte, teils betuliche und teils raunende Darstellung wird das Leben in der mecklenburgischen Kleinstadt archaisiert und verklärt. Die Patina entrückt es sofort der realen Sphäre. Indem die gekünstelte Sprache die Vorgänge und Verhältnisse mystifiziert, entwertet oder entschärft sie die Gesellschaftskritik. Gewiß bewirkt Johnsons Stil keine Idylle, wohl aber trägt er zu einem Mythos bei. Hinter seiner angestrengten und gravitätischen Ausdrucksweise verbirgt sich die alte deutsche Sehnsucht nach dem Seelischen, nach dem unverfälschten Gemüt, nach den einfachen Lebensformen. Was in der ledernen, nein, kunstledernen mecklenburgischen Chronik – ähnlich wie im Porträt Gesines – Urständ feiert, ist nichts anderes als herbe Innerlichkeit und spröde Sentimentalität. Diese in Johnsons Werk keineswegs überraschende Hinwendung hängt mit seinem Verhältnis zur Gegenwart zusammen, mit seinem Unbehagen an dem, was man die moderne Konsumwelt zu nennen pflegt. Seine Antwort auf die Gesellschaft, in der er lebt, ergibt sich also wieder einmal aus einer entscheidenden Gegenposition. Aber es ist eine in jeder Hinsicht anachronistische Antwort.[39]

Dass ein Roman, dessen »geheimes Zentrum«[40] Auschwitz heißt und dem obendrein das Verdienst zuerkannt wird, »den größten ästhetischen Beitrag zur wahrhaften Bewältigung deutscher Vergangenheit«[41] zu leisten, dass ausgerechnet ein solcher Roman in die Nähe von faschistischer

sein: »Martin Walser hatte gerade eben seinen neuen Roman beim Verlag abgeliefert, als Reich-Ranicki in einer Talkshow die These vertrat, es gäbe keinen guten zeitgenössischen Roman über 500 Seiten. Am nächsten Morgen rief Walser seinen Lektor an und bat ihn, das Manuskript daraufhin durchzusehen, ob es nicht auf etwa 450 Seiten gekürzt werden könne. Als Reich-Ranicki durch den Verleger davon erfuhr, sagte er triumphierend, Thomas Mann hätte das nicht nötig gehabt.« Fuld, Werner: Als Kafka noch die Frauen liebte. Unwahre Anekdoten über das Leben, die Liebe und die Kunst, Hamburg 1994, S. 72.

39 Reich-Ranicki, Die Sehnsucht nach dem Seelischen (Anm. 37), S. 188.

40 Mecklenburg, Norbert: Die Erzählkunst Uwe Johnsons. *Jahrestage* und andere Prosa, Frankfurt am Main 1997, S. 307.

41 Fries, Ulrich: Uwe Johnsons »Jahrestage«. Erzählstruktur und Politische Subjektivität, Göttingen 1990, S. 145.

Literatur gerückt wird, ist eine kaum nachzuvollziehende Ungeheuer-
lichkeit, die Johnson besonders tief getroffen haben muss. Seine Entrüstung ließ er, entgegen einer sonstigen Gewohnheit, auch öffentlich
werden: »Ich habe Stimmen der Kritik zusammengestellt und habe so
schöne Dinge gefunden wie: In diesem Buch wird ein Baum beschrieben; bei den Nazis – Blut-und-Boden-Literatur – legte man großes Gewicht auf Baum- und Naturbeschreibungen, folglich ist dieser Verfasser
ein – das wurde nicht ausgesprochen, aber deutlich.«[42] Die erwähnte
Zusammenstellung von Rezensentenstimmen findet sich zunächst in einem verlagsinternen Informationsblatt[43] und wurde später auch in die
Begleitumstände[44] aufgenommen. Johnson hat es aber nicht bei dem einfachen Zitieren bewenden lassen, er hat die Aussage von Reich-Ranicki
nämlich so verfremdet, dass der infame Syllogismus dekuvriert wird: »Der
Verfasser hat einen Baum beschrieben. Die Nazis liebten das Beschreiben von Bäumen. Der Verfasser ist ein Neofaschist. (MARCEL REICH-
RANICKI)«.[45] Dieses manipulierte ›Zitat‹ stellt tatsächlich Uwe Johnsons
einzige öffentlich geäußerte Kritik an Marcel Reich-Ranicki dar.

Reich-Ranickis Einfluss zeigt sich nicht zuletzt daran, dass der schwere
Vorwurf einer Nähe zur Blut-und-Boden-Literatur auch von anderen
Kritikern aufgegriffen wurde, und nicht von den Geringsten im Lande.
»In Augenblicken nachlassender Kontrolle«, befand Peter Demetz, »ist
Johnson mancher sentimentaler Landschaftsschilderungen fähig, wie sie
sonst zum Inventar des Blut- und Boden-Kitsches zählen.«[46] Manfred
Durzak, auf Reich-Ranicki direkt Bezug nehmend, glaubte bei Johnson
einen »nicht reflektierten Generationsmythos«[47] zu erkennen. Sogar ein
Helmut Heißenbüttel tat da mit und entdeckte in den *Jahrestagen* eine

---

42 Durzak, Manfred: Gespräche über den Roman. Formbestimmungen und Analysen, Frankfurt am Main 1976, S. 456.
43 Die beratende Funktion der westdeutschen Rezension. Vorgeführt von Uwe
Johnson anläßlich der Veröffentlichung von »Jahrestage 1«, in: suhrkamp information 3,
1971, S. 9-11.
44 Johnson, Begleitumstände (Anm. 21), S. 429-435.
45 Ebd., S. 433f. Der Vollständigkeit halber sei angemerkt, dass Johnson auch noch
ein anderes Zitat erfindet und Reich-Ranicki zuschreibt: »Aber Remarque hat sich nie
bemüht, die Klischees zu umgehen, er hat sie geradezu gesucht, um sich jenen verständlich zu machen, die er unterhalten wollte. Das ist ihm gelungen. Millionen waren ihm
dafür dankbar.« Ebd., S. 435.
46 Demetz, Peter: Die süße Anarchie. Skizzen zur deutschen Literatur seit 1945,
Frankfurt am Main 1973, S. 269.
47 Durzak, Manfred: Der deutsche Roman der Gegenwart, Stuttgart 1979, S. 384.

»fatale Ähnlichkeit mit den Generationsromanen von Hans Grimm«.[48]
Das ist zwar alles Humbug, wird aber doch soziologisch interessant, sobald man der Frage nachgeht, welche Diskursformationen vorliegen
müssen, damit solche Meinungen zustande kommen. Das wäre jedoch
ein Thema für sich.

Das leidige Schicksal, von Marcel Reich-Ranicki verrissen zu werden, musste Uwe Johnson mit vielen befreundeten Schriftstellern teilen.
Als im März 1971 der Roman *Malina* von Ingeborg Bachmann erschien,
hatte Johnson eine böse Vorahnung. Da Lyriker, wie wir von Reich-
Ranicki schon seit langem wissen, »ums Verrecken« keine Romane schreiben können, war der Misserfolg geradezu vorprogrammiert. Am 13. März
1971, vier Tage vor Veröffentlichung des Romans, schreibt Uwe Johnson
an Ingeborg Bachmann:

Mit dem Leichtsinn, von dem Sie in Ihrem Brief [...] berichten, täuschen Sie
mich nicht leicht, erscheint mir Ihre Lebensweise doch als hartnäckiges Kondi-
tionstraining für Ihre mit Spannung erwartete Herausforderung jenes standfe-
sten, sitzfleischigen, fast unbeweglichen Champions, der unter dem Decknamen
Marcel oder Johann Heinrich aufzutreten gewöhnt ist und noch bei jedem Ausgang des Kampfes überzeugt war, nicht und nie der Gegner habe gesiegt.[49]

Mit seinem Instinkt lag Johnson genau richtig. In der Tat arbeitet Marcel
Reich-Ranicki im März '71 bereits an einer Rezension von *Malina*. Zur
Hälfte war die Rezension auch schon geschrieben, als Reich-Ranicki
von seinem Vorhaben absah und die in der *ZEIT*-Redaktion schon angekündigte Besprechung zurückzog. Den Roman, begründete er die
Entscheidung, habe er als Ingeborg Bachmanns persönliche »Kranken-
geschichte« gelesen, welche ihn zutiefst »erschüttert« habe. »Ich spürte,
ich ahnte es: ihr, Ingeborg Bachmann, steht Schreckliches bevor, vielleicht ein furchtbares Ende, vielleicht sehr bald. Ein alter Vers lag mir im
Sinn und ließ sich nicht verdrängen. Er irritierte mich unaufhörlich, er
wurde zur Zwangsvorstellung, der Vers: Und ich begehre nicht schuld
daran zu sein.«[50] Dieses Bekenntnis aus *Mein Leben* wirft natürlich ein
positives Licht auf Reich-Ranicki und zeigt ihn, den »Terminator der
deutschen Literaturwelt« (»Quick«), als überaus feinfühligen und behut-
samen Zeitgenossen. Er unterlässt es allerdings mitzuteilen, dass die Schon-

48 Heißenbüttel, Helmut: Zeitschriften-Rundschau, in: Frankfurter Rundschau vom
14.1. 1984, Beilage S. 2.

49 Johnson, Uwe: Brief an Ingeborg Bachmann vom 13.3. 1971, unveröffentlicht,
Johnson-Archiv.

50 Reich-Ranicki, Mein Leben (Anm. 11), S. 417.

frist für Ingeborg Bachmann nur eineinhalb Jahre währte. Im September 1972 nämlich, bei Erscheinen des Erzählbandes *Simultan*, schreibt Reich-Ranicki eine Kritik, der eine Rücksichtnahme auf die Verfasserin wahrlich nicht anzumerken ist. Ingeborg Bachmann sei von jeher eine »gefallene Lyrikerin« gewesen, deren neuerliche Erzählungen man sogar in der Nähe zur Trivialliteratur ansiedeln müsse: »Lesestoff für jene Damen, die beim Friseur oder im Wartezimmer des Zahnarztes in Illustrierten blättern«.[51] In der Forschung sprach man von einer »persönlichen Generalabrechnung« und einem »Urteil, das zu den großen Gemeinheiten im Literaturbetrieb gehört«.[52]

Aber auch die Schärfe des Bachmann-Verrisses war noch zu übertreffen, wie sich 1976 in einer Rezension von Martin Walsers Roman *Jenseits der Liebe* zeigen sollte. Gleich in den ersten Sätzen ließ Reich-Ranicki das Fallbeil herunterrauschen: »Ein belangloser, ein schlechter, ein miserabler Roman. Es lohnt sich nicht, auch nur ein Kapitel, auch nur eine einzige Seite dieses Buches zu lesen.«[53] Nahezu jeder weitere Rezensent sah sich in der Folgezeit genötigt, auf dieses harte Urteil einzugehen. Selbst wer Reich-Ranicki in der Ablehnung des Romans zustimmte, distanzierte sich doch mit mehr oder weniger großer Empörung von der Art des Verrisses.[54] Auch der zutiefst verletzte Martin Walser reagierte, er schrieb einen Essay mit dem bezeichnenden Titel *Über Päpste*,[55] worin er die Allmacht der Kritiker in Deutschland anklagte. Gemeint war natürlich nur einer, dessen Namen Martin Walser allerdings konsequent aussparte.

Auch für Uwe Johnson war das Maß des Erträglichen überschritten. Ein öffentlicher Protest kam für ihn zwar nicht infrage, dafür ergab sich aber die sicherlich nicht unwillkommene Gelegenheit für eine persönliche Abfuhr. Als sich Marcel Reich-Ranicki nur wenige Wochen nach

51 Reich-Ranicki, Marcel: Die Dichterin wechselt das Repertoire, in: ders., Entgegnung. Zur deutschen Literatur der siebziger Jahre, erweiterte Neuausgabe, München 1982, S. 169-174, hier: S. 173f.
52 Höller, Hans: Ingeborg Bachmann, Reinbek bei Hamburg 1999, S. 159.
53 Reich-Ranicki, Marcel: Martin Walser. Aufsätze, Zürich 1994, S. 69.
54 Vgl. Bessen, Ursula: Martin Walser – »Jenseits der Liebe«. Anmerkungen zur Aufnahme des Romans bei der literarischen Kritik, in: Klaus Siblewski (Hg.), Martin Walser, Frankfurt am Main 1981, S. 214-233.
55 Walser, Martin: Über Päpste. Von Kritikern, die im Besitz eines absoluten Wissens sind, in: DIE ZEIT vom 25.3. 1977. Wiederabdruck in: ders., Werke in zwölf Bänden, hg. von Helmuth Kiesel unter Mitwirkung von Frank Barsch, Frankfurt am Main 1997, Bd. XI, S. 543-550.

dem Walser-Verriss mit einer Anfrage an Uwe Johnson wendet, wird ihm die folgende Antwort zuteil:

Sehr geehrter Herr Reich-Ranicki,
ich bedanke mich für Ihre Anfrage wegen des siebzigsten Geburtstages von Wolfgang Koeppen. Wegen meines Umzugs kam sie leider erst am 6. Mai hier an.
    In der gleichen Woche sah ich in einer Verlagsanzeige die Analyse zitiert, die Sie Martin Walsers neuem Roman »Jenseits der Liebe« haben angedeihen lassen:
    Es lohnt sich nicht, auch nur eine einzige Seite dieses Buches zu lesen.
Bitte, vermuten Sie nicht eine kollegiale Solidarität, sondern einzig eine andere Auffassung vom Umgang mit literarischen Gegenständen, wenn ich es vorziehe, unter einer kritisch so bestimmten Redaktion auf Mitarbeit zu verzichten.

Mit den besten Empfehlungen,
Ihr sehr ergebener
Uwe Johnson[56]

Die kalte Abfuhr fand zwar unter Ausschluss der Öffentlichkeit statt, Johnson war aber daran interessiert, dass man in seinem Freundeskreis um seine Antwort an Reich-Ranicki wusste.[57] Günter Grass wiederum legte es im Jahr darauf gerade auf eine entsprechende Öffentlichkeitswirkung an, als er in lauten Worten darüber Klage führte, wie er selbst sowie Johnson und Walser von einer maßstabslosen Literaturkritik behandelt würden.[58] Vielfach zitiert ist sein Antrag auf »Scheidung« von Reich-Ranicki.
    Woher rührt die Schärfe der Verrisse von Marcel Reich-Ranicki? Bevor man nach rein persönlichen Motiven fahndet und Reich-Ranicki eine »egomanische und irrationale Vernichtungsgier« unterstellt,[59] sollte man einen Blick auf die Geschichte der deutschen Literaturkritik werfen. Isolieren lässt sich nämlich eine spezifische Traditionslinie, deren durchaus namhafte Vertreter sich die ›Kunst des Verreißens‹ auf ihre Fahnen geschrieben haben. Signifikant ist allein das Vokabular, mit dem die Aufgaben des Literaturkritikers bezeichnet werden. Immer wieder

56 Johnson, Uwe: Brief an Marcel Reich-Ranicki vom 10.5. 1976, unveröffentlicht, Johnson-Archiv.
    57 Vgl. Johnsons Brief an F. J. Raddatz in: Johnson/Unseld, Briefwechsel (Anm. 5), S. 914.
    58 Arnold, Heinz Ludwig: Als Schriftsteller leben. Gespräche mit Peter Handke, Franz Xaver Kroetz, Gerhard Zwerenz, Walter Jens, Peter Rühmkorf, Günter Grass, Reinbek bei Hamburg 1979, S. 148.
    59 Löffler, Sigrid: Der Kritiker Marcel Reich-Ranicki, in: Literaturen 1/2, 2002, S. 27.

wird in bildkräftiger Sprache ein Wortfeld bemüht, bei dem es ums ›Töten‹, ›Morden‹, ›Hinrichten‹, ›Abschlachten‹ oder auch um das ›Ausstel-
len von Totenscheinen‹ geht. In dem apologetischen Essay, der den Band
Lauter Verrisse einleitet, beruft sich Reich-Ranicki auf zahlreiche Reprä-
sentanten der nämlichen Tradition, allen voran Friedrich Schlegel: »Kritik ist die Kunst, die Scheinlebendigen in der Literatur zu töten.«[60] Von
einem Feingeist wie Walter Benjamin stammt der Satz: »Nur wer ver-
nichten kann, kann kritisieren.«[61] Direkt auf diesen Satz folgt bei Benjamin noch ein zweiter, von Reich-Ranicki seltsamerweise nicht zitiert,
der durch seine krude Bildlichkeit verblüfft: »Echte Polemik nimmt ein
Buch sich so liebevoll vor, wie ein Kannibale sich einen Säugling zu-
rüstet.«[62] Diese wenigen Beispiele mögen bereits genügen. Als Verfech-
ter eines solchen literaturkritischen Selbstverständnisses hat Reich-Ranicki
wie kein anderer dazu beigetragen, dass sich das Klima im deutschen
Feuilleton entscheidend gewandelt hat: »Noch nie in diesem Jahrhundert konnte sich die Literaturkritik so frei und hemmungslos entfalten
wie in den siebziger und erst recht in den achtziger Jahren.«[63] Dass hier
ein deutscher Sonderweg vorliegt – Hubert Fichte sprach einmal von
der »Hinrichtungstradition der Deutschen«[64] –, hat Dieter E. Zimmer in
einem sehr lesenswerten Essay mit dem Hinweis auf die Praxis der Literaturkritik in anderen Länder überzeugend nachgewiesen.[65]

Schriftsteller wie Martin Walser, Günter Grass oder Uwe Johnson
sind auch deshalb von Reich-Ranicki so gnadenlos und übellaunig verrissen worden, weil ihnen von Reich-Ranicki, so paradox es zunächst
klingen mag, besondere Wertschätzung entgegengebracht wird.[66] Der

---

60 Reich-Ranicki, Lauter Verrisse (Anm. 36), S. 25.

61 Ebd., S. 31.

62 Benjamin, Walter: Die Technik des Kritikers in dreizehn Thesen, in: ders., Gesammelte Schriften, hg. von Rolf Tiedemann u. Hermann Schweppenhäuser unter
Mitwirkung von Gershom Scholem, Frankfurt am Main 1974ff., Bd. IV/1, S. 108f.,
hier: S. 108.

63 Steinert, Hajo: Der letzte Literaturpapst dieses Jahrhunderts: Marcel Reich-
Ranicki, in: Peter Wapnewski (Hg.), Betrifft Literatur. Über Marcel Reich-Ranicki,
Stuttgart 1990, S. 95-117, hier: S. 101.

64 Fichte, Hubert: Der kleine Hauptbahnhof oder Lob des Strichs, Frankfurt am
Main 1988, S. 205.

65 Zimmer, Dieter E.: Notizen zur Psychologie des Verreißens und Verrissen-
werdens, in: Jens, Literatur und Kritik (Anm. 9), S. 120-132.

66 Von Maxim Biller befragt, ob ihm das Verreißen Lustgewinn verschaffe, antwortet Reich-Ranicki: »Ich habe diese Lust früher, als jüngerer Kritiker, bei Büchern
empfunden, die ich für schädlich hielt. Diese Lust habe ich auch noch bei einer anderen
Art von Büchern gehabt: Wenn ein Autor bewiesen hat, daß er wirklich über Talent

negativen Kritik kommt in diesem Fall eine pädagogische Aufgabe zu, der betreffende Missetäter soll auf den ›rechten Weg‹ zurückgeführt werden. Nicht für einen Zufall hält es Reich-Ranicki daher, dass auf *Jenseits der Liebe* zwei Jahre später die Novelle *Ein fliehendes Pferd* folgte, die er als ein »Glanzstück deutscher Prosa« feierte.[67] Die Dialektik dieser extremen Beurteilungen findet man nicht selten bei Reich-Ranicki. Heinrich Böll bemerkte hierzu: »Bis heute begreife ich nicht, beim allerbesten Willen nicht, wieso Martin Walsers *Jenseits der Liebe* ein so entsetzlich schlechtes Buch gewesen sein kann und dann *Ein fliehendes Pferd* ein so unbeschreiblich gutes. Ich fand die beiden gleich gut.«[68]

Die Empörung über Marcel Reich-Ranickis Walser-Verriss speist sich noch aus einem Grund, der primär gar nichts mit Literatur zu tun hat. Reich-Ranickis Eintritt in die konservative *Frankfurter Allgemeine Zeitung*, deren Literaturressort er 1973 als leitender Redakteur übernahm, wertete man in linken Kreisen als Zeichen für einen intellektuellen Rechtsrutsch. (Uwe Johnson dachte, nebenbei gesagt, offenbar ganz ähnlich; für ihn war die FAZ »die Zeitung von Reich-Ranicki«[69]). Die Äußerungen aus der Walser-Rezension bestätigten dies insofern, als sich Reich-Ranicki dort in extenso über Walsers Liebäugeln mit dem Kommunismus ereifert hatte. Hier werde, so der nicht unberechtigte Verdacht, eine Gesinnung verurteilt und nicht ein Kunstwerk. »Jetzt reicht's, Ranicki!«, wetterte der *Konkret*-Herausgeber Hermann L. Gremliza in einer Polemik, die mit den Donnerworten endet: »Wer über das politische Bekenntnis eines Schriftstellers so redet [...], verliert seinen Anspruch auf bloß literarische Befassung. Fragen der Hygiene verlangen nach anderen Worten. Im Wiederholungsfall werden sie gegeben werden.«[70] Die diffuse Drohgebärde (geht es um Prügel oder mehr?) war in

---

verfügt, und plötzlich ein schlechtes Buch schreibt, ein billiges Buch, kein mißratenes, sondern ein Buch, in dem er dem Publikum bequeme, verächtliche Zugeständnisse macht. Dann fühle ich mich als Kritiker provoziert und gerate in Rage.« Biller, Maxim: Kennen Sie einen guten deutschen Witz, Herr Reich-Ranicki?, in: ders., Die Tempojahre, München 1992, S. 44-49, hier: S. 45. Dahinter verbirgt sich freilich auch ein Leitsatz von Lessing: »Man schätzet jeden nach seinen Kräften. Einen elenden Dichter tadelt man gar nicht; mit einem mittelmäßigen verfährt man gelinde; gegen einen großen ist man unerbittlich.« Zit. nach Reich-Ranicki, Marcel: Die Anwälte der Literatur, München 1999, S. 26.

67 Reich-Ranicki, Martin Walser (Anm. 53), S. 79.

68 Böll, Heinrich: Wir dickfellig-dünnhäutigen Dulder, in: Jens Jessen (Hg.), Über Marcel Reich-Ranicki. Aufsätze und Kommentare, München 1985, S. 15-20, hier: S. 19f.

69 Johnson/Unseld, Der Briefwechsel (Anm. 5), S. 862.

70 Gremliza, Hermann L.: Jetzt reicht's, Ranicki!, in: Konkret Nr. 5, 1976, S. 10.

der Wortwahl reichlich ungeschickt und löste Gegenreaktionen aus, deren Obertöne man sich leicht denken kann. In der *FAZ* und der *Welt* war von Antisemitismus die Rede, man nannte den Artikel eine »Drohung im ›Stürmer‹-Jargon« und sprach von einen »Angriff aus dem Wörterbuch des Unmenschen«.[71] Einige Monate später legte in *Konkret* noch einmal ein Redakteur nach, der vorsichtshalber gar nicht erst seinen Namen nannte:

Ranicki gehört zu jenen Verfolgten der Nazi, denen – jeder weiß es, keiner sagt es – erst nach dem Krieg das Rückgrat gebrochen wurde. Es waren der Nazi Bußbrüder im Geist, es war die Generation der Täter, die – ihres schlechten Gewissens wegen so erpreßbar wie bestechlich – in den vergangenen 25 Jahren den Verfolgten von einst Devotionsbeweise lieferte, die manchem von ihnen einfach über die geistigen und moralischen Kräfte gingen. Ranicki bekam seinen Jagdschein Anfang der sechziger Jahre.[72]

Auf den Anonymus, hinter dem sich, wie erst später bekannt wird, der Schriftsteller Hermann Peter Piwitt verbirgt, antwortet ein entrüsteter Walter Jens: »Aber zu behaupten, hier sei einer mit Hilfe eines ›Jagdscheins‹ zu Ansehen gelangt und verdanke die Rolle, die er spielt, ausschließlich seiner jüdischen Herkunft, das ist ebenso absurd wie infam.«[73]

Zwei Jahre später, der Pulverdampf hatte sich noch nicht lange verzogen, gibt es eine Neuauflage der Streitereien, diesmal ausgelöst durch einen polemischen Artikel des Literaturkritikers Christian Schultz-Gerstein. Gegenüber allem, was schon in *Konkret* an Argumenten gegen Reich-Ranicki vorgebracht wurde, bietet Schultz-Gerstein kaum etwas Neues, da er aber an exponierter Stelle publiziert, im *Spiegel*, erreichte er von vornherein eine ganz andere Öffentlichkeit, als es der kulturpolitisch zwar nicht unbedeutenden, aber eben doch auflagenschwachen Zeitschrift *Konkret* möglich gewesen war. Sogar Uwe Johnson wird sich an der Diskussion beteiligen, und das will schon etwas heißen. Stein des Anstoßes ist im Grunde ein einziger Satz über Reich-Ranicki: »Bücher schrieb er zahlreiche, und stets hatte er um sich eine moralische Leibwache von wohlmeinenden Deutschen mit schlechtem Nachkriegsgewissen, die an dem einstigen Gefangenen des Warschauer Gettos Wiedergutmachung übten, indem sie ihm seine Leidenserfahrungen als Bonus auf sei-

---

71 Vgl. hierzu Gremliza, Hermann L.: Warum ich Strafantrag gegen Robert Held von der »Frankfurter Allgemeinen« und Matthias Walden von der »Welt« stelle, in: Konkret Nr. 7, 1976, S. 6f.

72 Anonymus: Linke für rechts?, in: Konkret Nr. 12, 1976, S. 35.

73 Jens, Walter: »Absurd und infam«, in: Konkret Nr. 2, 1977, S. 35.

ne geistigen Gaben anrechneten.«[74] Eine erste Reaktion stammt von Siegfried Unseld, der sich gleich in der nächstfolgenden Ausgabe des *Spiegel* mit einem Leserbrief zu Wort meldet. Unseld sieht in dem Artikel eine unsachliche Auseinandersetzung, hinter der er eine »perfekt montierte Niedertracht« ausmacht. Der entscheidende Absatz lautet:

»Wohlmeinende Deutsche«, so Schultz-Gerstein, rechneten die »Leidenserfahrungen« des »einstigen Gefangenen des Warschauer Gettos« als »Bonus auf seine geistigen Gaben« an. Die Weimarer Republik wurde gerügt, Juden hätten Juden begünstigt; der Bundesrepublik wird man solches nicht vorwerfen können, schon weil es aus den bekannten Gründen nur wenige Juden gibt. Doch heute einem Publizisten wie Marcel Reich-Ranicki, der entscheidend an der Bildung eines literarischen Klimas in unserem Lande mitwirkt, der sich mit jeder Zeile seiner Kritik auch selbst der Kritik der Öffentlichkeit stellt, »mildernde Umstände« wegen seiner »Leidenserfahrung« im Getto zu unterstellen, ist schlechterdings infam.[75]

Zwei Wochen darauf, am 11.9. 1978, konnte man im *Spiegel* einen Leserbrief von Uwe Johnson finden. Johnson war derselben Meinung wie sein Verleger, drückte das erwartungsgemäß aber etwas anders aus:

Wenn Herr Schultz-Gerstein es schwierig findet, »über (Herrn) Reich-Ranicki überhaupt noch zu schreiben«, warum wiederholt er dann über sechs Spalten die sprachlichen und photographischen Belege für dieses Kollegen Begabung zum Lesen? Die Debatte ist doch geschlossen, seit ein Schriftsteller seinem Buch die Widmung voranstellte »für Marcel Reich-Ranicki in Liebe« – eben wegen des fälligen Hinweises auf die vielerlei Quellen für die Empfindung, die man so »Liebe« nennt.

Erheblich unzulässig ist jedoch die Behauptung Ihres Redakteurs, »eine moralische Leibwache von wohlmeinenden Deutschen« habe ihm seit seiner Ankunft in der Bundesrepublik seine Erfahrungen mit den Deutschen in Polen jeweils abgezogen von seinen Bemühungen um Literaturkritik. Die Absurdität solcher Unterstellung wird offenbar durch ihre Übertragung auf andere Berufszweige, etwa auf den Elektriker, dessen Ratlosigkeit gegenüber einem Stromkreis zu entschuldigen wäre mit seinen Leiden im Getto Warschaus. Noch schlimmer ist die vergeßliche Art, in der hier Schindluder getrieben wird mit der Sache der »Wiedergutmachung«, bis zu der Einladung in die Gleichung: die westdeutsche Republik verrechnet zerstörte Menschenleben gegen Geld, die Leser des Herrn Reich-Ranicki entschädigen ihn mit Feigheit. Das ist Herrn Schultz-Gersteins ureigene Feinbestimmung von »wohlmeinenden Deutschen«, und sollte so privat auch bleiben.[76]

74 Schultz-Gerstein, Christian: Ein furchtbarer Kunst-Richter, in: Der Spiegel Nr. 34 vom 21.8. 1978, S. 158f., hier: S. 158.
75 Unseld, Siegfried: Leserbrief, in: Der Spiegel Nr. 35 vom 28.8. 1978, S. 13f.
76 Johnson, Uwe: Leserbrief, in: Der Spiegel Nr. 37 vom 11.9. 1978, S. 10.

Man darf annehmen, dass sich Uwe Johnson und Siegfried Unseld hinsichtlich ihrer Stellungnahmen abgesprochen haben. Seinen eigenen Brief hatte Johnson noch vor der Veröffentlichung an Unseld geschickt und mit den lapidaren Worten kommentiert: »Damit bin ich so unzufrieden, wie du es wohl sein wirst; es ist da bloss etwas Selbstverständlich[es] in Variation gesagt.«[77]

Hätte Johnson in seinem Leserbrief tatsächlich nur etwas Selbstverständliches gesagt, wären Reaktionen wohl kaum zu erwarten gewesen. Dem war aber nicht so. Der erste, der von Johnson etwas wissen wollte, war kein anderer als Reich-Ranicki. Noch an dem Tag, an dem er von Johnsons Brief Kenntnis erhält, setzt er sich an die Schreibmaschine, um Johnson eine Frage zu stellen, die ihm sicherlich jeder nachsehen wird:

Lieber Herr Johnson,
ich habe Ihnen für Ihren Leserbrief, den ich im heutigen »Spiegel« gefunden habe, zu danken. Doch muß ich Sie leider mit einer Frage belästigen. Sie schreiben, ein Schriftsteller habe mir sein Buch mit den Worten gewidmet: »Für Marcel Reich-Ranicki in Liebe«. Da ich nie von einer solchen Widmung gehört habe, bitte ich Sie sehr um eine kurze Mitteilung, an welchen Autor und an welches Buch Sie hierbei gedacht haben.
Mit freundlichen Grüßen
Ihr Marcel Reich-Ranicki[78]

Man kann sich gut ausmalen, wie verschmitzt Uwe Johnson gelächelt haben muss, als er diese Zeilen las. Seine Antwort lautet:

Lieber Herr Reich-Ranicki,
ich bedanke mich für Ihren Brief vom 11. September und für die Mitteilung, dass mein Leserbrief an den SPIEGEL Sie zufriedengestellt hat. Leider kann ich mich nicht revanchieren mit der Auskunft, wer denn nun Ihnen eine Arbeit »in Liebe« gewidmet hat. Lediglich kann ich Ihnen versichern, dass ich die Widmung vor vier oder fünf Jahren im Druck sah und meiner Sache sicher bin. Aber den Beleg muss ich zu meinem Unbehagen schuldig bleiben.

Mit den besten Empfehlungen an Ihre Frau,
und freundlichen Grüssen,
Ihr Uwe Johnson[79]

---

77 Johnson/Unseld, Der Briefwechsel (Anm. 5), S. 926.
78 Reich-Ranicki, Marcel: Brief an Uwe Johnson vom 11.9. 1978, unveröffentlicht, Johnson-Archiv. Für die Genehmigung zum Abdruck dieses Briefes danke ich Marcel Reich-Ranicki.
79 Johnson, Uwe: Brief an Marcel Reich-Ranicki vom 20.9. 1978, unveröffentlicht, Johnson-Archiv.

Sollte einem Uwe Johnson, dessen »homerisches Gedächtnis« doch sprich-
wörtlich ist, tatsächlich der Name eines Schriftstellers entfallen sein, der
eine so kuriose Widmung verfasst hat? Dass diese ominöse Widmung bis
auf den heutigen Tag nirgendwo aufgetaucht ist, kann nur den verwundern, der nicht Uwe Johnsons Vorliebe für jegliche Art von Versteck-
spiel kennt. Denn natürlich ist die Widmung frei erfunden. Und dass
Marcel Reich-Ranicki Johnson prompt in die Falle geht, und nicht nur
er allein,[80] liegt an einer Ironie, die nur schwer zu durchschauen ist. Die
typisch Johnsonsche Ironie wird, wie es einmal in den *Jahrestagen* heißt,
mit einer »steinerne[n] Versteckmiene« (JT, 499) vorgetragen, einem
Gestus, der auf Ironiesignale gänzlich verzichtet. Wer in eine solche Falle tappt, merkt es noch nicht einmal, wenn er tief drinsitzt. All das sind
wieder Auswirkungen von Johnsons skurrilem Humor, der, wie alles an
ihm, schwierig und vertrackt ist. Hans Werner Richter spricht von einem »hintersinnigen Humor, der schwer zu erkennen ist und jemanden
leicht irritieren kann«.[81] Ganz ähnlich äußert sich auch Günter Grass in
Ein weites Feld: »Er war ja nicht ohne Humor, belustigte sich aber auf
verflixt hintergründige Weise, so daß man der eigentlichen Pointe nie
sicher sein konnte.«[82] Für einen solchen Humor muss man natürlich
empfänglich sein. Marcel Reich-Ranicki war es jedenfalls nicht, und er
ist es bis heute nicht. Noch 2003 rechnet er Uwe Johnson zum Boden-
satz der Humorlosigkeit, und zwar gleich im internationalen Maßstab:
»Wo gab es so humorlose Schriftstellerinnen wie Anna Seghers oder Ingeborg Bachmann, so humorlose Erzähler wie Ernst Jünger oder Uwe
Johnson?«[83]

Aber Johnson bekam nicht nur Post zum Schmunzeln. Am 12. September schreibt ihm Hermann Peter Piwitt den folgenden Brief:

Lieber Uwe Johnson,
in einem der letzten *Spiegel* las ich einen Leserbrief von Ihnen zu einer Polemik
von Christian Schultz-Gerstein gegen Marcel Reich-Ranicki. Dieser Brief hat
mich geärgert. Denn, obschon Sie ihr nicht angehören, argumentieren Sie darin
wie soviele Angehörige der Generation der Täter, wenn sie jungen überzeugten

---

80 Ein Kritiker hat die vermeintliche Widmung in leichter Abwandlung sogar als
Titel für einen Artikel gewählt, vgl. Schulze, Hartmut: Für MRR – in Klassen-Liebe, in:
Konkret, Herbst 1978, S. 30f.
81 Richter, Hans Werner: Im Etablissement der Schmetterlinge. Einundzwanzig
Portraits aus der Gruppe 47, München 1986, S. 174.
82 Grass, Günter: Ein weites Feld, Göttingen 1995, S. 605f.
83 Reich-Ranicki, Marcel: Meine Bilder. Porträts und Aufsätze, Frankfurt am Main
2003, S. 167.

Antifaschisten ihr eigenes schlechtes Gewissen predigen möchten, wonach ein Jude unberührbar sei. Wenn aber – wie Walter Boehlich einmal schrieb – auch ein Jude berührbar ist, wenn Juden nicht wiederum eine besondere Sorte Mensch sein sollen, dann müssen auch <u>alle</u> möglichen Motive diskutierbar sein dafür, daß ein so mittelmäßiger Kopf wie Marcel Reich-Ranicki einen derartigen kulturellen Einfluß erlangen und behaupten konnte. Dann muß man auch darüber diskutieren dürfen, wieso ein Mann, der sich vor den braunen Vollstreckern der deutschen Großindustrie jahrelang versteckt halten mußte, heute just in <u>der</u> Zeitung der deutschen Großindustrie Literaturpolitik macht auch und gerade gegen die, die im Sinn der Opfer (von gestern und morgen) schreiben.

Die westdeutsche Großindustrie ist heute – wenn auch mit andern Mitteln – nicht weniger aggressiv als zur Zeit ihrer Auschwitz-Dependancen. Und wir leben heute mit dem von ihr mitverursachten Elend in der Dritten Welt längst schon wieder so friedlich wie unsere Eltern mit den KZ's. Angesichts dieser Tatsache scheinen mir die unter Intellektuellen eben wieder aufkommenden Antisemitismus-Verdächtigungen ganz und gar obsolet.

Herzlich
Ihr H. P. Piwitt[84]

Hier gleich die Antwort von Johnson:

Lieber Herr Piwitt,
ich bedanke mich für Ihren Brief vom 12. September und bedaure, dass Sie sich ärgern über meine Zuschrift an den SPIEGEL. Wieder und wieder ist mir unerfindlich, warum Sie das tun. Ich bin sicher, zwischen uns ist ein Missverständnis. Da ich jene Ausgabe des Magazins nicht gesehen habe, halte ich für möglich, dass die Redaktion meinen Text gekürzt hat, damit Sie sich über mich ärgern.

Johnson zitiert daraufhin noch einmal den zweiten Absatz, der gegenüber dem Abdruck im *Spiegel* allerdings keine Änderungen aufweist, und er fährt fort:

Wie können Sie daraus gelesen haben, ich predige irgend jemand mein schlechtes Gewissen, oder es sei ein Jude unberührbar? Hier ist doch lediglich auszulegen: Wenn Herr Reich-Ranicki sich irrt, sagt man es ihm; Getto hin oder her. Denn er tritt ja auf mit den Ansprüchen und in der Funktion eines Literaturkritikers, daran wird man ihn messen. Gerade gegen den Verdacht, ihm würden Ungeschicklichkeiten milder bewertet wegen seiner Vergangenheit, habe ich mich doch wehren wollen.

Was meine Person angeht, so kann ich Ihnen den Beleg liefern, dass ich ihm die Mitarbeit an seinem Feuilleton verweigert habe, als er von einem Buch Martin

---

84 Piwitt, Hermann Peter: Brief an Uwe Johnson vom 12.9. 1978, unveröffentlicht, Johnson-Archiv. Für die Genehmigung zum Abdruck dieses Briefes danke ich Hermann Peter Piwitt.

Walsers öffentlich sagte, keine einzige Zeile darin lohne das Lesen. Da war nicht
der Jude berührt, sondern der Redakteur und Kritiker.

Ziemlich ratlos,
aber mit herzlichen Grüssen,
Ihr Uwe Johnson[85]

Eine neuerliche Antwort von Piwitt an Johnson erfolgt nicht mehr. Von
mir noch einmal auf diesen kurzen Briefwechsel angesprochen, antwor-
tete mir Hermann Peter Piwitt:

Mein Verdacht war und ist, daß Reich-Ranicki vom Zentralorgan der Deutschen Bank, FAZ, seinerzeit gebraucht wurde, um kraft eines Unantastbaren
gegen den anderen, noch nicht besiegten, »kommunistischen« Teil der »jüdisch-
kommunistischen Weltverschwörung« vorzugehen. Und dabei hat man ihm halt
zuviel Freiheit gelassen. Und der Mensch nutzt halt den Platz, den man ihm läßt.
Irgendwie witterte das auch Johnson. Aber er war ein nobler Mann. Er dachte
nie weiter, als für einen Dichter nötig. Das reicht nicht immer. Für ihn hat es
gereicht.[86]

Zurück zur öffentlichen Auseinandersetzung. Die Debatte wurde zu-
sätzlich noch dadurch angeheizt, dass das *Börsenblatt für den Deutschen
Buchhandel* den Artikel von Schultz-Gerstein nachdruckte und mit dem
redaktionellen Zusatz versah, er enthalte das »Beste zum Thema«. Joachim Kaiser polemisierte daraufhin gegen das *Börsenblatt*, sprach von
Antisemitismus und fühlte sich an den nationalsozialistischen *Stürmer* erinnert.[87] Im *Spiegel* replizierte Walter Boehlich und sprang Schultz-Gerstein zur Seite,[88] was wiederum Siegfried Lenz,[89] Walter Jens[90] und noch
einmal Joachim Kaiser[91] auf den Plan rief, um hier nur die namhaftesten

85 Johnson, Uwe: Brief an Hermann Peter Piwitt vom 20.9. 1978, unveröffentlicht, Johnson-Archiv.
86 Piwitt, Hermann Peter: Brief an Uwe Neumann vom 13.7. 2002.
87 Kaiser, Joachim: Antisemitismus im Börsenblatt?, in: Süddeutsche Zeitung Nr. 207
vom 9.9. 1978, S. 16.
88 Boehlich, Walter: Antisemitismus oder Unbefangenheit?, in: Der Spiegel Nr. 40
vom 2.10. 1978, S. 252-257.
89 Lenz, Siegfried: Leserbrief, in: Der Spiegel Nr. 41 vom 9.10. 1978, S. 12.
90 Jens, Walter: Eiferer im Schattenkampf. Zur Polemik gegen Marcel Reich-
Ranicki, in: Süddeutsche Zeitung Nr. 236 vom 13.10. 1978, S. 15.
91 Kaiser, Joachim: Zu bürgerlich, zu erfolgreich oder zu direkt. Anmerkungen zur
Spiegel-Fehde gegen Marcel Reich-Ranicki und dessen Sympathisanten, in: Frankfurter Allgemeine Zeitung Nr. 228 vom 16.10. 1978, S. 21.

Kombattanten zu nennen. Nur einer hielt sich zurück und schwieg. Für Reich-Ranicki war Schultz-Gerstein »kein Thema«.[92]

»Ich verüble ihm, daß er ein Jude ist. Ich gönnte ihn so sehr den anderen.«[93] Mit diesem Bekenntnis aus dem Jahre 1964 dürfte Robert Neumann, der, nicht zu vergessen, ebenfalls jüdischer Herkunft ist, vielen damaligen (und heutigen) Zeitgenossen aus der Seele gesprochen haben. Seit Reich-Ranicki in Deutschland lebt und agiert, wirken sein Judentum und sein Schicksal im Warschauer Getto als Auslöser für die unterschiedlichsten Reaktionen, von verkrampfter Befangenheit über antisemitische Ressentiments bis hin zu offenem Antisemitismus. Wie die Reaktionen auch ausfielen, vergessen ließ sich seine Herkunft niemals, eine Erfahrung, die er selbst gerne in einem Zitat von Ludwig Börne wiederzugeben pflegt: »Es ist wie ein Wunder! Tausend Male habe ich es erfahren, und doch bleibt es mir ewig neu. Die einen werfen mir vor, daß ich ein Jude sei; die anderen verzeihen es mir; der dritte lobt mich gar dafür; aber alle denken daran.«[94] Dabei ist gleich zu ergänzen, dass er selbst nicht jemand ist, der seine jüdische Herkunft jemals instrumentalisiert hätte, wie Eckhard Henscheid hervorhebt: »Ausdrücklich loben möchte ich hier Reich-Ranicki, wie schon einmal, dafür, daß er uns von sich aus nie mit seiner Warschauer-Getto-Vergangenheit genervt hat – andere, die nicht mal drin waren, leben, damit hausierengehend, lebenslang von diesem Bon.«[95] Nichtsdestotrotz hält sich bis auf den heutigen Tag die Vorstellung, dass Reich-Ranickis Herkunft und Lebensgeschichte ihn wesentlich in seinem Credo als Kritiker determinieren. In seinen autobiographischen Aufzeichnungen bemerkt Gerhard Zwerenz: »Marcel Reich-Ranickis Fernsehstunde über Bücher ist mitsamt aller Faxen die legitime Rache eines Verfolgten, der, einst außer Landes getrieben, der Meute nun nach Herzenslust Saures gibt oder Zuckerwerk.«[96]

92 Reich-Ranicki, Marcel: »Die Miserabilität eines Buches springt ins Auge«. Gespräch mit Elisabeth Kiderlen, Leo von Caprivi und Daniel Cohn-Bendit, in: Wapnewski, Betrifft Literatur (Anm. 63), S. 156-169, hier: S. 165.

93 Neumann, Vielleicht das Heitere (Anm. 27), S. 484.

94 Reich-Ranicki, Mein Leben (Anm. 11), S. 301.

95 Henscheid, Eckhard: Unser Lautester demissioniert, in: ders., Über Manches. Ein Lesebuch, hg. von Gerd Haffmans, Zürich 1996, S. 267-274, hier: S. 269.

96 Zwerenz, Gerhard: Krieg im Glashaus oder der Bundestag als Windmühle. Autobiographische Aufzeichnungen vom Abgang der Bonner Republik, Berlin 2000, S. 241.

Zu Uwe Johnson meldet sich Reich-Ranicki erst wieder 1984 zu Wort, in Johnsons Todesjahr. In einem respektvollen Nachruf [97] referiert Reich-Ranicki noch einmal entscheidende Lebensstationen und lässt die wichtigsten Werke Revue passieren. Diese Werkübersicht liest sich wie ein Kondensat früherer Rezensionen, auf die bis in einzelne Formulierungen zurückgegriffen wird. Eventuelle Korrekturen früherer Urteile konnte niemand ernsthaft erwarten. (Seltsamerweise zitiert Reich-Ranicki die eigene Meinung über die *Jahrestage* als eine allgemeine und öffentliche: »*Man* warf Johnson vor, in seinem Roman verberge sich die alte deutsche Sehnsucht nach dem Seelischen, nach dem unverfälschten Gemüt und nach einfachen Lebensformen«). Ganz am Ende gibt es aber noch ein paar Zeilen, die aufhorchen lassen, gilt ihm doch der vierte Band der *Jahrestage* als der »interessanteste und bedeutendste Band des Zyklus«. Gut zehn Jahre später überrascht Reich-Ranicki mit einem ungewöhnlichen Eingeständnis:

Ich bereue, daß ich den letzten Band nicht rezensiert habe, weil der letzte Band fabelhaft ist. Beim ersten Band, den ich verrissen habe, vermutete ich, daß aus der Tetralogie nichts werden würde. Ich finde diesen ersten Band immer noch ganz schlecht; auch der zweite und der dritte sind nicht gut. Der vierte, der politische, ist der weitaus bedeutendste. Und es war ein Glück, daß Johnson kurz vor seinem Tod einen solchen Erfolg erleben konnte. [98]

Mit seiner Einschätzung, dass der vierte Band gegenüber den vorangehenden einen qualitativen Sprung markiere, steht Reich-Ranicki recht isoliert da. Weder im Feuilleton noch in der Forschung gibt es eine vergleichbare Position. Sofern man nicht eine bruchlose Kontinuität konstatierte, schnitt der vierte Band tendenziell sogar eher schlechter ab. Fritz J. Raddatz nahm, darin durchaus stellvertretend für viele Kritiker, eine »Abnahme an Kraft, an Sinnlichkeit, ein Nachlassen der dialektischen Spannung« wahr. [99] Für Ingeborg Hoesterey ist der Abschlussband sogar in einer Weise misslungen, dass er am Rande des Trivialen laviere

---

97 Reich-Ranicki, Marcel: Der trotzige Einzelgänger. Zum Tode des einsamen Schriftstellers Uwe Johnson, in: Volker Hage/Adolf Fink (Hg.), Deutsche Literatur 1984. Ein Jahresüberblick, Stuttgart 1985, S. 48–56.

98 Diskussionsbeitrag bei einer öffentlichen Veranstaltung 1993 in Gütersloh, zit. nach Volker Hage/Mathias Schreiber: Marcel Reich-Ranicki. Ein biographisches Porträt, aktualisierte Ausgabe, München 1997, S. 110.

99 Raddatz, Fritz J.: Ein Märchen aus Geschichte und Geschichten. Uwe Johnson: »Jahrestage 4«, in: Michael Bengel (Hg.), Johnsons »Jahrestage«, Frankfurt am Main 1985, S. 177–186, hier: S. 182f.

und damit das ganze Werk »verraten« habe.[100] Hinter Reich-Ranickis Beurteilung dürfte sich daher wieder einmal eine ›Wiedergutmachungsaktion‹ verbergen: auf den überzogenen Verriss folgt die nicht weniger überzogene Lobpreisung.

Uwe Johnson gehört zu den Schriftstellern, die Marcel Reich-Ranicki eingestandenermaßen nicht nahe liegen. Wie fremd ihm Johnson tatsächlich ist, lässt sich daran ablesen, dass sich Reich-Ranicki zu den zahlreichen aus Johnsons Nachlass herausgegebenen Veröffentlichungen, angefangen bei *Ingrid Babendererde* (die ihn von der Thematik her doch eigentlich hätte brennend interessieren müssen) bis hin zu den Briefwechseln mit Max Frisch und Siegfried Unseld, nicht mehr öffentlich geäußert hat. In den Sog des einzigartigen Johnson-Booms, der nach 1989 epidemisch um sich griff, ist Reich-Ranicki jedenfalls nicht geraten. In seiner Autobiographie wird Johnson denn auch nur zwei Mal genannt, noch dazu in unbedeutendem Kontext. Erwähnung findet Johnson wiederum in einigen Würdigungen, die aus Anlass des achtzigsten Geburtstages von Marcel Reich-Ranicki verfasst wurden. »Es gibt wenige«, befindet Frank Schirrmacher, »die sich mehr für die junge deutsche Literatur eingesetzt haben als er. Er war der erste, der Uwe Johnsons *Mutmassungen über Jakob* und Bichsels frühe Geschichten gerühmt hat.«[101] Das mag seine Richtigkeit haben, allerdings sollte man Reich-Ranickis Wirkungsmöglichkeiten wiederum nicht in der Weise überschätzen, wie es ein anderer Rezensent in unfreiwilliger Komik getan hat:

Doch andererseits kann der »gefürchtetste, meistgehasste« Kritiker der Republik (so Joachim Kaiser), wenn er Autoren gut findet, sie fördern, protegieren, ermuntern, wie eine Mutter ihr Kind. Uwe Johnson und Ruth Klüger zum Beispiel hat Reich-Ranicki »gemacht«, ebenso die Lyrikerin Ulla Hahn.[102]

Gern hätte man von Uwe Johnson einen Kommentar dazu gehört, dass ihm Marcel Reich-Ranicki »wie eine Mutter« gewesen sein soll. Gefunden ist damit die geeignete Überleitung zum Thema MRR-Fehlurteile. Hierzu Fritz J. Raddatz:

100 Hoesterey, Ingeborg: Das verratene Fragment. Intertextuelle Verbindlichkeiten in Uwe Johnsons »Jahrestage«, in: dies., Verschlungene Schriftzeichen. Intertextualität von Literatur und Kunst in der Moderne/Postmoderne, Frankfurt am Main 1988, S. 42-70.
101 Schirrmacher, Frank (Hg.), Marcel Reich-Ranicki. Sein Leben in Bildern. Eine Bildbiographie, Stuttgart 2000, S. 14.
102 Wuliger, Michael: Star und Außenseiter, in: Hubert Spiegel (Hg.), Welch ein Leben. Marcel Reich-Ranickis Erinnerungen. Stimmen, Kritiken, Dokumente, München 2000, S. 343.

In das Geflenne über die vielen Fehlurteile kann ich nicht einstimmen. Selig ist, wer frei davon – Reich-Ranicki ist ein fleißiger Mann, also hat er viele (mag sein: ein bisschen sehr viele) Unglücke verursacht. Beifahrer machen keine Unfälle; und ein Beifahrer war er gewiss nie. Mir schienen seine oft kränkenden Schroffheiten – Améry, Bachmann – unfair, seine gelegentlichen mesquinen Verdikte – Uwe Johnson – kenntnisreich, doch kunstfern. Allein: Wer weiß, wer weiß, ob er nicht auch ein wenig im Recht war, ob die *Jahrestage* (deren Kürzung für die amerikanische Ausgabe der sonst so störrische Autor widerspruchslos hinnahm) nicht doch arg viel ungeschnitztes Holz haben lassen stahn.[103]

Dieser Vorwurf ist nicht neu, er findet sich bereits in Raddatz' Rezension der *Jahrestage*.[104] Damals war Raddatz aber so ehrlich zuzugestehen, dass seine Vorbehalte möglicherweise rein persönlicher Natur seien und von den Zwistigkeiten zwischen Johnson und ihm herrührten.

Gemeinsam genannt wurden Uwe Johnson und Marcel Reich-Ranicki zuletzt im Zusammenhang mit der Kanon-Debatte. Was Schüler lesen sollen oder was ›man‹ gelesen haben muss, solche Fragen haben in den letzten Jahren Hochkonjunktur. Nicht übel schnitt Johnson 1997 in einer Umfrage ab, die die *ZEIT* unter prominenten Zeitgenossen, vorwiegend Schriftstellern, durchführte. In der Statistik der Nennungen lag Johnson auf Platz 11 und behauptete sich damit vor allen anderen Nachkriegsschriftstellern.[105] Marcel Reich-Ranicki hat freilich andere Gewichtungen. Im Sommer 2001 ließ er im *Spiegel* wissen, welche Werke nach seinem Dafürhalten der Lektüre wert seien. Uwe Johnson brachte es nur auf »einige Abschnitte«[106] aus den *Mutmassungen über Jakob*. Erwartungsgemäß fehlt der Name Johnson denn auch ganz in dem im Jahr 2002 bekannt gegebenen Kanon der 20 lesenswertesten Romane. Kritik und Empörung ob der willkürlichen Auswahl ließen nicht auf sich warten.[107]

103 Raddatz, Fritz J.: Der Dompteur will Tiger sein. Verbeugung in langsamer Bewegung: Zum achtzigsten Geburtstag von Marcel Reich-Ranicki, in: ebd., S. 362-367, hier: S. 363.
104 Raddatz, Ein Märchen aus Geschichte (Anm. 99), S. 183.
105 Was sollen Schüler lesen?, in: DIE ZEIT Nr. 22 vom 23.5. 1997, S. 42.
106 Reich-Ranicki, Marcel: »Literatur muß Spaß machen«. Marcel Reich-Ranicki über einen Kanon lesenswerter deutschsprachiger Werke, in: Der Spiegel Nr. 25 vom 18.6. 2001, S. 212-223, hier: S. 220.
107 »Daß Johnson nicht dabei ist«, schimpfte Thomas Hettche, »ist ein Skandal, daß der *Hyperion* und Robert Walser fehlen, ist einfach lächerlich; daß man Arno Schmidt, Ernst Jünger, Hans Henny Jahnn verschweigt, ist Konsequenz einer altbackenen Ästhetik, wenn da überhaupt Reflexion im Spiel ist und nicht nur Reflex.« Hettche, Thomas: Die Wahlverwandtschaften, in: Frankfurter Allgemeine Zeitung Nr. 116 vom 22.5. 2002, S. 45, 47, hier: 47. Zu Reich-Ranickis Kanon sowie einem weiteren Kanonvorschlag im Magazin *Focus* (Nr. 21 vom 18.5. 2002, S. 96f.) äußert sich der Schriftsteller Chris-

Zumindest ein schwacher Trost besteht darin, dass Uwe Johnson in Reich-Ranickis Kanon deutschsprachiger Essays vertreten sein soll.

An dieser Stelle erscheint es geboten, den Radius unserer Betrachtungen etwas weiter zu ziehen. Uwe Johnsons Äußerungen zu Reich-Ranicki erhalten ihr eigentliches Profil nämlich erst, wenn sie vor dem Hintergrund der Reaktionsweisen anderer Schriftsteller betrachtet werden. Zuvörderst gilt es aber erst einmal in den Blick zu nehmen, wie tief die Verletzungen sein können, die Schriftstellern durch negative Kritiken zugefügt werden. Nach den ersten Rezensionen der *Ästhetik des Widerstands* notiert Peter Weiss:

Verbringe die Tage in einer Betäubung, die von kurzen Anfällen des Hasses durchmischt ist. Rasender Haß gegen die Kritik, die mordet. Unmöglich, sich zu wehren, Schläge in die Luft, die Richter haben dich schon längst wieder vergessen. Du bist ihnen gleichgültig, alles was du getan hast, ist ihnen gleichgültig, sie haben dich eliminiert, das genügt. Weiter – zum nächsten, den sie fertig machen können![108]

Auf negative Kritiken seiner Werke angesprochen, antwortet Peter Handke:

Ich habe schon manchmal, wenn ich so etwas lese, die Lust zu körperlichem Einschreiten: daß ich dem einfach eins reinhauen möchte. Aber ich möchte nicht antworten; meine Reaktionen haben sich mit der Zeit reduziert auf Gewaltvorstellungen, die ich aber eh nicht ausführe.[109]

Ist das wirklich so? Dass Peter Handke zu Handgreiflichkeiten übergehen würde, war ohnehin nicht anzunehmen, dass er aber »Gewaltvorstellungen« einfach nur zähneknirschend abklingen lässt, ist ebenso unwahrscheinlich. Die Frage stellt sich, mit welchen Strategien Gewaltvorstellungen von Schriftstellern kompensiert und sublimiert werden.

Eine grundsätzliche Handlungsmöglichkeit, von der auch Peter Handke Gebrauch gemacht hat, besteht darin, es Reich-Ranicki in einem

toph Peters: »Das Buch, das mich in meinem Leben am meisten bewegt hat, das, von dem ich irgendwann mindestens drei Sätze pro Seite auswendig können möchte – die *Jahrestage* von Uwe Johnson –, kommt hier wie dort nicht vor. Vier meiner fünf Lieblingsbücher sind in keiner der zur Zeit so beliebten Listen aufgetaucht. Ich kann mir das nicht erklären, ärgere mich maßlos und denke: Diese Kanones sind nichts anderes als Einrichtungsvorschläge für Bücherschränke von Leuten, die keine Zeit haben, ihre eigene Abenteuerreise des Lesens zu machen.« Peters, Christoph: Unterm Rad, in: Frankfurter Allgemeine Zeitung Nr. 116 vom 22.5. 2002, S. 47.

108 Weiss, Peter: Notizbücher 1971–1980, Frankfurt am Main 1981, Bd. I, S. 429f.

109 Arnold, Als Schriftsteller leben (Anm. 58), S. 31.

entsprechenden Artikel heimzuzahlen. Reinhard Baumgart, Helmut Heißenbüttel, Heinrich Böll, Michael Hamburger und noch viele andere, sie alle haben Reich-Ranicki mehr oder weniger scharf verrissen. Der Österreicher Franz Josef Czernin hat sogar ein ganzes Buch geschrieben.[110] Auch die unzähligen Parodien und Persiflagen wären hier als Reaktion anzuführen, wenngleich sie schon einem anderen Register angehören. Eine zweite Möglichkeit vertraut auf die Macht der Literatur und ist um einiges perfider. Historische Persönlichkeiten vermag die Literatur ja in einem doppelten Sinne zu ›verewigen‹: Als Hommage verleiht sie die Weihen der Unsterblichkeit, sie setzt ein Denkmal, bei entgegengesetzter Wirkungsabsicht belegt sie mit dem Bannfluch ewiger Verachtung. Es ist eben etwas anderes, ob man einen verhassten Kritiker nur in einem Interview tadelt oder ob man dies in einem Roman tut. Das eine geht im Tageslärm unter, von dem anderen wird auch noch die Nachwelt erfahren. Der Roman bietet zudem den Vorteil, dass man mit den Kritikern, den nunmehr wehrlosen Geschöpfen, endlich einmal machen kann, was man will, man kann sie sogar sterben lassen. Solche literarischen Racheakte sind nicht selten in der Literaturgeschichte. Die ›Lizenz zum Töten‹ wird sogar von Johann Wolfgang Goethe erteilt, dessen Gedicht *Rezensent* – für Reich-Ranicki freilich das »dümmste«[111] von Goethe – in die Schlusszeile mündet: »Schlagt ihn tot, den Hund! Es ist ein Rezensent.«[112] In der jüngeren deutschen Literatur ist man dieser Aufforderung nicht selten nachgekommen. Die Zahl der Werke, in denen Reich-Ranicki in fiktionalisierter Gestalt auftaucht (und gegebenenfalls zur Strecke gebracht wird), ist mittlerweile so angewachsen, dass man sich hierzu eine eigene literaturwissenschaftliche Studie wünscht. An dieser Stelle mögen zwei Beispiele genügen.

In Peter Handkes Roman *Die Lehre der Sainte-Victoire* (1980) erscheint Reich-Ranicki in einer sorgfältig gearbeiteten Allegorie als kläffender und geifernder Hund, dem der Erzähler auf seinen besinnlichen Wanderungen einmal begegnet und in dem er sofort seinen »Feind« erkennt.[113] Dieser zum »Todfeind« erklärte »Leithund« wirkt wie aus Dantes Hölle entsprungen, ist er doch von einem »bewußtlosen Willen zum Bösen«

---

110 Czernin, Franz Josef: Marcel Reich-Ranicki. Eine Kritik, Göttingen 1995.

111 Reich-Ranicki, Marcel: Ein Jüngling liebt ein Mädchen. Deutsche Gedichte und ihre Interpretationen, Frankfurt am Main 2002, S. 36.

112 Goethe, Johann Wolfgang: Sämtliche Werke, Münchner Ausgabe, München 1985, Bd. I/1, S. 224.

113 Handke, Peter: Die Lehre der Sainte-Victoire, Frankfurt am Main 1996, S. 44-49.

beseelt. In seiner, und nun höre man genau hin, »von dem Getto viel-leicht noch verstärkten Mordlust« habe er »jedes Rassemerkmal« verlo-ren und sei »nur noch im Volk der Henker das Prachtexemplar«. Auf diese Darstellung reagierten selbst Handke wohlgesonnene Kritiker mit Empörung. Lothar Müller sprach von der »haßerfüllteste[n] Polemik ei-nes Schriftstellers gegen einen Rezensenten in der jüngeren deutschspra-chigen Literatur«.[114] In einem Interview gestand Peter Handke rückblik-kend, dass ihm die in seinen Roman eingearbeitete »Bosheit« ein »un-glaubliches Vergnügen« bereitet habe. Über den »Kerl aus Frankfurt« heißt es weiter:

Ich glaube, daß ihm der Geifer noch immer von den Fangzähnen tropft. Ein besonderes Phänomen ist auch, wie oft diese Groteskgestalt parodiert wird. Ich kenne viele, die finden ihn amüsant. Die haben gar keinen Stolz. Die sagen, wenn der einmal stirbt, wird man das sehr bedauern. Dem kann ich nun nicht beipflichten.[115]

Peter Handkes Attacken gegen Reich-Ranicki sind noch insofern nach-zuvollziehen, als sich Reich-Ranicki immer wieder abfällig und pole-misch über Handke geäußert hat. Wer Wind sät, sagt das Sprichwort, wird Sturm ernten. All das gilt nicht mehr im Falle von Christa Reinig, von der Reich-Ranicki nur in lobenden Worten gesprochen hat, die aber gleichwohl in dem Roman *Die Frau im Brunnen* (1984) eine Hass-und Vernichtungsphantasie entwickelt, welche nachgerade verblüffend ist:

Ein Freund ruft mich an. Er kann nicht weiterschreiben, bei jedem Satz, den er formulieren will, fällt ihm ein, was der Marcel Reich-Ranicki in seiner Kritik darüber schreiben würde. Ich frage: Wann soll denn das Buch fertig sein? Er sagt: In einem Jahr. Ich sage: Da ist der Reich-Ranicki längst tot. Er sagt: Ach, der überlebt uns alle. Ich frage: Hat er nicht irgendein Laster, raucht er, trinkt er, besucht er Bordelle? Er sagt: Dem bekommt alles besser als unsereinem. Ich sage: Vielleicht nagt eine geheime Krankheit an ihm. Ein Krebsgeschwür, ein Herzinfarkt, eine Geisteskrankheit. Das alles kann schon im nächsten Monat zum Ausbruch kommen, und dann bist du frei zu schreiben, was du willst. Er lacht über meine Kindlichkeit. Nein, das alles ist ganz ausgeschlossen. Ich sage: Dann wird er einen Verkehrsunfall bauen, er wird überfahren werden oder von einem Rechtsüberholer geschnitten und zerquetscht. Stell dir vor: In einem Jahr

114 Müller, Lothar: Krise der Kritik. Vom öffentlichen Speisehaus zum Aufstand gegen die sekundäre Welt, in: Der Deutschunterricht, 43. Jg., 1991, Heft 1, S. 6-20, hier: S. 10.
115 Wer einmal versagt im Schreiben, hat für immer versagt. André Müller spricht mit Peter Handke, in: DIE ZEIT Nr. 10 vom 3.3. 1989, S. 77-79, hier: S. 79.

gibt es keinen Reich-Ranicki mehr. Er glaubt mir nicht. Der Marcel, vor dem er zittert, ist von Ewigkeit zu Ewigkeit, und vielleicht hat er recht.[116] Vergeblich sucht man in der Passage nach Ironiesignalen. Auch der Umstand, dass die Sprecherin ja eine Romanfigur ist, deren Meinung – wie jeder Proseminarist weiß – nicht mit derjenigen der Verfasserin gleichzusetzen ist, kann doch nicht darüber hinwegtäuschen, dass hier einem Menschen offen der Tod gewünscht wird. Ausgeblieben ist der Skandal wohl nur, weil kaum jemand den Roman kennt. Man stelle sich einmal die öffentliche Entrüstung für den Fall vor, dass die obigen Zeilen von Martin Walser oder Günter Grass geschrieben worden wären.

»Marcel Reich-Ranicki ist ein Mythos zu Lebzeiten.«[117] An der Wahrheit dieser Aussage ist nicht zu zweifeln. Da dieser Ritterschlag aber drei Jahre vor Beginn des *Literarischen Quartetts* erfolgt, gehen einem die Superlative aus, wenn man Reich-Ranickis heutige Stellung im Literaturbetrieb kennzeichnen möchte. Wohl oder übel muss man sich bei Begriffen aus dem Showgeschäft bedienen und mit Peter Schneider konzedieren, dass Reich-Ranicki »der einzige Popstar des Literaturbetriebes« ist.[118] In Schriftstellerkreisen wird diese Entwicklung, versteht sich, nur mit äußerster Skepsis, wenn nicht Abscheu verfolgt. Stellungnahmen zum *Literarischen Quartett* fallen denn auch ausnahmslos negativ aus. »Man muß die Literatur-Richter gesehen haben«, notiert ein fassungsloser Walter Kempowski und fügt hinzu: »Demnächst verhängt dieses Tribunal noch Gefängnisstrafen.«[119] Um einiges schärfer formuliert es Helmut Krausser:

Der Trivialkritiker RR ist ein momentan weltweit singuläres Phänomen, das so auf Jahrzehnte hin unwiederholbar bleiben wird. Er stellt eine leibgewordene Machtphantasie dar, lebt aus, was viele in sich tragen und mit knirschenden Zähnen in sich belassen: tyrannische Apodiktik, diktatorische Willkür, die dunkle Seite des Kunstschaffens.[120]

Für solche Befunde, in denen es immer wieder um ›Machtfragen‹ geht, ließen sich noch zahlreiche andere Beispiele nennen. Nicht selten schlagen dabei Gefühle der Ohnmacht und der Hilflosigkeit in eine verbale Aggressivität um, die wiederum entsprechende Vernichtungsgelüste er-

---

116 Reinig, Christa: Die Frau im Brunnen, München 1984, S. 124.
117 Jessen, Jens: Nachwort, in: ders., Über Marcel Reich-Ranicki (Anm. 68), S. 240-248, hier: S. 240.
118 Schneider, Peter: Eine vertrackte Liebesgeschichte, in: Spiegel, Welch ein Leben (Anm. 102), S. 383-386, hier: S. 383.
119 Kempowski, Walter: Alkor. Tagebuch 1989, München 2001, S. 462.
120 Krausser, Helmut: Juli, August, September, Reinbek bei Hamburg 1998, S. 17.

ahnen lässt. Ein kulturelles Binnenklima zeichnet sich hier ab, das von vielen Schriftstellern als so unerträglich empfunden wird, dass sie es als literarisches Sujet entdecken, sei es aus persönlicher Wut und Kränkung heraus, sei es aus durchaus lauterer Aufklärungsabsicht. Einen vorläufigen Höhepunkt dieser Entwicklung markiert das Jahr 2002 mit den Romanen *Tod eines Kritikers* von Martin Walser sowie *Schundroman* von Bodo Kirchhoff. In beiden Romanen geht es, eine seltsame Koinzidenz, um den Tod eines Kritikers, der jeweils leicht als Reich-Ranicki identifizierbar ist. Der von Frank Schirrmacher erhobene Vorwurf, dass Martin Walsers Roman eine antisemitische Hasstirade darstelle, löste einen Skandal aus, wie er in der kulturellen Geschichte der Bundesrepublik einmalig ist.[121] Diesmal meldete sich auch Marcel Reich-Ranicki zu Wort und zeigte sich »tief getroffen« ob der persönlichen Angriffe: »Das Buch zeugt von dem totalen Zusammenbruch eines Schriftstellers, eines Talents und wohl auch einer Persönlichkeit. Es ist stilistisch und gedanklich auf einem erbärmlichen Niveau.« Typisch dann dieser Satz: »Die Qualität des Buches beleidigt mich mehr als seine ganzen antisemitischen Äußerungen.«[122] Verschiedentlich wurde in den hitzigen Debatten auch der Name von Uwe Johnson genannt, freilich stets in der Absicht, Johnson und Walser gegeneinander auszuspielen.[123] Nur in einem war sich der

---

121 Zu der Debatte vgl. Naumann, Michael (Hg.): »Es muß doch in diesem Lande wieder möglich sein ...« Der neue Antisemitismus-Streit, München 2002.

122 Die Abrechnung. Gespräch mit Marcel Reich-Ranicki, in: Hamburger Abendblatt vom 31.5. 2002, S. 3.

123 Für Hannes Stein haben deutsche Schriftsteller seit jeher ein gestörtes Verhältnis zum Judentum. Ausdrücklich von dieser Tendenz ausgenommen wird Johnson mit seiner Darstellung jüdischer Gestalten in den *Jahrestagen*. Ferner heißt es von Johnson: »Er hätte Martin Walser wohl schon nach seiner Rede zum Friedenspreis des deutschen Buchhandels die Freundschaft gekündigt, als ihm noch die ganze Nation zu Füßen lag.« Stein, Hannes: Mrs. Ferwalter und der ganze, üble Rest. Eine Spurensuche in Sachen Antisemitismus unter deutschen Literaten, in: Die Welt Nr. 125 vom 1.6. 2002, Beilage: Die literarische Welt, S. 3. In einem Offenen Brief an Martin Walser erklärten die Schriftsteller Marcus Hammerschmitt und Hellmut G. Haasis: »Lassen Sie sich gesagt sein: Wenn Peter Suhrkamp, Uwe Johnson, Max Frisch noch lebten, Sie wären mittlerweile auf dem Weg ins selbstgewählte Luxusexil und könnten endlich in Ihrem ganz privaten Haus Wahnfried Platz nehmen, um weithin den Märtyrer der deutschen Geistesfreiheit zu mimen. Lassen Sie sich gesagt sein: Ihre pseudoliterarischen Brandstiftungen, die Ihre neue Klientel so attraktiv findet, wären in einem Suhrkamp-Verlag, der den Namen seines Gründers verdient, nicht willkommen.« Hammerschmitt, Marcus/Haasis, Hellmut G.: Offener Brief an Martin Walser vom 17.6. 2002, veröffentlicht im Internet. Wieland Freund bezeichnet Martin Walser als »Wiederholungstäter« und erinnert an die Romane *Brief an Lord Liszt* und *Brandung*, in denen sich Fiktionalisierungen von Uwe Johnson finden: »Im Übrigen ist die Schilderung Mersjohanns in *Brandung* so geschmacklos

Chorus der dissonanten Stimmen einig: Martin Walser hat, Antisemitis-
mus hin oder her, einen literarisch wertlosen Roman geschrieben.
    Wie so viele Schriftsteller vor ihm war Martin Walser angetreten,
den Kritiker Reich-Ranicki zu entlarven. Was hat Walser aber erreicht?
Seinen Ruf hat er ein weiteres Mal schwer beschädigt (wahrscheinlich
mit Langzeitfolgen), und Reich-Ranicki steht besser da als jemals zuvor.
Ohnehin scheint jede Polemik und jede Parodie nur die Popularität von
Reich-Ranicki zu mehren. Und literarische Auseinandersetzungen à la
Handke, in denen ein zügelloser Abrechnungsfuror waltet, vermögen
Reich-Ranicki erst recht nichts anzuhaben, sie lenken den Blick eher
auf die Geistesverfassung desjenigen, der solche Geschmacklosigkeiten
ausbrütet. Vor diesem Hintergrund gewinnt Uwe Johnsons Zurückhaltung einen neuen Stellenwert, sie erscheint als die klügere, wenn nicht
effizientere Strategie. Schon vor über dreißig Jahren bemerkte Rolf
Hochhuth:»Denn Totschlag ist in der Literatur das meistprobierte, aber
am seltensten glückende Delikt. Dagegen ist Totschweigen furchtbar
effektiv.«[124] Und was schließlich Reich-Ranickis Position als Kritiker-
papst angeht, so darf man mit Pierre Bourdieu sagen:»Ganz im Sinne des
Gesetzes, wonach nur Gläubige zu überzeugen sind, hat ein Kritiker
›Einfluß‹ auf seine Leser einzig in dem Maße, in dem sie ihm diesen
Einfluß einräumen, weil sie in ihrem Gesellschaftsbild, ihrem Geschmack
und ihrem ganzen Habitus strukturell mit ihm übereinstimmen.«[125]

Dr. Uwe Neumann, Söderblomstr. 28, 22045 Hamburg

wie jene des Kritikers André Ehrl-König in *Tod eines Kritikers*.« Freund, Wieland: Der
Wiederholungstäter. Der Roman als O. K. Corral? Vor bald 20 Jahren rechnete Martin
Walser mit Uwe Johnson ab, in: Die Welt Nr. 125 vom 1.6. 2002, Beilage: Die literarische Welt, S. 3. Fritz J. Raddatz hält von Walsers Roman ebenfalls nichts, betont aber
die grundsätzliche Berechtigung der Attacken gegen Reich-Ranicki:»Selbstverständlich muss es erlaubt sein, unseren größten Telefonbuch-Rezensenten aller Zeiten in die
Schranken zu weisen, zu attackieren, ihn in Polemik oder Satire vom Platz zu weisen.
Hätte Walser es doch getan. Ein funkelnder Essay, eine gnadenlose Philippika, auch nur
eine Collage der Zurechtweisungen, wie sie von Thomas Brasch bis Dürrenmatt, von
Uwe Johnson bis Günter Grass, Alfred Andersch bis Peter Handke schon formuliert
wurden – man hätte ihm gratuliert. Ranicki selber – der emsige Anthologist – hätte er
denn Esprit – sollte eine solche Anthologie ›Ich, der Verrissene‹ herausgeben; jedenfalls
sollte er nicht barmen, er sei ›verletzt‹.« Raddatz, Fritz J.: Das Treffen im Seichten, in:
DIE ZEIT Nr. 24 vom 6.6. 2002, S. 41.
    124 Hochhuth, Rolf: Machtlose und Machthaber, in: Literaturmagazin 1, 1973,
S. 49-68, hier: S. 55.
    125 Bourdieu, Pierre: Die feinen Unterschiede. Kritik der gesellschaftlichen Ur-
teilskraft, Frankfurt am Main 1987, S. 372.

Katja Leuchtenberger

»Als ob er nicht wisse wohin nun gehen«

Orientierung und Desorientierung in Uwe Johnsons frühen Romanen

Uwe Johnsons Romane sind bis ins Detail durchkomponierte, hoch-komplex verdichtete Texte, in deren formaler Gestaltung nichts dem Zufall überlassen bleibt. Da Johnson seine Bücher erklärtermaßen als »Denk- und Diskutierangebot« versteht,[1] zielt sein narratologisches Konzept insbesondere auf den Leser, der zwar als »gleichberechtigte[r] Partner« und »Mitproduzen[t]« ernst genommen,[2] dessen Rezeption jedoch schon durch die Erzählstruktur der Texte systematisch gesteuert wird. Mehrsträngigkeit, retrospektive Rezeptionssituationen, analytisches Erzählen, der stetige Wechsel von Kontinuität und Diskontinuität sowie eine bohrende sprachliche Genauigkeit und raffiniert arrangierte Erzählsituationen sind einige der wichtigsten Strukturmerkmale, die in Johnsons literarischem Werk durchgehend nachweisbar sind und der Lektüre kalkulierte Widerhaken entgegensetzen. Der Leser wird in ein produktives Spannungsverhältnis zum Text gebracht und schon durch dessen Form zu Mitarbeit und ästhetischer Reflexion aufgefordert.[3]

1 Schmid, Christof: Gespräch mit Uwe Johnson. (Am 29.7.1971 in West-Berlin), in: Eberhard Fahlke (Hg.), »Ich überlege mir die Geschichte ...«. Uwe Johnson im Gespräch, Frankfurt am Main 1988, S. 253-256, hier: S. 254.

2 Buck, Theo: Uwe Johnson, in: Heinz Ludwig Arnold (Hg.), Kritisches Lexikon der Gegenwartsliteratur, München o.J., Stand: 1.4.1986, S. 1-18, hier: S. 4.

3 Zur Ausführung dieser These sowie zur detaillierten Formanalyse der frühen Romane Johnsons vgl. Leuchtenberger, Katja: »Wer erzählt, muß an alles denken«. Erzählstrukturen und Strategien der Leserlenkung in den frühen Romanen Uwe Johnsons, Göttingen 2003. An die Ergebnisse dieser Studie knüpfen die folgenden Überlegungen an.

Die formale Struktur der Romane Johnsons zielt indessen niemals allein auf die Aktivierung des Lesers, sondern steht immer auch in einem funktionalen Verhältnis zur erzählten Geschichte und besitzt insofern inhaltliche Relevanz von oft bemerkenswerter Vielschichtigkeit. Johnson selbst postulierte die gelungene Synthese von Form und Inhalt zeitlebens als *conditio sine qua non* für einen guten Roman, ohne diesen Anspruch in immer gleichbleibender Qualität einlösen zu können.[4]

Vor dem Hintergrund dieser konstitutiven Form–Inhalt–Relation stehen im Folgenden Inszenierung und Wahrnehmung des Raumes in Johnsons Frühwerk und ihr Verhältnis zum politischen Bewusstsein des Einzelnen im Mittelpunkt des Interesses.[5] Johnson lotet in seinen Texten systematisch die Handlungsspielräume aus, die dem Individuum im Konflikt mit der Gesellschaft zur Verfügung stehen. Diese Handlungsspielräume sind, wie sich zeigen wird, immer abhängig nicht nur von der *politischen*, sondern auch von der *topografischen* Orientierungsfähigkeit der Figuren: »Ein Versuch, die Welt zu verstehen, erfordert nicht nur historisches Bewußtsein, sondern gleichermaßen einen Sinn für den Raum oder geografisches Bewußtsein.«[6] Daraus folgt, dass auch der Zerfall von persönlicher Integrität und die räumliche Desorientierung in einem proportionalen Verhältnis zueinander stehen. Das Ziel des vorliegenden Aufsatzes ist es, diese Zusammenhänge und ihre inhaltlichen Variationen

---

4 Trotz der prominenten Johnsonschen Formel von der Geschichte, die sich ihre Form auf den Leib zu ziehen habe, fällt insbesondere *Das dritte Buch über Achim* durch eine kaum überschaubare formale Konstruktion auf, deren Verhältnis zur erzählten Geschichte sich nur auf sehr abstraktem Wege überhaupt noch erschließen lässt. Vgl. Leuchtenberger, Wer erzählt (Anm. 3), S. 250-256; Johnson, Uwe: Vorschläge zur Prüfung eines Romans, in: Eberhard Lämmert u.a. (Hg.), Romantheorie. Dokumentation ihrer Geschichte in Deutschland seit 1880, Königstein/Ts. 1984, S. 398-403, hier: S. 401.

5 Untersucht werden die Romane *Ingrid Babendererde*, *Mutmassungen über Jakob*, *Das dritte Buch über Achim* und *Zwei Ansichten*, die als »Frühwerk« von den später entstandenen *Jahrestagen* abgegrenzt werden, deren Analyse den vorliegenden Rahmen sprengen würde. Die »Unterscheidung von Frühwerk und Spätwerk« wird im Sinne Norbert Mecklenburgs allerdings »nur abkürzungsweise gebraucht [...], hat doch [Johnson], der im Alter von noch nicht fünfzig Jahren starb, eine späte Schaffensperiode überhaupt nicht erreichen können.« Mecklenburg, Norbert: Die Erzählkunst Uwe Johnsons. *Jahrestage* und andere Prosa, Frankfurt am Main 1997, S. 14.

6 Bond, Greg: »weil es ein Haus ist, das fährt.« Rauminszenierungen in Uwe Johnsons Werk, in: Johnson-Jahrbuch, Bd. 3, Göttingen 1996, S. 72-96, hier: S. 83. Bond bezieht sich in seinen Überlegungen, an die der vorliegende Aufsatz anknüpft, vorwiegend auf die *Mutmassungen* und die *Jahrestage* und bezeichnet das Thema insgesamt als einen »blinden Fleck der Johnson-Forschung« (ebd., Anm. 20).

im Frühwerk Uwe Johnsons darzulegen. Dabei werden die mit archi-
tektonischer Präzision kalkulierten Baupläne der Texte (*auch*, nicht: *nur*)
verstanden als der Versuch, bereits im formalen Zugriff Ordnung in eine
(zu erzählende) Welt zu bringen, in der die Integrität des Einzelnen nicht
mehr gewährleistet ist: Während den Figuren auf der Darstellungsebene
der Überblick sukzessive verloren zu gehen droht, gewährt das streng
organisierte strukturelle Aufmaß der Texte auf der Formebene Orientierung.

I

Reisen durch den Raum und die hierfür benötigten Verkehrsmittel spielen
in Johnsons Werk eine ebenso herausragende Rolle wie Karten und Stadt-
pläne, die Orientierung innerhalb des Raumes versprechen.[7] Der topografische Raum wird akribisch ausgeschritten und abgefahren und dabei
immer auch in seiner politischen Dimension dargestellt. Greg Bond macht
darauf aufmerksam, dass »Johnsons kartographische Bemühungen extrem
geschichtsbewußt und von politischer Natur« sind und letztlich auf das
»ehrgeizige Projekt eines Werks [deuten], in welchem [...] der Autor
einen Überblick über die räumliche Welt gewinnen möchte, weil das
ein Abbild der politischen Welt ergibt.«[8] Erst der so gewonnene Überblick über den politischen Raum ermöglicht eine Orientierung innerhalb der Handlungsspielräume Einzelner.

Schon in der Exposition des Erstlings *Ingrid Babendererde* spielt die
politische Vermessung des Raumes eine zentrale Rolle: Ein Schnellzug,
der Anfang der fünfziger Jahre durch die »*sogenannte norddeutsche Tiefebe-
ne*« von Rostock nach Berlin rollt,[9] also ein geografisch einheitliches,
aber politisch geteiltes Gebiet durchquert, verweist auf die Thematik der
Flucht; ein Motorboot der Polizei, das gerade von der amtlichen Be-
schlagnahmung eines Bauernhofs zurückkehrt, stört die ländlich-pro-

---

7 Greg Bond konstatiert, dass »Johnsons Figuren [...] unaufhörlich [reisen]« (ebd.,
S. 73). Er stellt aus Johnsons Werk einen »Wim-Wenders-würdige[n] Katalog von Trans-
portmitteln« zusammen (ebd., S. 83) und weist zu Recht darauf hin, dass viele der
Reisen Überschreitungen der innerdeutschen Grenze bedeuten und als »Fluchtbe-
wegungen ins Ungewisse« »negativ belastet« sind (ebd., S. 73). Zu Landkarten und Stadtplänen vgl. ebd., S. 81f.

8 Ebd., S. 82, 84.

9 Johnson, Uwe: Ingrid Babendererde. Reifeprüfung 1953, Frankfurt am Main
1987, S. 9.

vinzielle Idylle und exponiert so den konstitutiven Konflikt mit der Staats-
gewalt.[10]

Der topografische Raum der *Mutmassungen über Jakob* wird permanent mit der Eisenbahn ausgemessen, die infolge von Devisenmangel
und Kohleknappheit Verspätungen produziert, Militärgüter nach Ungarn transportiert, politische Grenzen passiert und von Jakobs Dispatcher-
turm aus überwacht wird. Greg Bond verweist zu Recht darauf, dass die
Dispatcherpläne *auch* eine »Landkarte der DDR im Netz internationaler
politischer Beziehungen« ergeben.[11]

Sowohl in *Ingrid* als auch in den *Mutmassungen* erfolgt die politische
Landvermessung auf einer der konkreten Wahrnehmung der Figuren
übergeordneten Ebene. Im *Dritten Buch über Achim* wird sie dagegen
unmittelbar an die Beobachtung der Protagonisten geknüpft und so an
die Erfahrung des Einzelnen gebunden:[12] Die Militär-Präsenz im Land
wird zum Beispiel während einer Autofahrt deutlich, als Achim die »Un-
ebenheit der äußeren Platten« der Straße mit den Worten »Klar: [...]
Panzer« kommentiert (DBA, 30); die wirtschaftliche Lage spiegelt sich in
einer von Karsch beobachteten Szene, in der sich Menschenschlangen
um einen Lastwagen mit Südfrüchten drängen (vgl. DBA, 98); auf die
vergleichsweise schlechten Verhältnisse in der DDR verweist der von
Karsch registrierte Kontrast zum Straßenbild Prags, das deutlich mehr
»Wohlstand [zeigt]« (DBA, 183). Durch eine solche Individualisierung

---

10 Vgl. IB, 11–13. Auch im weiteren Verlauf von *Ingrid* bleibt die politische Vermessung des Raumes ein Thema, so zum Beispiel in der Mathematikaufgabe, die Klaus
zu lösen sich weigert, weil er es in Anbetracht der politischen Weltlage »albern« findet,
die Dauer eines Fluges ausgerechnet »von Moskau nach New York aus[zu]rechnen«
(IB, 217).

11 Bond, Haus (Anm. 6), S. 89.

12 Obgleich noch in der Exposition des Romans die »Funktion [der] Figur [Karsch,
KL] [...] der Beschreibung der Grenze untergeordnet« ist, gelingt eben diese Beschrei-
bung im Verlauf des Textes nur über den Umweg der (erheblich eingeschränkten)
Figurenwahrnehmung. Helbig, Holger: Beschreibung einer Beschreibung. Untersuchun-
gen zu Uwe Johnsons Roman »Das dritte Buch über Achim«, Göttingen 1996, S. 23.
Der schon früh gestellten Zwischenfrage, ob *»die Unterschiede der beiden deutschen Staaten
[...] auf der Straße«* »sich faßlich und genau beschreiben« lassen, folgt die Beschreibung von
Karschs Raumerfahrung, die durch eine »Täuschung von Zusammengehörigkeit« geprägt ist. Johnson, Uwe: Das dritte Buch über Achim, Frankfurt am Main 1973, S. 22f.
Fortan ist die politische Vermessung des Raumes an die konkrete Bewegung der Figuren durch eben diesen Raum geknüpft. Erst ganz am Ende des Romans wird die »permanent behauptete Unmöglichkeit eines Vergleichs der beiden Staaten [...] innerhalb
der Geschichte« – also wiederum an die Wahrnehmung der Figuren gebunden – »als
Ereignis realisiert.« Helbig, Beschreibung, S. 68.

büßt die politische Rauminszenierung ihren Überblickscharakter teilweise ein – was bereits ein Licht auf den beschränkten Handlungsspielraum der Romanfiguren wirft.

In den *Zwei Ansichten* schließlich rückt mit den »Städte[n] Berlin«[13] auch deren politische Vermessung ins Zentrum der Darstellung. Auf der Projektionsfläche der farblosen Figuren B. und D. wird die Situation der geteilten Stadt dargestellt, die gerade nach dem politischen Paukenschlag des Mauerbaus an Eigengewicht gewinnt und zunehmend als Bedrohung erscheint, der die politisch unreflektierten Protagonisten schutzlos ausgeliefert sind.[14]

II

Die dergestalt politisch vermessenen Räume, die gleichzeitig den Rahmen für die sozialen Lebensräume der Romanfiguren bilden, zeichnen sich immer durch eine politische Zweiteilung der Welt aus und umreißen insofern bereits die Konturen des zentralen Themas: Johnsons Figuren leiden ausnahmslos am Konflikt mit der Gesellschaft und geraten stets in mehr oder weniger »modellhafte Entscheidungssituationen«,[15] die sie zur Stellungnahme innerhalb dieser geteilten Welt zwingen. So werden sie ein Stück weit immer auch selbst zu Modellen. An seinen Figuren dekliniert Johnson exemplarisch die Möglichkeiten durch, wie in einer Welt zu leben sei, in der das Auseinanderfallen von privater und gesellschaftlicher Existenz nicht mehr aufzuhalten ist.

Die Schüler in *Ingrid Babendererde* kämpfen aktiv für die Vereinbarkeit ihrer privaten und gesellschaftlichen Interessen und setzen sich mit mutigen Entscheidungen gegen den Zugriff des Staates zur Wehr. Auf diese Weise retten sie zwar ihre persönliche Integrität, verlieren aber ihren sozialen Lebensraum – am Ende bleibt Ingrid und Klaus nur die Flucht,

---

13 Johnson, Uwe: Zwei Ansichten, Frankfurt am Main 1976, S. 40.

14 Vgl. Leuchtenberger, Katja: »Nachrichten über die Lage«. Argumente für eine Lesart der *Zwei Ansichten*, in: Johnson-Jahrbuch, Bd. 6, Göttingen 1999, S. 85–104, hier: S. 99f. Insbesondere die Versuche, die Mauer selbst zu beschreiben, arten in schier endlose Satzreihen und Wortakkumulationen aus, was nicht nur auf die Bedrohlichkeit der Grenzabsperrungen verweist, sondern deren politische Unfassbarkeit auch sprachlich abbildet (vgl. z.B. ZA, 58, 140).

15 Bond, Greg: Veraltet? Die Beschäftigung mit Uwe Johnson heute, in: text+kritik 65/66, Uwe Johnson, Zweite Auflage: Neufassung, hg. von Heinz Ludwig Arnold, München 2001, S. 3–19, hier: S. 17.

und auch für den zurückbleibenden Jürgen Petersen wird sich nach ge-
leisteter Fluchthilfe und offener Kritik an der Parteilinie vieles negativ
verändern.

Im Gegensatz zu den Protagonisten aus *Ingrid* kämpft die Gesine
Cresspahl der *Mutmassungen* nicht mehr für die Vereinbarkeit ihrer privaten und politischen Bedürfnisse, sondern ist von vornherein bereit,
kompromisslos an deren Inkompatibilität zu leiden: Sie verlangt sich
permanent politisch konsequente Entscheidungen ab und handelt sich
damit sehenden Auges einen privaten Verlust nach dem anderen ein.[16]
Jakob und Jonas stemmen sich überhaupt nicht mehr aktiv gegen den
Eingriff des Staates in ihr Leben und können dem Auseinanderfallen
ihrer privaten und gesellschaftlichen Existenz deshalb auch nicht stand-
halten. Sie ziehen sich hilflos auf ihre unterschiedlichen Professionen
zurück, um letztlich beide zu scheitern.[17]

Im *Achim*-Roman wird der Versuch, tatsächlich im Einklang mit der
Gesellschaft zu leben, in der Figur der Schauspielerin Karin S. nur noch
am Rande dargestellt.[18] Im Radrennfahrer Achim T. hat der Konflikt
bereits einen manifesten Riss innerhalb der Person verursacht: Achim
kämpft schon in die gegenläufige Richtung, indem er seine Individuali-
tät im Interesse gesellschaftlicher Repräsentativität unterdrückt und seinen Biografen Karsch nach Kräften daran zu hindern sucht, diesen öffentlichen Rollenentwurf an privaten Erfahrungen und Bedürfnissen zu
überprüfen. Hierfür ist er bereit, jeden individuellen Konflikt mit der
Gesellschaft zu leugnen.[19]

---

16 Aus politischen Gründen verlässt sie ihre Heimat und ihre Familie, aus politischen Gründen ist ihr eine Zukunft mit Jakob verbaut, und aus politischen Gründen
nimmt sie sich vor, ihre Stellung bei der NATO zu kündigen. Vgl. Johnson, Uwe:
Mutmassungen über Jakob, Frankfurt am Main 1974, S. 294.

17 Jakob ist so auf Pflichterfüllung fixiert, dass er »*keinen Augenblick lang*« auf den
Gedanken kommt, jemand »*könnte etwas anderes meinen als seinen Dienst*« (MJ, 50). Er
sucht immer wieder den Rückzug in seine Arbeit und ist auch zum Zeitpunkt seines
Todes, als in seinem Leben kein Stein mehr auf dem anderen liegt, wieder »auf dem
Wege zum Dienst« (MJ, 300). Jonas hält an seiner Idee vom Sozialismus fest, anstatt
Konsequenzen zu ziehen und zu fliehen: »Ich weiss nicht warum ich hierbleibe. Ich
habe etwas angefangen, vielleicht will ich sehen was daraus wird« (MJ, 215f.). Bis zum
Schluss sucht er die intellektuelle Auseinandersetzung mit dem Staat, der ihn schließlich
einsperren wird; am Ende lässt er sich freiwillig verhaften.

18 Karin leistet politischen Widerstand, nimmt berufliche Sanktionen in Kauf und
trennt sich von Achim (vgl. DBA, 197-200, 264-267, 270, 273), neben dem Bio-
grafieprojekt gerät sie als Figur jedoch immer mehr aus dem Blickfeld.

19 Karsch selbst ist in der DDR nur zu Gast, weshalb sein Konflikt mit diesem
politischen System keine existenziellen Folgen zeitigen kann – »das einzige, womit ihm

In den *Zwei Ansichten* schließlich wird das Thema auf eine subtile Spitze getrieben: B. und D. scheitern schon an der Wurzel des Konfliktes, indem sie von vornherein nur ihre private Existenz wahrnehmen. Der junge Herr B. reagiert auf den Mauerbau subjektiv beleidigt mit »private[r] Wut« (ZA, 25), weil er sein Mädchen in eine »hilflos[e] Lage« versetzt (ZA, 26); die D. empört sich zwar halbherzig über die Grenzabsperrung (vgl. ZA, 47, 56), leidet aber vor allem an ihrer wachsenden Isolation, der sie sich lethargisch hingibt.[20] Weil beide Figuren die politischen Mechanismen, die in ihr Leben eingreifen, nicht erkennen, sind sie ihnen um so hilfloser ausgeliefert. Den radikalen Umwälzungen ihrer persönlichen Verhältnisse, die der Mauerbau nach sich zieht, können sie kaum etwas entgegensetzen.

So unterschiedlich der zentrale Konflikt im Einzelnen gestaltet wird, so unerbittlich erweist er sich in seiner Kernaussage: Unter all den systematisch ausgemessenen individuellen Handlungsspielräumen in Johnsons Frühwerk steht keine Variante zur Disposition, in der das Individuum *keinen* Schaden nimmt. Das Scheitern an der Gesellschaft ist unabwendbar, lediglich graduelle Unterschiede dieses Scheiterns, die proportional zur politischen Vermessung des Raumes erfolgen, sind denkbar – und genau die sind, wie sich im Folgenden zeigen wird, konstitutiv für die individuelle Raumwahrnehmung der Figuren.

III

Je weniger eine Johnsonsche Figur vom Konflikt zwischen Individuum und Gesellschaft bedroht ist, desto sicherer ist sie sich ihrer räumlichen

gedroht werden kann, ist die Ausweisung.« Siblewski, Klaus: Alltag und Geschichte. Anmerkungen zum Frühwerk Uwe Johnsons, in: text+kritik 65/66, Uwe Johnson, hg. von Heinz Ludwig Arnold, München 1980, S. 96-111, hier: S. 100. Für einen Konflikt mit der Gesellschaft der Bundesrepublik ist er als Figur zu unprofiliert – er wird seinen »persönlichen Handel mit der Republik« erst in der Erzählung *Eine Reise wegwohin* austragen. Johnson, Uwe: Begleitumstände. Frankfurter Vorlesungen, Frankfurt am Main, 1980, S. 69; vgl. Johnson, Uwe: Eine Reise wegwohin, 1960, in: ders., Karsch, und andere Prosa, Frankfurt am Main, 1990, S. 29-81.

20 Sie besucht ihren ältesten Bruder seit dem Streit wegen ihrer Nichte nur noch selten (vgl. ZA, 124f.), hat für ihre berufliche Versetzung auf die »mit Eisglas abgeteilte« Privatstation »nichts getan« (ZA, 106), fühlt sich »betäubt« (ZA, 107), igelt sich ein und lässt »sich nicht mitnehmen nach draußen, nicht ins Kino und nicht ins Dorfcafé und nicht zum Tanzen« (ZA, 181). Die Entscheidung zur Flucht überlässt sie dem Zufall (vgl. Anm. 45).

Umgebung. Und umgekehrt: Mit wachsender Diskrepanz zwischen privater und gesellschaftlicher Existenz nimmt auch die räumliche Orientierungslosigkeit des Einzelnen zu.

Die *Reaktion* auf den zu verzeichnenden Orientierungsverlust ist abhängig vom Reflexionsniveau des Einzelnen. Je weniger eine Figur ihren gesellschaftlichen Konflikt wahrzunehmen bereit oder fähig ist, desto weniger unternimmt sie gegen die räumliche Desorientierung. Je deutlicher sich eine Figur dagegen der Inkompatibilität ihrer privaten und gesellschaftlichen Existenz bewusst ist, desto ausgeprägter ist ihre Neigung, sich ihre räumliche Umgebung – und damit ihren sozialen Lebensraum – durch gezielte Vermessung nachgerade zu erarbeiten, sich ihrer entweder durch das Sammeln von Informationen ›im Kopf‹ zu vergewissern oder sie in der Horizontalen auszuschreiten, um sie durch konsequentes Er-Laufen regelrecht ›in den Körper zu kriegen‹.

Die Schüler aus *Ingrid Babendererde* sind zweifellos diejenigen Figuren in Johnsons Werk, die im Konflikt mit der Gesellschaft bisher am wenigsten Schaden genommen haben. Deshalb ist ihnen das Bedürfnis einer rationalen Annäherung an den Raum fremd. Sie sind sich ihrer Umgebung sicher und finden in ihr Zuflucht – auch und gerade, als der Zugriff des Staates auf ihr Privatleben bereits Wirkung zu zeigen beginnt. Während der alles entscheidenden Schulversammlung, auf der Ingrid sich um Kopf und Kragen redet, zieht sich Klaus geradezu demonstrativ auf sein Boot zurück und segelt über den Oberen See, stellt dem Konflikt also das Durchmessen der vertrauten Landschaft entgegen (vgl. IB, 170). Dass die Freunde Ingrid, Jürgen und Klaus ihren letzten gemeinsamen Nachmittag ausgerechnet mit einer Segelpartie verbringen, ist kein Zufall: auf diese Weise können sie sich nicht nur – symbolisch auch für ihren wiederhergestellten Zusammenhalt im politischen Konflikt – als eingespieltes Team erweisen, sondern vergewissern sich gleichzeitig ihrer Umgebung sowie ihrer Orientierungsfähigkeit darin. Sogar als ein heftiges Unwetter den Segeltörn in einen gefährlichen Kampf gegen Wind und Regen verwandelt, können sie sich noch auf ihre intuitive Ortskenntnis verlassen.[21]

Ingrid Babendererde nimmt, um ihre persönliche Integrität zu wahren, den Bruch mit ihrem Staat bewusst in Kauf und reagiert dann auf den drohenden Verlust ihres Lebensraumes, indem sie ihn systematisch

---

21 Als die drei vom Boot aus »nicht sehen [konnten] wohin sie etwa kommen mochten«, kann Jürgen noch immer zuversichtlich kalkulieren, dass sie in »einer halben Stunde [...] vielleicht an Land sein [sollten]« (IB, 243).

ab- und ausschreitet. An ihrem letzten Tag zu Hause, als ihr nach dem Schulverweis nur noch die Flucht bleibt, macht sie sich, den Warnungen von Erzähler und Mutter zum Trotz,[22] *erst recht* auf den Schulweg, der zu einem von der Stasi verfolgten Spießrutenlauf wird, aber auch von solidarischen Gesten der Kleinstadtbewohner begleitet ist.[23] So wird dieser Weg für Ingrid zu einer Vergewisserung des Lebensraumes, den zu verlassen sie im Begriff ist. Auch am Nachmittag zieht es sie noch einmal aus dem eigenen Garten hinaus auf den Wall und an die alte Stadtmauer, »vielleicht nur, weil Fortgehen so aussehen mochte als verändere sich etwas« (IB, 229).

Die Hauptfiguren der *Mutmassungen* sind dagegen von Anfang an Entwurzelte und in ihren Biografien von der Zeitgeschichte existenziell beeinflusst,[24] was sich in einer wachsenden räumlichen Desorientierung niederschlägt.[25] Gesine und Jakob müssen den Verlust der Orte ihrer Kindheit mit Einbußen an ihrer intuitiven räumlichen Orientierung bezahlen. Gesine kehrt zurück »*in die Stadt [ihres] Vaters*« nur um zu sehen, »*wie sie abgefallen ist von [ihrer] Erinnerung*« (MJ, 191). Ihr Orientierungsverlust ist – nicht zuletzt durch ihren Umzug in einen anderen politischen Raum – schon so weit fortgeschritten, daß sie sich auf der Wanderung nach Jerichow »*allein [...] gewiss verlaufen [hätte] in den unzähligen Wegen*« (MJ, 192). Es ist Jakob, der den unsicheren nächtlichen Weg über »*all diese fremden Stellen*« (MJ, 190) hinweg anhand der »Himmelsrichtungen«, »Wege« und »Lichter« bahnen kann (MJ, 188f.). Gleichwohl ist auch ihm der Weg »*unsicher*« (MJ, 189). Als bloß »Zugereiste[r]

---

22   Als Ingrid aufbricht, wird sie gewarnt: »Ist es nicht besser du gehst nicht auf die Strasse Ingrid?«, und das Gesicht ihrer Mutter »ruckte vor als wolle sie nun schnell etwas sagen, aber es liess sich wohl nichts tun mit Heftigkeit« (IB, 204).

23   Fleischer und Milchmann grüßen sie freundlich, obwohl sie den Skandal des Tages verkörpert, Freund Jürgen bietet wortlose Solidarität an, die Drogistin hilft mit einem Wasserglas und Polizist Heini Holtz stellt ritterlich den Stasispitzel zur Rede (vgl. IB, 205-211).

24   Gesine hat ihre Heimat aus politischen Gründen verlassen. Jakob musste gegen Ende des Krieges aus Pommern fliehen, wo er aufgewachsen ist und »glücklich [...] war in dem weiten Land am Wasser auf dem grossen Hof« (MJ, 95). Rohlfs ist 1942 an der Ostfront zu den Russen übergelaufen und dabei angeschossen worden; seitdem hat er ein steifes Bein und die fixe Idee, den Irrtum seiner ersten Lebenshälfte mit stoischem Glauben an die »*Sache des Sozialismus*« (MJ, 13) ausgleichen zu müssen.

25   Die Erfahrungen des Krieges und seiner Folgen erschüttern Gesines Orientierungssinn schon als Kind: Als sie »*in dem Sommer nach dem Krieg [...] nachmittags immer von Jerichow zu Jakob lief ins Dorf*«, verirrt sie sich mehrfach und landet auf dem »*Typhusfriedhof [...] an [den] offenen Gruben*«, bis Jakob ihr nach dem »*dritte[n] Mal*« hilft, sich den Weg zu merken (MJ, 192).

mit belernten Augen« (MJ, 85), der obendrein schon wieder weggezogen ist, fehlt ihm die intuitive Vertrautheit mit der Umgebung, über die die Figuren aus *Ingrid* noch verfügen. Mit dem sukzessiven Verlust seines unreflektierten Selbstverständnisses als Bürger im sozialistischen Staat nimmt auch seine räumliche Desorientierung zu: Nachdem Jakob die Militärtransporte nach Ungarn hat passieren lassen und dabei erstmals die politische Dimension des beim Dispatchen verwalteten Raumes begriffen hat, sieht er aus, »als ob er nicht wisse wohin nun gehen« (MJ, 251), und am Ende kommt er ausgerechnet auf dem Schienennetz zu Tode, mit dessen räumlicher Überwachung er einen Großteil seines Lebens verbrachte.

Dem Intellektuellen Jonas Blach ist eine intuitive Raumerfahrung schon im Ansatz fremd: Er hat sich *»immer gewundert woher die Bauern die entlegensten Dörfer der Nachbarschaft kennen, in die sie nie gefahren sind«* (MJ, 189) und kann eine emotionale räumliche Bindung kaum nachvollziehen.[26] Als Intellektueller versucht er, sich seiner Umgebung rational zu nähern. Dies wird zum Beispiel evident, als Jakob ihm Jerichow zeigt: Während Jakob von den Toten der Roten Armee erzählt, die im offenen Sarg an der Kirche vorbeigefahren wurden, also eine *gelebte* Raumerfahrung anbietet, versucht Jonas, eben jene Kirche nach kunsthistorischen Kriterien zu erfassen.[27] Zwar wünscht sich Jonas, Jerichow mit den Augen Gesines sehen zu können, um auf diese Weise etwas zu erfahren über die Frau, die er liebt, findet allerdings gerade zu deren emotionaler Erinnerung kaum Zugang, weil er sich dem Ort eben rational nähert (vgl. MJ, 90f.). Er weiß, dass es ihm *»nie gelingen [wird] eine ganze Stadt zu bewohnen«* (MJ, 177)[28] und fühlt sich eigentlich nur in geistigen Räumen »aufgenommen aufgehoben« (MJ, 269) – nämlich in Bibliotheken, Universitäten und Seminarräumen,[29] wo er seine Auseinanderset-

---

26 »Was bedeutet ein Haus. Das weiss ich nicht: sagte Jonas sich befriedigt« (MJ, 175).
27 »Der Anfang war romanisch was man sieht an einem Rundbogenfries« (MJ, 85).
28 Er lebt »in den beiden Städten Berlin«, wo er »sich ziellos umher[trieb] [...] und suchte nach er wusste nicht was. Dann findet einer nichts« (MJ, 107). Auch der Stadt, in der er am Ende des Romans untertaucht, versucht er rational beizukommen und ihre »Sprache« zu verstehen, um letztlich doch nur »das Verwechselbare« an ihr sehen zu können (MJ, 267f.).
29 Als er am Ende des Romans Unterschlupf bei seinen Freunden Bessiger sucht, fühlt er sich in deren »für ein geistiges Leben eingerichteten« Wohnung sicher; vom dortigen »Frühstückstisch her gesehen hörte die Welt an der Tür der Wohnung auf« (MJ, 265f.). Aus Verlegenheit geht er dennoch in die Stadt, »um auf den Abend zu warten«, gerät sofort »ins Zusehen« und landet schließlich in der »Bücherei«. Erst als Gast

zung mit dem Staat führen kann, die ihm, weil sie theoretisch bleibt, eine konkrete Raumwahrnehmung erschwert.[30]

Der Stasioffizier Rohlfs begegnet dagegen nicht nur sich selbst und seinen Mitmenschen, sondern auch seiner räumlichen Umgebung mit ideologischen Scheuklappen.[31] Die frühgeschichtliche Frage »nach dem eiszeitlichen Oberflächenaufbau der Landschaft« verbietet er sich – trotz entsprechender geologischer Landkarte – ebenso wie die emotionale »nach einer Heimat der Erinnerung«. Statt dessen pflegt er den ideologischen Blick, in dem ein altes Schloss »nicht Architektur und stehengebliebene Geschichte [ist] sondern ein Denkmal der Ausbeutung«. Die zentrale Frage für ihn ist »*wer ist für uns* und nicht wie gefällt dir die Nacht mit den dunklen Dörfern zwischen den Falten des Bodens« (MJ, 186; Hervorhebung KL). Dass Rohlfs sich mit Haut und Haaren der »*Sache des Sozialismus*« (MJ, 13) verschrieben hat, zieht eine radikale Ideologisierung des Raumes nach sich.

Diese Ideologisierung sowie der für die *Mutmassungen* signifikante räumliche Orientierungsverlust werden im *Achim*-Roman, in dem bereits ein der Figurenwahrnehmung übergeordneter Blick auf den politischen Raum nicht mehr gewährleistet ist, erheblich gesteigert.

Am Radrennfahrer Achim wird der vollständige Orientierungsverlust vorgeführt. Durch die Umzüge seiner Kindheit mehrfach entwurzelt und insbesondere durch das Erlebnis vollständig zerbombter Stadtviertel traumatisiert,[32] ist Achim schon früh auf das Vergessen und Verdrängen

der dortigen Universität beginnt er »unverzüglich sich wohlzufühlen in dem engen hohen Seminarraum, an dessen Wänden die Bücher übermannshoch standen« (MJ, 267f.).

30 Diese Auseinandersetzung, die ihn schließlich ins Gefängnis bringt, lässt sich nicht in Raumerfahrung übersetzen: Seine Fahrten mit der U-Bahn von Ost- nach Westberlin erlebt Jonas ausdrücklich *nicht* als »Bewegung über eine Entfernung«, sondern vielmehr als »reinen Zustand, der von immer andersstetig veränderten Lichtfarben […] in die Fremde aufstieg« (MJ, 133). Er *weiß* um die Fremde, die der Übertritt vom einen politischen Gebiet in das andere bedeutet, kann sie aber nicht *erleben*.

31 Aufgrund seiner Biografie (vgl. Anm. 24) ist Rohlfs so angewiesen auf die Richtigkeit der Ideologie, die er als Repräsentant des Staates vertritt, dass er jede Kritik daran als persönliche Bedrohung empfindet. Seiner Überzeugung, man könne alle überzeugen, frönt er mit erheblicher Selbstüberschätzung und Anmaßung, indem er sich selbst für den Staat hält: »*die Staatsmacht. Die ich war die ich bin*« (MJ, 293).

32 Im Alter von fünf Jahren zieht Achim in eine Kleinstadt in Thüringen, um als Elfjähriger wieder in die Großstadt zurückzukehren. Durch den zweifachen Umzug verliert er das räumliche Zugehörigkeitsgefühl gleich doppelt: Die »dörfliche Vertrautheit« der Kleinstadt, »[d]er Wald und der Fluß und daß man jeden Stein im Pflaster kennen konnte« erlebt er als »verloren« (DBA, 80). Die Großstadt lernt er »erst wieder kennen, als sie bereits aufgelöst wurde von den Bomben« (DBA, 85) und das Viertel

als (Über-)Lebensmechanismus programmiert.[33] Er lernt zu leben »wie ohne Gefühl« (DBA, 92, 156) und verliert sukzessive sein intuitives Gespür für Räume, Orte und Zusammenhänge. »Er sah alles, aber er brachte es nicht zusammen in seinen Gedanken« (DBA, 156), heißt es einmal. Erst mit dem Radfahren bildet er ein neues Raumerleben aus, das sich weniger auf die Kenntnis eines Ortes bezieht als vielmehr auf die genaue Erfassung einer *Strecke*.[34] Achim wird buchstäblich zum (körperlichen) Landvermesser: Als Jugendlicher hat er die Stadt, in der er lebt, »mit dem Fahrrad vermessen [...] kreuz und quer« (DBA, 171), ohne sie jedoch als sozialen Lebensraum begreifen zu können.[35] Das Fahrradfahren wird ihm zur zentralen Form der Raumwahrnehmung.[36] Nicht um Orientierung innerhalb seines topografischen oder sozialen Lebensraumes geht es, sondern geradezu um die *Substitution* desselben: Während des Rennens trägt Achims »Bewußtsein [...] Scheuklappen«, er sieht »kaum die Straße nur die Fahrbahn« (DBA, 252). Es zählt allein die sportliche Leistung, mit der sich der Rennfahrer, der sich ganz seiner Repräsentationsfunktion im Staat verschrieben hat, seine gesellschaftliche Stellung im Wortsinn er-

---

seiner frühen Kindheit schon komplett ausgelöscht ist. Auch Achims Jugend ist noch durch Umzüge geprägt: Nach dem Tod der Mutter bringt sein Vater ihn zu den Großeltern, wo er »zum dritten Mal keine Freunde« findet, holt ihn aber »nach anderthalb Jahren« wieder zurück in die Stadt (DBA, 148f.).

33 Das in seiner Kindheit plötzlich verschwundene jüdische Mädchen vergisst er so gründlich, als »hätte es sie nie gegeben, und es gab sie auch nicht mehr« (DBA, 64). Über seine von Bomben getötete Mutter redet er sich ein »Sie war nicht tot. Sie war nur nicht wieder nach Hause gekommen« (DBA, 89), und das »Klettern in den Ruinen« lässt er sich von seinem Vater »verbieten« (DBA, 88). Wenn nach weiteren Bombardements »in ganzen Vierteln niemand mehr lebte: dann [hat er] die Gegend eben vergessen, nicht mehr an sie gedacht« (DBA, 92).

34 Das Ziel des *Ankommens* wird während der Radtouren zu seiner Freundin sukzessive ersetzt durch das des *Unterwegsseins*, die Reise wird »sich selbst genug« (DBA, 164) und Achim lernt, sich eine Strecke geistig und körperlich optimal einzuprägen. Bei seinem ersten richtigen Radrennen »beschaffte« ihm dann sein »Gedächtnis [...] die Hausblocks und Kleingartenzäune [...], die schoben ihm Randsteine und Kurven und Pflaster zu, er berechnete das schütternde Beben auf einem Stück von geriffelten Steinen, bevor er überhaupt da war« (DBA, 177).

35 Im Gegenteil: Gerade das Straßenbild irritiert ihn, weil sich in ihm die Ablösung eines gesellschaftlichen Systems durch ein anderes widerspiegelt: »die Hauptstraßen bekamen sämtlich andere Namen, fahnenschwenkende Menschen auf beschädigten Lastwagen forderten laut schreiend die Überführung der Großbetriebe in den Besitz des Volkes, was soll das eigentlich heißen« (DBA, 169).

36 Dies gilt sogar für seine Wahrnehmung anderer Menschen: An Karsch interessiert ihn zunächst, wie dieser Auto fährt – »in der Situation gemeinsamen Fahrens [ging er auf]« (DBA, 30).

fährt, ohne sie deshalb *erfahren* zu können.[37] Um alles weitere kümmert sich der Staat – Achim *muss* sich nicht orientieren, er *wird* orientiert.[38]

Sein westdeutscher Biograf Karsch tritt dagegen als intellektueller Landvermesser an, der sich seine Umgebung mit Hilfe von Stadtplänen, historischen Studien und einer genauen Beobachtung des Straßenbildes regelrecht erarbeiten will.[39] Er versucht, die fremde Stadt durch Vergleiche mit der »Ähnlichkeit aller Städte seiner Welt« geistig zu erfassen, merkt allerdings schnell, dass er so »nichts verstehen werde« (DBA, 21f.). Seine Raumerfahrung in der DDR ist durch ausgesprochene Fremdheit und Unsicherheit geprägt, aber zunächst auch gezielt unvoreingenommen und bewusst unideologisch. Erst die staatlichen Auftraggeber seiner Achim-Biografie verlangen statt des fragend-forschenden Erkenntnisinteresses einen gezielt (partei-)politisch-ideologischen Blick,[40] was Karschs Unsicherheit verstärkt[41] und sein Interesse für räumliche Strukturen erheblich einschränkt. Statt auf die Umgebung konzentriert sich sein Interesse zunehmend auf Achim und dessen sportliche Karriere. Weil Karsch

37 Eine bewusste Selbstwahrnehmung als Mitglied der Gesellschaft gelingt Achim nur in seiner Zeit als Maurer: Dieser »Beruf [eignete] [...] ihm [die Stadt] zu. Was wir so harmlos [...] bewohnen hatte er zusammengearbeitet aus einzelnen Steinen; es gab Häuser, die gehörten ihm; er verstand und wußte die Straßen gründlicher, denn er konnte den alltäglichen Anblick von Haus begreifen nach den unterschiedlichen Macharten« (DBA, 171f.). Weil diese Selbstreflexion ausgerechnet über die Raumwahrnehmung erfolgt, ist es doppelt bezeichnend, dass Achim seinen Maurerberuf zugunsten des Radsports aufgibt.

38 Entsprechend muss er sich die politisch-ideologischen Implikationen des Raumes »[s]ehr mühsam und geradezu willentlich [...] aus der Oberfläche der Landschaft [...] zusammendenken« (DBA, 281): Schon der junge Achim erlebt sowohl Westberlin als auch die Bundesrepublik zwar als »Ausland« (DBA, 282), aber eher aus einem diffusen Gefühl der Fremdheit und Unsicherheit heraus, weniger aus politischen oder ideologischen Gründen (vgl. DBA, 204-207, 281-284).

39 Zu Beginn seiner Reise sitzt Karsch beim Frühstück »über einem Plan der Straßenführung und ergrübelte die Geschichte dieser weitläufigen Siedlung«, geht »allein durch die Stadt« und »fotografierte [...] wahllos nur was ihm gefiel« (DBA, 20f.).

40 Als Karsch auf Fleisgs Frage nach seinen Reiseeindrücken ausweichend antwortet, er »sehe ja immer nur das Straßenbild«, greift Fleisg das Signalwort sofort auf: »Sie müßten die Oberfläche des Straßenbildes abheben können! Das Wichtigste geschieht unter ihr! [...] Und selbst das Straßenbild gibt Aufschlüsse, wenn man nämlich an früher denkt!« (DBA, 39). Das ursprünglich neutrale Motiv wird jetzt ideologisch aufgeladen und an eine parteipolitische Perspektive gebunden.

41 In Prag, wo das deutlich bürgerlichere Straßenbild plötzlich doch Vergleiche mit ›seiner‹ westlichen Welt zulässt, macht er sich ausführliche Notizen, um dann »durch[zureißen] was er geschrieben hatte. Da wollte er erst noch einmal fragen« (DBA, 183).

in der DDR-Gesellschaft nur zu Gast ist,[42] kann er sich der unmissverständlich geforderten Ideologisierung seiner Raumerfahrung kurzerhand entziehen.

In den *Zwei Ansichten* schließlich zeitigt der Mauerbau sowohl für Herrn B. als auch für die D. konkrete biografische Konsequenzen, die in der Flucht der D. münden. Weil beide Protagonisten die politischen Mechanismen, denen sie ausgeliefert sind, gar nicht erst wahrnehmen, gewinnt die Raumerfahrung der Desorientierung und Bedrohung an Intensität und beginnt sich zu verselbständigen, je mehr die geteilte Stadt Berlin in den Mittelpunkt der Darstellung rückt. Dies gilt nicht nur für den ortsfremden B., sondern zunehmend auch für die in Berlin verwurzelte D.

Dem jungen Herrn B. geraten die »Städte Berlin« (ZA, 40) zum persönlichen Labyrinth.[43] Er fürchtet sich grundsätzlich vor der Urbanität Berlins, also vor *beiden* Teilen der Stadt; seine *Reaktion* auf diese Angst fällt indessen, je nach Stadthälfte, denkbar unterschiedlich aus und spiegelt so seine handfesten Vorurteile gegen die DDR wider. Über den Westteil versucht er sich zumindest zeitweise Orientierung zu verschaffen und gewinnt Sicherheit. Als er sich »nicht mehr verfuhr« und »einem Einheimischen [...] eine Straße weisen« kann, fühlt er sich eine Zeit lang halbwegs »angenommen«, ohne jedoch das »Gefühl [...] einer scharfen Angst« gänzlich abschütteln zu können (ZA, 143). Meistens bewegt B. sich in Westberlin allerdings »wie ein Nichtschwimmer« (ZA, 139) – er lässt sich von Taxifahrern chauffieren oder vom Zufall steuern und benutzt den Stadtplan in der Regel erst, wenn er sich bereits verirrt hat.[44]

42 Vgl. Anm. 19.

43 Vgl. O'Neill, Patrick: The System in Question: Story and Discourse in Uwe Johnson's »Zwei Ansichten«, in: The German Quarterly 64, 1991, S. 531-543, hier: S. 532f. In B.s Wahrnehmung erscheint die Stadt mit zunehmend bedrohlichen Zügen, die sich in einer wachsenden Personifizierung der urbanen Bestandteile manifestiert. Es ist die Stadt selbst, die B. »seinen Wagen [stiehlt]« (ZA, 32), und sogar aus der Luft droht Gefahr: Die allgegenwärtigen Flugzeuge scheinen B. anzugreifen, auf ihn »zu zielen [...], breitflüglig auf ihn zu[zukommen]« (ZA, 74). Vgl. Leuchtenberger, Nachrichten (Anm. 14).

44 Die Taxen, die er benutzt, halten mitunter unaufgefordert neben ihm an, weil er als Fußgänger so »unschlüssi[g]« aussieht (ZA, 15; vgl. auch ZA, 72; weitere Taxifahrten vgl. z.B. ZA, 19, 69). Auf der Suche nach Gebrauchtwagenhändlern sieht er »zu spät in den Stadtplan« (ZA, 72), nämlich als er bereits im falschen Bus sitzt. Er verirrt sich mehrfach und läuft schließlich vollends »planlos« durch die Stadt (ZA, 73), bis er aus blankem Zufall wieder in der Kneipe landet, die schließlich die Fluchthilfe für die D. veranlasst und in die er schon einmal zufällig geraten war, als er ebenfalls »dusselig, auch betrübt« durch Westberlin streifte (ZA, 33).

Auf den Ostteil bereitet er sich dagegen genauestens vor, indem er den Stadtplan studiert (vgl. ZA, 35), die Gegend vorher mit dem »Münz-fernrohr« inspiziert (ZA, 35) und seine Routen »auswendig« lernt (ZA, 70). Grund für dieses übervorsichtige Verhalten ist eine indifferente Angst vor der DDR, die B.s im Grunde radikal privater Raumerfahrung eine ideologische Färbung verleiht.

Im Gegensatz zu B. ist die D., die in Berlin zu Hause ist und die Stadt als »Nachbarschaft« empfindet, als »die Gegend nebenan, genutztes Ei-gentum« (ZA, 40), zunächst nicht von räumlicher Desorientierung be-troffen, was jedoch *gerade* auf ihr niedriges Reflexionsniveau verweist: Obgleich ihr Konflikt mit der Gesellschaft längst ein irreparables Stadi-um angenommen hat, weicht sie ihm durch »ziellose Fahrerei« und »müßig[e] Gänge« (ZA, 108) kreuz und quer durch das vertraute Ost-berlin aus. Diese Gänge dienen ihr jedoch weniger dazu, sich der Um-gebung zu vergewissern, als vielmehr, sich wie »betäubt« (ZA, 107) durch die Stadt treiben zu lassen.[45] Erst als sich ihr Konflikt in den Flucht-vorbereitungen massiv konkretisiert, wird die Stadt auch der D. zur Be-drohung – die gefährliche, für die eigene Flucht möglicherweise *lebens-gefährliche* Dimension der Teilung Berlins gewinnt in ihrer Wahrneh-mung die Oberhand.[46]

---

45 Sie fängt an, »lange Strecken in der Stadt zu fahren, zu gehen«, »[s]ie wußte nicht wozu« (ZA, 106f.), und lässt sich vom Zufall treiben bis in ihre Entscheidung zur Flucht hinein: Ihren Antwortbrief an B. formuliert die D. so ausweichend, dass sie selbst »die Bedingung für gar nicht erfüllbar« hält; obendrein glaubt sie, »nicht fürchten [zu müs-sen], [...] bei ihren Worten genommen zu werden« (ZA, 196f.). Als die Fluchthilfe-organisation dennoch mit den verdeckten Vorbereitungen beginnt, ist D. unsicher und wünscht sich, »keine Wahl mehr [zu] haben« (ZA, 206). »[B]eschämt« (ZA, 208) von der Risikobereitschaft der Fluchthelfer, die zu ihrem eigenen Bedürfnis, eine Entscheidung gar nicht erst treffen zu müssen, nicht recht passen will, bemüht sie sich um Ausgleich, indem sie Botengänge nach Brandenburg übernimmt (vgl. ZA, 211). Vor diesem Hin-tergrund erweist sich ihre Strategie des »Weggehen[s]«, des »[G]ehen[s]‹ schlechthin« weniger als »die zentrale Metapher für den Selbstbestimmungsanspruch der D.«, wie Bernd W. Seiler meint, sondern vielmehr als unreflektierter Verdrängungsmechanismus. Seiler, Bernd W.: Uwe Johnsons »Zwei Ansichten« – oder: Zielloses Fahren und auf-rechter Gang, in: Carsten Gansel/Nicolai Riedel (Hg.), Internationales Uwe-Johnson-Forum. Beiträge zum Werkverständnis und Materialien zur Rezeptionsgeschichte. Bd. 6 (1997), Frankfurt am Main 1997, S. 109-128, hier: S. 122.
46 Jetzt »strahlte« ein »massige[s] Gebäude wie eine gefährliche Höhle« (ZA, 223), die Häuser sind »dunkel, alle vor ihr verschlossen« (ZA, 224), die Spree mit ihrem tief-schwarzen Wasser »machte sie frösteln« (ZA, 226), sie ist »von allen Leuten ausgeschlos-sen« (ZA, 224). Vgl. Leuchtenberger, Nachrichten (Anm. 14), S. 99f.

Sowohl B. als auch D. sind, ihrer politischen Unreflektiertheit entsprechend, ihrer Raumwahrnehmung eher ausgeliefert, als dass sie sie bewusst steuern könnten, was in dem Maße zu ihrer Passivität beiträgt, wie es die Verselbständigung des Darstellungsgegenstandes »Berlin« fördert.

In Uwe Johnsons Werk ist die Suche nach einem gangbaren Weg durch die politischen und gesellschaftlichen Umstände, so die hier vertretene These, verknüpft mit dem Versuch, sich des jeweils konkret zu gehenden, des räumlichen Weges durch die Topografie zu vergewissern. An die individuelle geistige bzw. körperliche Vermessung des Raumes durch die Figuren ist jedoch keine konkrete Hoffnung geknüpft. Insbesondere die obsessiven körperlichen Raumvermessungen erweisen sich als gezielte Verdrängungsstrategien: Die Fahrradfahrten Achims und die Spaziergänge der D. verlieren gerade in ihrer betäubenden Ziellosigkeit jede soziale oder gesellschaftliche Funktion und steigern die Orientierungsfähigkeit nicht. Aber auch diejenigen Figuren, die die Erarbeitung des Raumes an die Suche nach der eigenen Integrität koppeln, können den Antagonismus von Individuum und Gesellschaft nicht überwinden. Weder kann sich Ingrid durch das Abschreiten ihrer Umgebung vor deren Verlust schützen, noch kann Jonas seinen Lebensraum durch intellektuelle Erfassung gestalten, vielmehr werden beiden ihre privaten Räume von staatlicher Hand entzogen: Ingrid muss fliehen, Jonas wird verhaftet. Auch die Versuche, die politische Systemkonkurrenz durch gezielte Vorbereitung zumindest in der Raumwahrnehmung zu überwinden, gelingen nicht: Karsch kann sich seine Unvoreingenommenheit gegen die DDR ebenso wenig bewahren, wie B. seine Vorurteile Ostberlin gegenüber abbauen kann. Dass eine gezielt ideologische Raumwahrnehmung, die für Hauptmann Rohlfs typisch ist, ebenso zum Scheitern verurteilt ist wie Jakobs unreflektierte Annahme, Raum habe überhaupt keine politische oder gesellschaftliche Dimension, versteht sich vor diesem Hintergrund von selbst. Und sogar für Gesine, die für ihren Anspruch politischer Integrität auch die räumliche Orientierung zu opfern bereit ist, lässt sich ein Ausweg aus dem Dilemma nicht absehen – nicht einmal in den *Jahrestagen* ist wirkliche Hoffnung in Sicht. Dort erarbeitet sich Gesine, die noch beim täglichen Einkauf daran denkt, wofür der Staat die dabei produzierte Steuer ausgibt,[47] zwar in einer

---

47 Vgl. Johnson, Uwe: Jahrestage. Aus dem Leben von Gesine Cresspahl, Frankfurt am Main 1988, S. 382.

»Strategie der sozialkritischen Stadterkundung« »ihre Stadt New York mit fast wissenschaftlichem Ehrgeiz«,[48] das bescheidene Ziel ihrer Vermessungen bleibt jedoch der Versuch *»Bescheid zu lernen. Wenigstens mit Kenntnis zu leben«* (JT, 209f.).

Dr. Katja Leuchtenberger, Fritschestraße 27, 10585 Berlin

---

48 Bond, Haus (Anm. 6), S. 92.

Nicola Westphal

Die Freundschaft in den Zeiten der Tyrannei

Überlegungen zu einer Schulstunde in *Ingrid Babendererde*

Intertextuelle Bezüge in Uwe Johnsons Werk sind ein Thema, das die Forschung vermutlich noch einige Jahre lang beschäftigen wird, und ohne Zweifel sind in dieser Hinsicht die *Jahrestage* oder, auf andere Art und Weise, die *Skizze eines Verunglückten* sehr viel ergiebiger als *Ingrid Babendererde*. Wenn der Erstling in diesem Zusammenhang hier dennoch Untersuchungsgegenstand ist, so deshalb, weil Johnson in ihm eine Weise des Umgangs mit einem literarischen Bezugstext – Schillers Ballade *Die Bürgschaft* – entwickelt, die in den späteren Werken nicht mehr anzutreffen ist: Lesen und Interpretieren sind Bestandteile der Romanhandlung, aber mit der Vorführung verschiedener, gleichberechtigt nebeneinander stehender Deutungen verfolgt Johnson ganz unterschiedliche Zwecke.

Die Darstellung einer Unterrichtsstunde im Fach Deutsch, in der Johnson durch das Zitieren des Brecht-Sonetts *Über Schillers Gedicht ›Die Bürgschaft‹* einen weitläufigen Bezugsraum öffnet, hat dabei in zweierlei Hinsicht exemplarischen Charakter: erstens als Äußerung zur kulturpolitischen Debatte der 50er Jahre in der DDR und zweitens als Kommentar zum Thema des Romans, der Konfrontation der drei Hauptfiguren mit den Ansprüchen stalinistischer Politik und ihren Reaktionen darauf. Dass Johnson in *Ingrid Babendererde* einen Beitrag zur Erbediskussion leistet, hat die Forschung schon des Öfteren angedeutet. Was dagegen bisher übersehen wurde, ist die Tatsache, dass der Leser gleichzeitig Zeuge eines mit ästhetischen Mitteln ausgetragenen politischen und moralischen Streits zwischen den Protagonisten wird.

Die Deutschstunde, um die es hier geht, findet in der fünften Stunde
am Mittwoch der beschriebenen knappen Woche statt und wird von
Frau Behrens, auch »Das Blonde Gift« genannt, erteilt.[1] Es ist eine der
letzten Stunden vor dem schriftlichen Abitur, und die Lehrerin plant,
das »Verhältnis von Abiturienten zur Lyrik der Weimarer Klassik« (IB, 96)
zu ermitteln, bevor der Prüfungsstoff ›Romantik‹ wiederholt wird. Was
ihren Ablauf betrifft, verläuft die Stunde ganz nach Plan: Die Schülerin
Perkies wird aufgefordert, Goethes Ballade *Der Schatzgräber* vorzutragen,
Klaus liest daraufhin kommentierend Brechts Sonett über Schillers *Bürgschaft*, Ingrid liefert einen eigenen Beitrag zum Thema Schiller, und den
Rest der Stunde verwendet Frau Behrens für ein Referat über die Romantik. Die genauere Analyse dieser Deutschstunde legt jedoch tiefere
Bedeutungsschichten frei; ein Indiz hierfür ist die Ankündigung, es handle
sich um »eine Art Reifeprüfung im Voraus« (ebd.), die den bereits im
Romantitel mehrdeutigen Begriff aufgreift.

Was die Erbeproblematik betrifft, kann die Lehrerin unschwer als
Vertreterin der offiziellen Position zu diesem Thema identifiziert werden. Die literarische Epoche der Romantik stellt sich in ihrer ›sozialistischen‹ Sichtweise so dar:

> Zu jener Zeit war in Deutschland der Feudalabsolutismus die herrschende Kraft.
> Territoriale Aufgespaltenheit. Unterdrückung des Volkes. Grosses Elend. Wirt-
> schaftlicher Niedergang. Die Romantik. Die Blaue Blume als Symbol des Schö-
> nen / Hohen / Reinen / Guten. Die Wendung gegen die Klassik. Die Roman-
> tik als bewusstes Werkzeug der herrschenden Klasse. (IB, 102)

Diese in der Frühzeit der DDR weit verbreitete Argumentation stützt
sich auf die Vorstellung einer antithetischen Pendelbewegung zwischen
Fortschritt und Reaktion in der Literaturgeschichte, nach der die Klassik
als Fortsetzung der progressiven Aufklärung zu betrachten ist, während
mit der Romantik die Reaktion beginnt. Die Ablehnung der Romantik
richtete sich gleichzeitig gegen deren vermeintlichen Konservatismus und
gegen die modernistischen Aspekte ihrer Literaturtheorie.

Diese offizielle Haltung hatte sich im Lauf der dreißiger und vierziger
Jahre herausgebildet und hatte in der so genannten Expressionismusdebatte ihre wichtigste Vorläuferdiskussion.[2] Um 1930 wandelte sich

---

1 Johnson, Uwe: Ingrid Babendererde. Reifeprüfung 1953, Frankfurt am Main
1992, S. 95-103; dies entspricht den Abschnitten 22 und 23 des Textes.
2 Vgl. dazu Mandelkow, Karl Robert: Die literarische und kulturpolitische Bedeutung des Erbes, in: Hansers Sozialgeschichte der deutschen Literatur vom 16. Jahrhundert bis zur Gegenwart, Bd. 11 (Die Literatur der DDR, hg. von Hans-Jürgen Schmitt),

der marxistische Umgang mit dem Erbebegriff; die vorher traditions-
negierende Skepsis gegenüber dem klassischen ›Erbe‹ wurde – vor allem
mit Hilfe des literaturtheoretischen und -geschichtlichen Hintergrun-
des, den Lukács zuerst 1932 in dem Aufsatz *Aus der Not eine Tugend*
lieferte – aufgegeben zugunsten einer Verknüpfung von Tradition und
neuer Kunst. Lukács war derjenige, der die Kanonisierung des klassisch-
bürgerlichen Kulturerbes innerhalb eines marxistischen Literaturver-
ständnisses theoretisch untermauerte. Mit seinen Studien unter dem Titel *Goethe und seine Zeit* (entstanden in den späten 30er Jahren, erschienen 1947) lieferte er die Vorlage für das offizielle Goethe-Bild in der
DDR. Dieses hatte mehr als zwei Jahrzehnte lang Bestand, also sowohl
zur Handlungs- als auch zur Schreibzeit von *Ingrid Babendererde*.

Es sind drei wesentliche Aspekte, die die präskriptive Klassikrezeption,
-aneignung und -nutzung prägten. Ideengeschichtlich wurde besonders
Goethe als Wegbereiter des sozialistischen Realismus vereinnahmt, weil
er sich wegen seiner Haltung zur Französischen Revolution und im Hinblick auf das Ende von *Faust II* besser als Schiller in das Bild des Vorläu-
fers einer revolutionären Tradition in Deutschland einpassen ließ. Formal zeigte sich die Aktualisierung der klassischen Ästhetik im Schönheits-
und Harmonieideal sowie in der Übernahme klassischer Formen – wie
zum Beispiel dem Sonett. Wirkungsgeschichtlich wandten sich die Ver-
fechter des marxistischen Erbeverständnisses gegen das westdeutsche
Schlagwort vom Nullpunkt. Die kulturpolitisch Verantwortlichen in der
gerade erst entstehenden DDR setzten von Beginn an auf die Proklama-
tion einer Kontinuität der humanistischen Traditionen, die sie dem ›vom
Faschismus pervertierten‹ Bewusstsein der Bevölkerung entgegensetzen
wollten, wobei sie – wie die westdeutschen Politiker auch – Alleinver-
tretungsansprüche erhoben. Die Nähe der DDR-Erbeauffassung, spezi-
ell der Verehrung Goethes, zum wilhelminischen Goethe-Kult und zur
nationalsozialistischen Klassikverehrung klingt in Frau Behrens' affirma-
tiver Aussage vom »hohen Pathos der Weimarer Klassik« (IB, 98) an.

Es kann als ironischer Kunstgriff gedeutet werden, dass Johnson ausgerechnet Goethes Ballade *Der Schatzgräber* (1797) als Beispiel für die
Demonstration unkritischer Goethe-Verehrung benutzt. Bezeichnenderweise handelt es sich um eine für Goethe eher untypische Ballade –
ungewöhnlich sind vor allem ihr pädagogischer Impetus und die dezi-

München 1983, S. 78-119 sowie Trommler, Frank: Die sozialistische Klassikpflege seit
dem 19. Jahrhundert, in: Karl Otto Conrady (Hg.), Deutsche Literatur zur Zeit der
Klassik, Stuttgart 1977, S. 409-422.

diert moralische Belehrung in den Schlussversen –, deren Auswahl abweichend von der offiziellen Auffassung die Gemeinsamkeiten und nicht
die Unterschiede zwischen Goethe und Schiller herausstellt. Von dem
didaktischen Anspruch an und für sich ausgehend lassen sich vielleicht
sogar, was die Parabelhaftigkeit der Geschichte sowie ihre Verbindung
von Didaktik und Unterhaltung betrifft, Verbindungen zum Brecht der
Lehrstücke und der Exillyrik ziehen:

> Tages Arbeit, abends Gäste!
> Saure Wochen, frohe Feste!
> Sei dein künftig Zauberwort.[3]

Brechts Gegenposition zu Lukács in der Expressionismusdebatte und auch
später in der Erbediskussion – die einen Höhepunkt 1952/53 in der
Debatte um Brechts Inszenierung des *Urfaust* und um Eislers kritisches
Opernlibretto *Johann Faustus* fand – wird von Johnson dazu benutzt,
eine Gegenposition zur Klassikauffassung der Lehrerin kenntlich zu machen. Diese Gegenposition wird durch Klaus vertreten, der seine iden-
tifikatorische Lektüre des Brechtschen Sonetts über Schillers *Bürgschaft*
als Kommentar zum offiziellen Umgang mit der klassischen Tradition
öffentlich vorstellt.[4] Gehalt und Zweck dieses Kommentars formuliert er
auf Nachfrage so: »Er habe wunschgemäss deutlich machen wollen wie
er sich verhalte zur Lyrik der Weimarer Klassik: mittelbar nämlich«
(IB, 100). Die Reaktionen seiner Mitschüler auf das Brecht-Gedicht verdeutlichen auf ironisch-spielerische Weise zweierlei: das Bewusstsein einer Provokation und Ratlosigkeit über ihr Ausmaß.

> – Ich sa-ge ja: sagte Eva Mau. – Das haben wir nu von der Meinungsfreiheit:
> sagte Klacks. – Sofort drei Mann zum Aufräumen: verordnete Dicken Bormann.
> – Nieder mit dem Kalten Krieg! rief Itsche. – Oh Gott: sagte Marianne. Hannes
> stand auf und liess Klaus auf seinen Platz steigen. – Wie mans nimmt: sagte er. –
> Was würde der Führer aller Völker dazu sagen? sang Pummelchen. – Was zeigt
> uns das: sagte Söten. – So ist die Lage: sagte Klacks. – Ruhe! sagte Frau Behrens.
> (IB, 99)

---

3 Goethe, Johann Wolfgang: Werke. Hamburger Ausgabe, textkritisch durchge-
sehen und mit Anmerkungen versehen von Erich Trunz, Bd. 1, Hamburg [8]1966, S. 266.
    4 Diese Szene ist in typisch Johnsonscher Manier durch zwei vorherige beiläufige
Hinweise angekündigt, die in ihrer Unscheinbarkeit zum Überlesen geradezu einladen:
»Denn Ingrid hatte sich umgekehrt um zu sehen was er las; als sie sah dass es Gedichte
waren oder so etwas, wollte sie den Band zu sich nehmen, Klaus hielt ihn aber fest«
(IB, 78); »Dieter sah mit Wiegen seines Kopfes auf Klaus, der bäuchlings neben Jürgen
lag und in seinem Gedichtbuch strich und schrieb« (IB, 94).

Die Reaktion fällt deshalb uneindeutig aus, weil Brecht mit seiner marxistischen Kritik am weltfremden Idealisten Schiller zwar durchaus einer offiziellen kulturpolitischen Vorgabe nahe kommt, wie an der Reaktion der Lehrerin auf Ingrids Beitrag später noch genauer abzulesen sein wird, gleichzeitig aber mittels der Form seines Einspruchs nicht nur Schiller, sondern auch die Art der sozialistischen Klassiker-Vereinnahmung kritisiert.

Seine kritische Distanz zum Erbe stellt Brecht auf mehreren Ebenen aus. Die Sonettform ist dadurch gebrochen, dass das »hohe Pathos der Weimarer Klassik« allenfalls noch in parodistischer Gestalt vorhanden ist: »Oh edle Zeit, oh menschliches Gebaren!« (IB, 98). Den Widerspruch zwischen klassischer Form und anti-klassischen Inhalten, der ästhetische Harmonie vorspiegelt, wo keine ist, unterstreicht Klaus durch seine Vortragsweise; er liest »wie ein Nachrichtensprecher« (IB, 99). Die extreme Verkürzung des Erzählten – was bei Schiller zwanzig Strophen einnimmt, kürzt Brecht auf sieben Zeilen zusammen – und die Elimination jeglicher Dramatik intensiviert das parodistische Missverhältnis zwischen phrasenhaft resümierendem Inhalt und heroischem Schema:

> Der eine ist dem andern etwas schuld.
> Der ist tyrannisch, doch er zeigt Geduld
> Und lässt den Schuldner auf die Hochzeit fahren.
> Der Bürge bleibt. Der Schuldner ist heraus.
> Es weist sich, dass natürlich die Natur
> Ihm manche Ausflucht bietet, jedoch stur
> Kehrt er zurück und löst den Bürgen aus. (IB, 98f.)

Inhaltlich ist es Schillers idealistische Lösung des Konflikts, die Brecht in seiner politischen Lesart der Ballade kritisiert: Der Tyrann, der eingangs immerhin ermordet werden sollte, vollführt im Angesicht von Treue und Freundschaft eine Läuterung zur Menschlichkeit. Damit ist der Konflikt beseitigt; die Frage einer Umwälzung der sozialen Verhältnisse stellt sich nicht mehr.[5] Bei Brecht manifestiert sich die Kritik an dieser Lösung, die eigentlich eine Nicht-Lösung ist, in der Pointe: »Am End war der Tyrann gar kein Tyrann« (IB, 99).

---

5 Vgl. dazu auch Knopf, Jan: Brecht-Handbuch. Lyrik, Prosa, Schriften. Eine Ästhetik der Widersprüche, Stuttgart 1984, S. 101f. Knopf deutet in seiner Brecht folgenden politischen Lesart die Naturgewalten bei Schiller, die die Rettung des Bürgen beinahe verhindern (das Wasser, die Hitze, auch die Räuber), als Zeichen für die Widerständigkeiten der Zeit – Schiller habe damit unbewusst gegen seine eigene idealistische Lösung protestiert. Darüber lässt sich streiten. Was passiert, wenn man Knopfs Lesart

Karl Mickel nennt in einem frühen Essay über die *Bürgschaft* – der sich für die Interpretation des Gedichts im Zusammenhang von *Ingrid Babendererde* als sehr nützlich erweist, weil seine »Stufen des Verstehens« sich bei Johnson wiederfinden lassen – Brechts Verständnis von Schillers Ballade ein soziologisches; seine Parodie gleiche einer historischen Analyse und entlarve die gesellschaftlichen und politischen Unwahrscheinlichkeiten von Schillers Konstruktion. Gleichzeitig betont er, dass es sich nur um eine unter mehreren möglichen Lesarten und nicht um destruktive Kritik handelt, indem er Brechts Absicht zitiert: »Diese sozialkritischen Sonette sollen natürlich den Genuß an den klassischen Werken nicht vereiteln, sondern reiner machen.« Zu Recht erinnert Mickel daran, dass Brechts Sonett im Jahr 1940 entstanden ist – im Angesicht Hitlers konnte Fürstenerziehung nur anachronistisch wirken.[6]

Entsprechend der Reaktion der Schüler ist auch die Lehrerin keineswegs sicher, wie sie Klaus' Beitrag deuten soll: »Frau Behrens betrachtete den Schüler Niebuhr mit Misstrauen und Wohlgefallen. Sie sagte: Schön. Man werde noch einmal darüber reden« (IB, 100). Ihre Reaktion spiegelt – wie die der Mitschüler – die kulturpolitische Diskussion zwischen unkritischer Klassikverehrung und Idealismuskritik in der frühen DDR. In diesem Zusammenhang ist der Akt des Widerstandes, den Klaus mit der Lesung vollzieht, gar nicht so groß wie in der Sekundärliteratur zuweilen zu lesen ist – zumindest, was einen direkten Angriff auf das offizielle, durch die Lehrerin repräsentierte Klassikbild betrifft, wie ihre halb wohlwollende Reaktion auch belegt.[7]

unbesehen auf *Ingrid Babendererde* überträgt, kann man bei Strehlow nachlesen: »Die Naturmetapher (Strom der Revolution; Brücke zum Tyrannen) wird weitergesponnen zu der beiläufigen Anspielung auf gesellschaftliche Umwälzungen (Mai 1953)«; vgl. Strehlow, Wolfgang: Ästhetik des Widerspruchs. Versuche über Uwe Johnsons dialektische Schreibweise, Berlin 1993, S. 86-92, hier: S. 90. Strehlow entgeht gänzlich, dass sich Ingrid und Klaus in dieser Passage streiten.

6 Mickel, Karl: Stufen des Verstehens. Zu Schiller: Die Bürgschaft, in: ders., Gelehrtenrepublik. Aufsätze und Studien, Halle 1976, S. 42-46, das Brecht-Zitat: S. 44.

7 Vgl. Mecklenburg, Norbert: Die Erzählkunst Uwe Johnsons. *Jahrestage* und andere Prosa, Frankfurt am Main 1997, S. 162: »Im Literaturunterricht irritiert er [Klaus] das Lukács-orthodoxe Klassikbild der Lehrerin, das dem in der frühen DDR herrschenden korrekt entspricht«. Vgl. auch Annekatrin Klaus, die die Szene als ein Beispiel unter mehreren für »die Haupteigenschaft Klaus Niebuhrs, den Spott«, liest. Ebenso wie seine Rede im Englischunterricht über die ›doppelte Elisabeth‹ (IB, 78-80) und seine Parabel vom ›Land der Bärtigen‹ (IB, 178-180) sei auch »sein Vortrag der Brechtschen Variante der *Bürgschaft* […] ein nur indirekt zu erschließender Protest, der im Ästhetischen verpufft und ohne Wirkung bleibt«; vgl. Klaus, Annekatrin: »Sie haben ein Gedächtnis wie

Als Kommentar zu den politischen Vorgängen im Roman erhält Klaus' Wortmeldung jedoch erheblich mehr kritisches Gewicht als im Kontext der Erbediskussion der DDR, denn die Parallelen zwischen Schillers Ballade, Brechts Parodie und Johnsons Roman sind unübersehbar. Auch bei Johnson gibt es einen ›Tyrannen‹, personifiziert in der Figur des Schuldirektors ›Pius‹ Siebmann, der im Rahmen des stalinistischen Kirchenkampfes die Tätigkeiten der Jungen Gemeinde unterbinden will. Um dieses Ziel zu erreichen, bedient er sich der abwegigsten Vorwürfe gegenüber ihren Mitgliedern – Spionage, Verrat, Terror – und nimmt in Kauf, dass diese das Land verlassen. Wie Ingrid und Klaus flüchtet auch Elisabeth Rehfelde und vermutlich auch Peter Beetz nach Westdeutschland (vgl. IB, 201 und IB, 145).

Es ist möglich, Klaus' Kommentar zur aktuellen politischen Situation in der Schule in eben dieser Parallele zu sehen, so wie Brecht auch die aktuelle politische Situation in Deutschland zur Entstehungszeit seines Sonetts, nämlich die nationalsozialistische Gewaltherrschaft, kommentiert. Klaus' Provokation bestünde dann in der öffentlichen Verlautbarung der Erkenntnis, die Methoden der Partei seien nicht mehr demokratisch, sondern diktatorisch – Verfassungsbruch ist schließlich auch der Grund, den er in seinem Antrag auf Streichung aus der Schülerliste angibt (vgl. IB, 225).

Doch ebenso wie Brechts Parodie nicht zum geringsten Teil eine Kritik an menschlichem Verhalten in sozialen Konfliktsituationen darstellt – Schiller fungiert in seinem Sonett als Stellvertreter für die ›Deutsche Misere‹ –, so lässt sich auch Klaus' Beitrag als eine solche Kritik lesen. Seine Provokation richtet sich aus dieser Perspektive nicht gegen den Direktor, sondern gegen seinen Freund Jürgen. Jürgen ist – im Gegensatz zu Klaus, der sich von seinem Amt als FDJ-Gruppenfunktionär zurückzog, als Pius Direktor wurde – aktives FDJ-Mitglied und arbeitet in der Zentralen Schulgruppenleitung mit dem Direktor zusammen. Obwohl er wie Klaus dessen rigorose Methoden zur Durchsetzung des staatlichen Kontrollanspruchs ablehnt, setzt er bis zum finalen Eklat auf Gespräch und Überzeugungsarbeit – als Beleg dafür kann sein Verhalten in der Kontroverse um Elisabeth Rehfelde und die Rückgabe ihres FDJ-Mitgliedsbuchs gelten. Im Freundestrio steht Ingrid für direkten Widerstand, Klaus für eher indirekte Kritik, und Jürgen steht für das Projekt

---

ein Mann, Mrs. Cresspahl!« Weibliche Hauptfiguren im Werk Uwe Johnsons, Göttingen 1999, S. 103f. Diese Deutungen verbindet außerdem, dass sie die Bedeutung der Szene für das Thema des Romans unberücksichtigt lassen.

>Fürstenerziehung‹, für intern geäußerte Kritik und die Hoffnung auf ihre Wirkung. Das Provozierende (und Beleidigende) an Klaus' Äußerungen, besonders in seiner Rede über die ›doppelte Elisabeth‹ (IB, 78-82), besteht darin, dass er Jürgen Übereinstimmung mit der offiziellen, von Pius vertretenen Parteilinie unterstellt. Auch das Brecht-Sonett lässt sich in diesem Licht lesen: Klaus wirft Jürgen vor, den Konflikt zu eliminieren, indem er das Vorhandensein eines Tyrannen leugnet – denn Tyrannen lassen sich nicht überzeugen.

Die Reaktionen Jürgens und Ingrids bereits nach den beiden Quartetten des Brecht-Sonetts sind symptomatisch und eine weitere Demonstration dessen, was in *Ingrid Babendererde* unter Freundschaft zu verstehen ist. Nach dem ersten Teil von Klaus' Lesung heißt es:

In der Pause blickte Jürgen zum Fenster. Ingrid lag weit zurückgelehnt und betrachtete den Lehrertisch, ihr Gesicht war ebenmässig und gleichgültig wie je; aber Jürgen schämte sich ihre mühsame Zurückhaltung besehen zu haben. (IB, 99)

Dieses Verhalten zeugt vom unmittelbaren Erfassen der privaten Bedeutungsebene, die das Brecht-Gedicht öffnet, und von der genauen Kenntnis des Urteils des anderen: Ingrid wird sich über die Provokation empören, und Jürgen sieht dies voraus.

Nach Beendigung der Lesung, nach der Beschreibung der zwiespältigen Reaktionen von Mitschülern und Lehrerin, heißt es: »In der ersten Reihe wurde gelacht« (IB, 100). Wie sich ausrechnen lässt, sitzt Ingrid in der ersten Reihe. Dass sie es ist, die lacht, erschließt sich aus dem Verhalten von Frau Behrens: »Babendererde, bitte?«, und nach Ingrids Beitrag ist deutlich, dass es sich nur um ein verächtliches oder bitteres Lachen handeln kann. Die folgenden Sätze – sie schildern quasi in Zeitlupe Ingrids Redevorbereitungen; ihre verzögernde, spannungssteigernde Funktion ist unverkennbar – und der Abschnittwechsel deuten darauf hin, dass ein erzählerischer Höhepunkt folgt:

Babendererde blieb unschlüssig sitzen. – Ja-a: sagte Ingrid. Frau Behrens bat sie aufzustehen, und Ingrid trat langsam neben ihren Stuhl.
– Was ist denn: fragte Frau Behrens. Sie trat in diese Klasse nur noch mit der Aussicht auf Unvorgesehenes, und wenn es nicht kam, war sie ungeduldig.
– Ja: sagte Ingrid und nahm ihren Kopf hoch. Sie lächelte begütigend auf Marianne hinunter.

23

Niemand wandte sich um; Itsche legte hörbar seine Nagelfeile auf den Tisch und war doch nur bis zum Zeigefinger der rechten Hand gekommen – bereit sein ist alles: sä de Voss, dunn wiern de Hunn all öwer em. (IB, 100)[8]

Es folgt Ingrids Beitrag zu Schiller und Brecht, der seinerseits Irritationen auslöst: »[…] Ingrid durfte sich setzen. Sie legte ihre Arme auf den Tisch und betrachtete ärgerlich ihr aufgeschlagenes Heft. Klaus besichtigte den Domplatz mit seinen hochmütigsten Mienen« (IB, 101). Offensichtlich ärgern sich beide, und offensichtlich ärgern sie sich aus unterschiedlichen Gründen. Warum also ist Ingrid so aufgebracht? Und was sagt sie, das Klaus so missgelaunt reagieren lässt? Ingrids eigentliche Wortmeldung ist überraschend kurz und eher beiläufig in indirekter Rede erzählt – bei Johnson sichere Zeichen für Bedeutsamkeit:

Immerhin seien das wohl gefährdete Zeiten gewesen. Es habe Tyrannen gegeben und Räuber-Banden. Und die Brücken hätten vom Strom weggerissen werden können; heutzutage sei schon Sprengstoff nötig für eine Flussbrücke. Unter solchen Umständen habe man sich aufeinander verlassen können. (IB, 100f.)

Diese Sätze könnte man als Verteidigung Schillers gegen Brecht bezeichnen oder – auf das Romangeschehen bezogen und mit Karl Mickel formulieren – als aktuelles Verstehen des klassischen Gedichts. Anders als Brecht und mit ihm Klaus liest Ingrid Schillers *Bürgschaft* nicht vor einer politischen oder historischen Folie, auch wenn sie die Zeitgebundenheit des Gedichts nicht leugnet. Sie legt ihren Deutungsschwerpunkt auf die Anfechtungen, die sich dem Helden in den Weg stellen und die er durch seinen Willen zum Auslösen des Bürgen überwindet. Seine Zwangslage – von Ingrid euphemistisch als »solche Umstände« umschrieben – besteht darin, dass der Tyrann Politik untrennbar mit Moral verkettet; der

---

8 Es ist sicher richtig, diesen plattdeutschen Spruch in Bezug auf den gesamten Roman bezogen so zu deuten: »Wer so spricht und die Situation mit sarkastischem Humor als ausweglos darstellt, signalisiert, daß er die gesellschaftliche Realität […] mit ihrer Unaufrichtigkeit in den Beziehungen zwischen Lehrern und Schülern sehr wohl durchschaut und sich in ihr lediglich deshalb eingerichtet hat, weil es für ihn vorläufig keine Alternative dazu gibt. […] Daß die vorangestellte Redensart auf das Verpflichtungsgelöbnis der jungen Pioniere Bezug nimmt, erweitert den Rahmen, in dem das Sagwort zu deuten ist«; vgl. Scheuermann, Barbara: Zur Funktion des Niederdeutschen im Werk Uwe Johnsons: »in all de annin Saokn büssu hie nich me-i to Hus«, Göttingen 1998, S. 80. Der Rahmen lässt sich jedoch auch enger fassen und auf die Situation beziehen, in der der Spruch geäußert wird. Dann drückt sich darin so etwas wie die Erwartung von etwas Überraschendem aus – ein weiterer Hinweis auf die besondere Bedeutung von Ingrids Beitrag.

Held macht sich am Freund und Bürgen moralisch schuldig, wenn er sein Versprechen nicht einlöst. Er muss dem perfiden Plan des Tyrannen folgen, anders kann er seine moralische Integrität nicht wahren und den Freund retten:

> Da lächelt der König mit arger List
> Und spricht nach kurzem Bedenken:
> »Drei Tage will ich dir schenken.
> Doch wisse! Wenn sie verstrichen, die Frist,
> Eh du zurück mir gegeben bist,
> So muß er statt deiner erblassen,
> Doch dir ist die Strafe erlassen.«[9]

Dem Tyrannen kann es nur recht sein, wenn der Held moralische Schuld auf sich lädt: Diese Schuld ließe sich propagandistisch ausnutzen, weil der Tyrann selbst unschuldig am Tod des Bürgen erschiene: »Du wolltest die Welt ändern? So sind meine Gegner!«, wie es Karl Mickel ausdrückt. Er liest die Anfechtungen, die der Held überwinden muss, abstrakt und überzeitlich als »moralische[n] Kampf […] im geräumigen Innern des Helden«; die Widerstände sind für ihn eine Art moralische Reifeprüfung, die der Held zu bestehen hat: »die Stationen der Rückkehr sind Stadien der Todesfurcht«.[10]

Ingrids Interpretation von Schillers *Bürgschaft* mag auf den ersten Blick wie ein naiver Lobgesang auf die Freundschaft aussehen. Als direkte Antwort auf Brechts sozialkritische Lesart und im Kontext des Romangeschehens erhält ihre Deutung jedoch eine weitere Dimension. Sie stellt einen Appell an die Freunde dar, im Angesicht politischer Repression ihre moralische Integrität zu wahren. Moralische Integrität besteht hier – wie auch bei Schiller – im Erhalt der Freundschaft, in der Erfüllung des Freundschaftsversprechens.

Die Anfechtungen, denen das Freundestrio angesichts der politischen Bedrohung ausgesetzt ist, zielen auf die Zerstörung der Freundschaft. Diese ist gefährdet, weil die unterschiedlichen Methoden und Mittel der Freunde, sich der politischen Zumutungen zu erwehren, scheinbar unvereinbar gegeneinander stehen. Besonders Klaus hat Schwierigkeiten, Ingrids und Jürgens Deutungen der Situation und ihre Reaktionen darauf mit seiner eigenen zu vereinbaren; er teilt Ingrids Empörung über Pius' Methoden genauso wenig wie er die Tatsache begreift, dass Jürgen trotzdem noch an den Parteisitzungen teilnimmt.

9 Schiller, Friedrich: Sämtliche Werke, Bd. 1, München ³1962, S. 352.
10 Mickel, Stufen des Verstehens (Anm. 6), S. 46.

Ingrid tadelt ihn dafür indirekt mit einer Interpretation der *Bürgschaft*, die seiner eigenen entgegensteht. In ihrer überzeitlichen Lesart erscheint die Wandlung des Tyrannen durchaus plausibel: »Unter solchen Umständen habe man sich aufeinander verlassen können. [/] Das habe den Tyrannen bewogen sein Wesen zu ändern« (IB, 101). Auf den geschichtlichen Kontext des Gedichts angesprochen, führt sie – ebenso plausibel, unabhängig von der offiziellen Deutung – aus, dass eine solche Wesensänderung wenig wahrscheinlich sei, sie verkennt also auch nicht das Scheitern des historischen Projekts Fürstenerziehung. Damit plädiert sie für die Gleichberechtigung verschiedener Lesarten – ähnlich wie es Karl Mickel in seinem Essay tut. Allerdings läuft ihre eigene, universellere Interpretation auf das Plädoyer hinaus, in der Entscheidungssituation, in der sich die Freunde befinden, die moralische Verbindlichkeit der Freundschaft höher zu bewerten als die politische Entscheidung über Art und Umfang des Widerstandes. Klaus versteht diesen Tadel offensichtlich genau, wie sein Ärger zeigt; eben darum schaut er hochmütig aus dem Fenster.

Damit ist der verschlüsselte Dialog beendet, den die Figuren miteinander zum Thema Freundschaft führen; der Rest der Stunde ist in diesem Sinn nicht mehr relevant. Frau Behrens, die von dieser privaten Bedeutungsebene nichts mitbekommen hat, fährt in ihrem Unterrichtsstoff mit eben jener Frage fort, ob Ingrid die Läuterung des Tyrannen für wahrscheinlich halte. Ingrid antwortet »aufschreckend, geduldig«, »höflich und lustlos« (IB, 101) – damit ist deutlich, dass es ab diesem Punkt wieder ›nur‹ um die Erbediskussion geht, und Ingrid sagt den auswendig gelernten Stoff im Sinne der herrschenden Lehre auf:

Nein: sagte Ingrid aufschreckend, geduldig: Schiller sei wohl Ehrenbürger der französischen Revolution, aber er habe sie nicht leiden können. Von den Tyrannen habe er als ein Bürger geglaubt: man könne sie erziehen und überzeugen. (IB, 101)

Auch dies durchschaut die Lehrerin nicht, deren begeisterte Reaktion auf Ingrids Idealismuskritik an Schiller mit ihrer Rolle als Vertreterin der offiziellen Doktrin übereinstimmt. Ingrids eigene Deutung der Wandlung des Tyrannen wird ihr und dem Leser vorenthalten: »12 A sah zu wie Ingrid einen Augenblick lang überlegte. Aber sie schob ihre Unterlippe vor in einer unbestimmt verzichtsamen Weise und schwieg.« (IB, 101).

Es liegt nahe, dass Ingrid sich über die Anerkennung im Sinn der offiziellen Lehre ärgert, die sich im Eifer der Lehrerin äußert. Auch die

Leerstelle am Ende des Abschnitts, ein Gespräch zwischen Ingrid und Frau Behrens (IB, 103: »Frau Behrens [...] sah aber auf zu Ingrid und deutete blickweise unter sich, und Ingrid blieb stehen«), ist als ein solcher Vereinnahmungsversuch vorstellbar. Ingrid muss dieser Versuch fatal erscheinen, weil ihre Lesart der *Bürgschaft* – motiviert von ganz privaten Absichten, nämlich der Kritik an Klaus – eine viel abstraktere und überzeitlichere ist. Durch die Anerkennung der Lehrerin sieht sie ihre eigene Position in einer Weise an die von Klaus angenähert, die sie nicht intendiert hat.

Damit ist Ingrids Präsenz in dieser Unterrichtsstunde beendet; der Erzähler erwähnt sie nicht mehr. Falls sie sich über die krude Vermischung von Unterrichtsstoff und aktuellem politischen Kommentar seitens der Lehrerin empört (IB, 102: »Die Romantik als bewusstes Werkzeug der herrschenden Klasse. Die Junge Gemeinde als amerikanisch geförderte Spionage-Organisation: ein Eiterherd im Schosse der Republik. Die Hochromantik«), teilt sie es Klaus – anders als noch in der Stunde zuvor bei Pius (IB, 90) – nicht mit; man befindet sich endgültig im Zustand der Uneinigkeit.

Uneinigkeit und Streit nehmen im weiteren Verlauf der Romanhandlung noch zu, bevor sich die unterschiedlichen Positionen der Freunde am Ende wieder annähern. Während Ingrids Rede vor der Schulversammlung nur die Konsequenz ihrer naturgegebenen Moralität darstellt, durchlaufen Klaus und Jürgen wirkliche Entwicklungen – Klaus vertauscht seine intellektuelle Protesthaltung mit aktiver Gegenwehr, die in Schulaustritt und Flucht mündet, und Jürgen sagt sich im Verlauf seines Streits mit Pius endgültig von der Parteilinie los.

Dass Uwe Johnson auch in seine späteren Werke intertextuelle Verweise einarbeitet, dass besonders die *Jahrestage* mit literarischen Zitaten und Anspielungen gespickt sind, ist ebenso bekannt wie die Tatsache, dass Schiller und Brecht in besonders großem Umfang vertreten sind.[11] Eine auf den ersten Blick vergleichbare Passage im Hauptwerk, in der sich Romanfiguren über Literatur und ihre Interpretation unterhalten und die gleichzeitig eine historische Anspielung auf die zeitgenössische kulturpolitische Diskussion darstellt, ist das Kapitel über Fontanes *Schach von Wuthenow*.[12] Nicht zufällig handelt es sich wie in *Ingrid Babendererde*

---

11 Spaeth, Dietrich: ITX – literarische Bezüge in Uwe Johnsons *Jahrestage*. Ein Werkstattbericht, in: Johnson-Jahrbuch, Bd. 5, Göttingen 1998, S. 71-102, zu Schiller vgl. S. 87.

12 Vgl. dazu Johnson, Uwe: Jahrestage. Aus dem Leben von Gesine Cresspahl, Bd. I-IV, Frankfurt am Main 1970–1983, S. 1694-1707.

auch um Deutschunterricht; man weiß, wie viel aus dem Erstling in den vierten Band der *Jahrestage* eingeflossen ist. Im Vergleich zu Struktur und Funktion der *Schach*-Episode jedoch – es gibt nur *eine* Interpretation, nämlich die von Mathias Weserich, und die Forschung ist sich einig, diese als Auseinandersetzung mit Lukács und gleichzeitig als mise-en-abyme, als textinternen Rezeptionshinweis für die *Jahrestage* zu lesen – ist die *Bürgschafts*-Episode in *Ingrid Babendererde* um einiges komplexer. Da geht es zunächst um Kulturpolitik, genauer: um die Erbediskussion. Der durch Lukács geprägten offiziellen Position – im Roman personifiziert durch die Lehrerin – stellt Johnson Brechts Sichtweise gegenüber. Dessen Einspruch gegen die ideologische Vereinnahmung der Klassiker bei gleichzeitiger Idealismuskritik in der Parodie auf Schillers *Bürgschaft* stößt auf eine ambivalente Reaktion:»der vorliegende Fall war so unübersichtlich« (IB, 100); diese Reaktion ist durchaus als symptomatisch zu bezeichnen.

Ferner geht es um Literatur, nämlich um unterschiedliche Interpretationen von Schillers *Bürgschaft*. Brecht liefert in diesem Zusammenhang eine mögliche Deutung, die Johnson Klaus zuordnet, weil ihre Form den Eigenschaften dieser Figur – Spott, Ironie, die Neigung zur indirekten Kritik – entspricht. Die Kritik des Projekts ›Fürstenerziehung‹ und die Parallelen zwischen Schillers Tyrannen (dem absolutistischen Herrscher), Brechts Tyrannen (Hitler) und dem Tyrannen der Erzählgegenwart, Schuldirektor Siebmann, markieren die politische Dimension der literarischen Vorlage. Dass in dieser Reihe auch der Urheber der aktuellen staatlichen Repression nicht fehlt, dessen Wirken damit eine unmissverständliche Deutung zuteil wird, ist sicher kein Zufall:»neben der Tafel hing das Bildnis des Führers der Kommunistischen Partei der Sowjetunion und blickte weitsichtig in die Ferne der Zukunft« (IB, 102). Klaus' Beitrag ist – so versteht ihn auch Ingrid – ein politischer: Er ist zu lesen als Kommentar zur aktuellen politischen Lage und zur angemessenen Reaktion auf die Anfechtungen, denen die Freunde ausgesetzt sind. Dieser Kommentar richtet sich vor allem gegen Jürgen, dessen Verhältnis zur Macht nach Klaus' Einschätzung ein zu naives ist, weil es auf der Möglichkeit einer demokratischen Überzeugung fußt.

Ingrids Reaktion allerdings setzt an einem anderen Punkt an: Ihre überzeitliche Deutung des Schiller-Gedichts verwandelt den Streit über Politik in eine moralische Auseinandersetzung zum Thema Freundschaft. Dass dies das eigentliche Thema der gesamten Passage ist, ist mit der Rahmung der Schulstunde durch die formelle Begrüßung (IB, 95: »Freundschaft!«) und Verabschiedung (IB, 103: »Freundschaft!!«) mehr als nur angedeutet. Ingrids Interpretation läuft auf die Frage hinaus: Was bedeutet Freundschaft im Angesicht politischer Repression? Die beteiligten Figuren geben unterschiedliche Antworten auf diese Frage; Klaus scheint bereit, die Freundschaft über dem politischen Streit zu opfern, Ingrid schätzt ihren Wert höher ein. Für sie wäre die Aussicht, den moralischen Kampf um die Freundschaft zu verlieren, gleichbedeutend mit der Unterwerfung unter die ›tyrannischen‹ Anforderungen.

Wie lässt sich also Johnsons Umgang mit seiner literarischen Vorlage in dieser Passage beschreiben? Die Besonderheit besteht darin, dass er mit der Einbindung von Schillers *Bürgschaft* mehrere und ganz unterschiedliche Ziele verfolgt – was, nebenbei bemerkt, nur aufgrund der Komplexität der Ballade überhaupt möglich ist. Neben dem Kommentar zur kulturpolitischen Diskussion, der im Deutschunterricht den Anlass für die Szene darstellt (Stichwort Erbe), ist die literarische Vorlage ebenso Ausgangspunkt für den Streit über die aktuelle politischen Lage (Stichwort Tyrann) wie für die Kontroverse zum Thema Freundschaft. Das Sprechen über die Vorlage, die literarische Interpretation, ist das Mittel, mit dessen Hilfe die Auseinandersetzungen geführt werden.

Lektüre ist hier also Bestandteil der Romanhandlung, aber nicht nur das – denn maßgeblich ist nicht nur, *dass* Johnson seine Figuren lesen lässt, sondern auch, *wie* er sie lesen lässt. Die Divergenz der Interpretationen stellt das entscheidende Handlungsmoment dar; mit Hilfe der unterschiedlichen Deutungen kann Johnson die Konstellation seiner Figuren kenntlich machen und die Dynamik ihrer Beziehungen – die sich ja in der Szene entscheidend verändern – vorführen.

Fazit: Man kann *Ingrid Babendererde* einige Erstlingsschwächen attestieren, aber zumindest *diese* Schulstunde ist an Dichte und an Virtuosität, was die komplexe Einbindung des literarischen Bezugstextes betrifft, kaum zu überbieten.

Nicola Westphal, Jessnerstr. 54, 10247 Berlin
westphal@zedat.fu-berlin.de

Michael Hofmann

Die Schule der Ambivalenz

Uwe Johnsons *Jahrestage*
und das kollektive Gedächtnis der Deutschen

Die literaturwissenschaftliche Diskussion um Uwe Johnsons Hauptwerk
Jahrestage verläuft, durch engagierte und profunde Beiträge intensiviert,
lebhaft und auf einem hohen Niveau; auch das lesende Publikum be-
schäftigt sich nach wie vor mit dem Erinnerungsroman des Mecklenbur-
gers, der deutsche Geschichte des zwanzigsten Jahrhunderts aus der
verfremdenden Perspektive der amerikanischen Metropole New York
reflektiert. Gleichzeitig drängt sich der Eindruck auf, der Autor Uwe
Johnson und sein Hauptwerk seien uns bereits historisch geworden – als
gehörten sie zum Erinnerungsbestand des bereits Geschichte geworde-
nen geteilten Deutschland ohne großen Bezug zu den aktuellen Diskussionen und Befindlichkeiten einer Berliner Republik, die um ihr Selbstverständnis und auch um ein angemessenes Verhältnis zur deutschen
Geschichte ringt. Wenn es richtig ist, dass Johnsons *Jahrestage* einen heraus-
ragenden literarischen Beitrag zur Diskussion um ein deutsches kollekti-
ves Gedächtnis auch und gerade im Angesicht von nationalsozialistischer
(und stalinistischer) Diktatur leisten, so erscheint die Frage legitim und
notwendig, ob denn dieser Beitrag auch in den Diskussionen des Jahres
2003 noch ein Gewicht hat. Dieser Frage möchte ich in diesem Essay
nachgehen.[1]
   Ich stelle eine These an den Anfang: Noch heute und gerade angesichts bestimmter näher zu charakterisierender gegenwärtiger Tenden-

1 Vgl. zur Frage der Aktualität Johnsons auch Greg Bond: Veraltet? Die Beschäftigung mit Johnson heute, in: text+kritik 65/66, Uwe Johnson, Zweite Auflage: Neufassung, hg. von Heinz Ludwig Arnold, München 2001, S. 3-19.

zen sind Johnsons *Jahrestage* aktuell und wichtig, und zwar – um formel-
haft eine Perspektive anzudeuten – als *Schule der Ambivalenz*. Während
nämlich in der deutschen Öffentlichkeit angesichts der Wiedergewin-
nung der staatlichen Einheit Deutschlands und seiner Rückkehr auf die
internationale Bühne Bestrebungen zu erkennen sind, ein »normales«
Verhältnis zur deutschen Vergangenheit und zur deutschen Geschichte
zu gewinnen (wobei die Problematik einer solchen »Normalität« gerade
im Hinblick auf die Ermordung der europäischen Juden evident ist),
kann eine aktualisierende Lektüre der *Jahrestage* das Verständnis für eine
Position fördern, die auf Normalisierung und Harmonisierung verzichtet und die ›schwarzen‹ Seiten der deutschen Geschichte als Verpflich-
tung und besondere Verantwortung in ein deutsches Gedächtnis mit hin-
einnimmt. Zur angemessenen Situierung der angesprochenen aktualisierenden Johnson-Lektüre ist ein Blick auf Tendenzen hilfreich, die sich
der selbstkritischen Reflexion und der Ambivalenz eines problematischen Gedächtnisses zu entziehen suchen, denen es darum geht, deutsche Identität jenseits aller Ambivalenzen und Problematisierungen affirmativ zu begründen.

In diesem Kontext zeigt sich das Spätwerk Martin Walsers als ein
literarisches und publizistisches Modell, das exemplarisch – und auf einem hohen literarischen und gedanklichen Niveau – das Bedürfnis nach
einer Überwindung der Ambivalenz und einem positiven Verständnis
von deutscher Identität ausdrückt. Im Folgenden skizziere ich deshalb
zunächst kurz und zuspitzend Martin Walsers literarische und publizistische Position zur Konstituierung eines deutschen Gedächtnisraums jenseits von Auschwitz sowie die Diskussion um seine Thesen. Es zeigt sich,
dass dabei grundlegende Fragen nach einem angemessenen Verständnis
von »Heimat« und »Identität« angesprochen und kontrovers beantwortet
werden. Während nämlich Walser repräsentativ für diejenigen steht, die
mit der staatlichen Normalisierung eine positive deutsche Identitätsstiftung
für möglich halten, melden sich Gegenstimmen zu Wort, die Heimatlosigkeit und Modelle der Negation als die einzig möglichen Formen ansehen, mit denen in einer postmodernen Welt, die ihren Status ›Auschwitz post‹ angemessen reflektiert, eine kritische plurale Identität aufge-
baut werden kann.

In einer Rückwendung zu Johnsons *Jahrestagen* möchte ich zeigen,
dass diese ein Modell für ein solches problematisches und kritisches Selbstverständnis darstellen. Auch wenn Johnson weit davon entfernt war, ein
Modell für ein nationales Gedächtnis liefern zu wollen, so ist doch gerade die Gebrochenheit seines Bezugs zu Deutschland und Mecklenburg

exemplarisch für eine bewusste Auseinandersetzung mit deutscher Identität und deutscher Geschichte. Freilich ist es geradezu verwegen, einem nationalen Kollektiv im Ernste vorzuschlagen, Gebrochenheit und Ambivalenz zur Grundlage seiner problematischen Identität und seines kritischen Selbstverständnisses zu machen. Sind wir Deutschen in der Lage, eine Heimat der Heimatlosigkeit zu ertragen? Können wir, um eine Formulierung Dan Diners aufzugreifen, in der Konstellation ›Auschwitz post‹ die deutsche Geschichte und die deutsche Identität in einer »negativen Symbiose« an die der Juden binden und damit die Heimatlosigkeit, von der die Überlebenden der Shoah zeugen, zu einem Element unseres Selbstverständnisses machen? Und vor allem: Können wir dies, ohne als professionelle Beschwörer der eigenen »Schande« (Walser) zu erscheinen?

Diese Fragen verweisen auf das Vermächtnis, das Johnson mit seinem großen Roman hinterlassen hat. Dieser ist sicherlich insofern bereits historisch geworden, als er uns keine Antworten für unser konkretes Selbstverständnis in der Zeit nach dem Kalten Krieg vermittelt. Er ist aber als Schule der Ambivalenz ein exemplarisches Modell für einen bewussten Umgang mit einer nationalen Vergangenheit, die durch Verbrechen und Völkermord gekennzeichnet ist. Johnson hat weder in seiner Person noch in seiner Protagonistin Gesine einen Weg zu einem aktiven politischen Engagement oder zu einem operationalisierbaren nationalen Selbstverständnis aufgezeigt; sein kategorischer Imperativ »wenigstens in Kenntnis zu leben« kann aber in einer aktualisierenden Perspektive sehr wohl auf die Problematik unseres aktuellen Selbstverständnisses angewendet werden.

I

Als eine literarische Form des kulturellen Gedächtnisses stehen die *Jahrestage* Uwe Johnsons in einer spannungsvollen Zwischenposition zwischen individuellem und kollektivem Gedächtnis. Thomas Schmidt hat diese Spannung unterstrichen, indem er feststellt, dass neben »den biographischen Jahrestagen Gesines und den familiären der Cresspahls« kollektive Jahrestage stehen, und zwar europäische (meist deutsche), amerikanische und jüdische.[2] Die Bindung Gesines an ein Kollektiv, sei es das

---

2 Schmidt, Thomas: Der Kalender und die Folgen. Uwe Johnsons Roman »Jahrestage«. Ein Beitrag zum Problem des kollektiven Gedächtnisses, Göttingen 2000, S. 205.

deutsche oder das amerikanische, ist nicht so eng, dass sie ihre (ohnehin fragile) Identität nur an eines dieser beiden binden könnte. Und generell steht in der (post)modernen Welt der fragmentarisierte Einzelne in einer nur losen Beziehung zu kollektiven Vermittlungen von Sinn und Identität. Und doch erscheint in einer auf den ersten Blick paradox erscheinenden Wendung gerade die plurale, gebrochene und problematische (ja, sogar traumatisierte) »Identität« Gesines in gewisser Hinsicht als exemplarisch – insbesondere im Hinblick auf die kollektive Identität und das kollektive Gedächtnis der Deutschen. Zugespitzt formuliert: Gerade weil Johnson mit seiner Protagonistin Gesine Cresspahl eine problematische Identität vorführt, ein traumatisiertes und von Krisen, von Schocks erschüttertes Gedächtnis, kann seine Reflexion der Vergangenheit exemplarisch erscheinen. Denn in der Konstellation ›Auschwitz post‹ ist für die Deutschen kein ungebrochenes, positives nationales Selbstverständnis denkbar. Und wenn der Versuch unternommen wird, die kritische Selbstreflexion eines deutschen Gedächtnisses zu beenden, so erscheint dies nur möglich, indem die Erinnerung an die von Deutschen verübten Verbrechen als eine ominöse Form der Fremdbestimmung oder einer interessegeleiteten Moralisierung hingestellt wird: »Auschwitz eignet sich nicht dafür, Drohroutine zu werden, jederzeit einsetzbares Einschüchterungsmittel oder Moralkeule oder auch nur Pflichtübung«,[3] erklärt Martin Walser. Ein deutsches Gedächtnis will sich hier konstituieren, das die Erinnerung an Auschwitz eliminiert, weil sie *von außen* kommt, weil sie einem Bewusstsein nicht entspricht, das einen eigenen Anteil an den Verbrechen nicht zu erkennen vermag. Schon 1965 hatte Walser geschrieben:

Oder geht mich Auschwitz überhaupt nichts an? Wenn in Auschwitz etwas Deutsches zum Ausdruck kam, was ist dann das Deutsche, das dort zum Ausbruch kam? Ich verspüre meinen Anteil an Auschwitz nicht, das ist ganz sicher. Also dort, wo das Schamgefühl sich regen, wo das Gewissen sich melden müßte, bin ich nicht betroffen. Nun fällt es mir allerdings immer schwer, das Deutsche in meinem Wesen aufzufinden. [...] Und trotzdem soll ich mich jetzt, Auschwitz gegenüber, hineinverwickelt sehen in das großdeutsche Verbrechen.[4]

---

3 Walser, Martin: Erfahrungen beim Verfassen einer Sonntagsrede, in: ders., Aus dem Wortschatz unserer Kämpfe. Prosa, Aufsätze, Gedichte, Frankfurt am Main 2002, S. 295-310, hier: S. 303.
4 Walser, Martin: Unser Auschwitz, in: ders., Ansichten, Einsichten. Aufsätze zur Zeitgeschichte, Frankfurt am Main 1997, S. 158-172, hier: S. 168.

Die Ablehnung der Kollektivschuld und die Gewissheit einer persönlichen Unschuld (in juristischer und vordergründig moralischer Hinsicht) führte bei Walser bereits 1965 zu einer Nicht-Beziehung zwischen dem individuellen Bewusstsein und dem kollektiven Verbrechen. 1998, in der problematischen »Sonntagsrede« zur Verleihung des Friedenspreises des Deutschen Buchhandels, wird das individuelle Gewissen zur Privatsache und das kollektive Erinnern an die Shoah zu einer aufgezwungenen »Drohroutine«. Das Gedenken wird dem individuellen Gedächtnis überantwortet, während etwa das geplante Holocaust-Mahnmal Teil der »Dauerrepräsentation unserer Schande«[5] wird. Die Beziehung zwischen dem individuellen Gewissen und dem kollektiven Gedächtnis wird unterbrochen, indem das Gedenken an die Shoah zur Privatsache erklärt wird, die im Sinne einer säkularisierten Zwei-Reiche-Lehre ohne jede Beziehung zu der kollektiven Ebene erscheint:

> Mit seinem Gewissen ist jeder allein. Öffentliche Gewissensakte sind deshalb in der Gefahr, symbolisch zu werden. Und nichts ist dem Gewissen fremder als Symbolik, wie gut sie auch gemeint sei. Diese »durchgängige Zurückgezogenheit in sich selbst« ist nicht repräsentierbar. Sie muß »innerliche Einsamkeit« bleiben. Es kann keiner vom andern verlangen, was er gern hätte, der aber nicht geben will.[6]

Die selbstkritische Befragung, die Erinnerung an die Verbrechen – konkret: an den Genozid an den europäischen Juden – wird hier also privatisiert; das kollektive Gedächtnis als die öffentliche Selbstrepräsentation etwa der Nation wird von den problematischen Selbstbefragungen freigehalten. An die Stelle der vermeintlichen »Dauerrepräsentation unserer Schande« tritt ein nationales Gedächtnis, das die Erinnerung an die in deutschem Namen und von Deutschen begangenen Verbrechen der individuellen Selbstbesinnung überlässt.

Wenn dieses Modell schon problematisch erscheint, weil es seinerseits instrumentalisiert werden kann – von denen nämlich, die Deutschland als einen »normalen« Staat in die Familie der Völker integrieren und damit die Shoah als eine traumatische Erfahrung ausblenden wollen, so zeigt sich die individuelle Selbstbefragung des Autors Walser in seinem autobiografisch gefärbten Roman *Ein springender Brunnen* als eine Exkulpierung auch des individuellen Gedächtnisses. Walsers Konzept der »Vergangenheit als Gegenwart« versucht im individuellen Gedächtnis einer deutschen Biografie der NS-Zeit eine Perspektive herzustellen, die

---

5 Walser, Erfahrungen (Anm. 3), S. 302.
6 Ebd., S. 305 (die Zitate aus Hegels *Rechtsphilosophie*).

in der jeweils erlebten Gegenwart verharrt und nicht aus dem ›Mehr-Wissen‹ der heutigen Zeit heraus den Versuch unternimmt, die Deutung der erinnerten Erfahrung zu korrigieren. Der Roman bietet in diesem Sinne den Versuch, drei Schnitte durch die Zeit zu machen und die Erlebnisse des Protagonisten Johann im Jahre 1932 (als Vorschulkind), 1937 (als Kommunionskind) und 1944/45 (als Arbeitsdienstmann und Gebirgsjäger, Kriegsheimkehrer) aus der subjektiven Perspektive so darzustellen, wie sie dem einzelnen Erlebenden erschienen. Die Sprache wird mit einem Verweis auf Nietzsches *Zarathustra* als »springender Brunnen« verstanden. Wer sich der Sprache anvertraut, ignoriert die mögliche Ambivalenz der Dinge und Situationen und versucht, deren glänzende Oberfläche aufzunehmen: »Er wollte nicht bestreiten, was rundum entsetzlich sich auftat. Aber er wollte sich nicht verstellen. Und er hätte sich verstellen müssen, wenn er getan hätte, als erreiche ihn das Entsetzliche.«[7] Das individuelle Gedächtnis der NS-Zeit vollzieht sich also hier mit dem Bezug auf einen Gedächtnisraum, in dem die Judenvernichtung nicht vorkam oder keine Bedeutung hatte; es geht nicht um eine wie auch immer geartete Erinnerung an die Shoah, sondern um die suggestive Vergegenwärtigung einer Vergangenheit, aus der das »Entsetzliche« ausgeschlossen wird, das die Aura der Erinnerung in der Retrospektive bedroht. Aus der Unmöglichkeit, sich in das Bewusstsein der Opfer oder der Täter hinein zu versetzen, folgert die Poetik der suggestiven Vergegenwärtigung das Recht auf Vergessen, das im Sinne eines recht ungebrochenen Nietzscheanismus zur Bejahung des Lebens dazu gehört.

Zu bemerken ist zunächst: Im Ergebnis ist bei Walser der Ertrag der individuellen wie der kollektiven Gedächtnisarbeit analog. Die negativen oder ambivalenten Gehalte werden eliminiert, um das eigene Selbstbild zu stabilisieren, und zwar im Dienste der Rekonstruktion einer homogenen Biografie und Identität – und das Bedürfnis nach einem so verstandenen stabilen Selbstbewusstsein wird auf das nationale Kollektiv übertragen. Die Erinnerung an die Verbrechen des Kollektivs und an die mögliche Mitverantwortung, die sich in der autobiografisch-fiktiven Mitläuferbiografie zeigt, wird zurückgewiesen – und dementsprechend wird eine Rückbesinnung auf die ›positiven‹ Bilder der nationalen Geschichte favorisiert. Ganz im Gegensatz zu Walsers eigener Einschätzung zeigt sich eine weitgehende Parallele zwischen der Konstituierung des nationalen und des individuellen Gedächtnisses: Für beide betreibt Wal-

---

7 Walser, Martin: Ein springender Brunnen, Frankfurt am Main 1998, S. 388f.

ser Identitätsstärkung durch Abweisung der ambivalenten Selbstbilder, durch die Weigerung, sich mit den traumatisierenden Gedächtnisbildern auseinander zu setzen.

Denn darum geht es im Kern, auch wenn dies der Autor selbst nicht zugeben will: Auschwitz ist präsent auch in dem vermeintlich unschuldigen Wasserburg, dem kleinen Ort am Bodensee und Schauplatz der Romanhandlung. Beim »Eintritt der Mutter in die Partei« (Titel des ersten Romanteils), bei der Begegnung mit den Häftlingen aus Dachau, bei der Drangsalierung des Zirkusclowns und bei der Diskriminierung des jüdischen Mitschülers. Walser propagiert aber, indem er die Perspektive des Heranwachsenden absolut setzt, die Eliminierung der ambivalenten Bilder, wodurch er im Kern eine gemeinsame deutsch-jüdische Geschichte in der NS-Zeit negiert. Dies hat Ignatz Bubis gespürt, als er gegen die Friedenspreisrede Walsers protestierte, denn hier ist der Versuch zu erkennen, das individuelle wie das kollektive deutsche Gedächtnis zu stabilisieren, indem der Gedanke an die deutschen Verbrechen und damit an die Versäumnisse auch der vermeintlich unschuldigen Mitläufer verdrängt wurde. »Heimat« ist ein zentraler Begriff für Martin Walser, der im Laufe der Entwicklung seines Werkes verschiedene Bedeutungen angenommen hat. Nach einem Bezug auf die Utopie des Sozialismus hat er lange Zeit eine Verankerung in der Region des Bodensees gehabt. Seit den achtziger Jahren ist er auf die deutsche Nation bezogen, deren Wiedervereinigung Walser als einsamer Rufer in der Wüste forderte. Seit 1998 scheint der Bezug auf eine affirmativ konstruierte nationale Identität zur Konstituierung eines neuen Heimatbewusstseins unumgänglich – mit fatalen Folgen für ein kritisches Bewusstsein der deutschen Geschichte.

II

Gegen dieses Modell einer Homogenisierung des deutschen Gedächtnisses wurde in der lebhaften »Walser-Bubis-Debatte«[8] energischer Widerspruch vorgetragen. In unserem Zusammenhang lässt sich dabei der Kern der Debatte folgendermaßen bestimmen: Ist eine Form des nationalen Gedächtnisses und der nationalen Selbstrepräsentation in Deutschland möglich und wünschenswert, die sich der Erfahrung der Shoah stellt

---

8 Vgl. Frank Schirrmacher (Hg.): Die Walser-Bubis-Debatte. Eine Dokumentation, Frankfurt am Main 1999.

und diese nicht aus Gründen der Stabilisierung der nationalen Identität eliminiert? Ist also ein deutsches Selbstverständnis möglich, das die Schuld der Geschichte zu tragen fähig ist und die vermeintliche »Last« der Geschichte nicht als Zumutung, sondern als Grundlage des eigenen Handelns und Selbstverständnisses begreift? Die Problematik dieses Modells einer permanenten Selbstreflexion und des Gedächtnisses einer ungeheuren (und letztlich unvorstellbaren) Schuld ist evident; aber können wir, können vor allem die Nachgeborenen mit diesem Erbe so leben, dass sie es sich als Teil ihrer »ererbten« Identität immer wieder neu bewusst machen? Um Uwe Johnsons *Jahrestage* nicht aus dem Auge zu verlieren: Ist eine Haltung möglich, die analog zu Gesine Cresspahls Maxime »wenigstens in Kenntnis zu leben« das Gedächtnis der Schuld zu bewahren vermag?

Eine wesentliche Einsicht, die sich aus der Debatte ergibt, besteht in der Zurückweisung von Walsers Ansicht, dass das Gedächtnis der Shoah im Bewusstsein der Deutschen als »Schande« zu begreifen ist. In einer bemerkenswerten Reaktion hat Elie Wiesel darauf verwiesen, dass dieser Fragenkomplex besondere Bedeutung für die heutigen jungen Deutschen gewinnt, die nicht aus einem Gefühl der »Schande« heraus agieren wollen und sollen:

Seit Jahren unterhalte ich herzliche und fruchtbare Kontakte zu jungen Deutschen […] Sie fühlen Betroffenheit und Erschütterung über die Rolle, die ihre Eltern und Großeltern während der finsteren Zeit der Herrschaft Hitlers gespielt haben. Ich kann gar nicht anders, als für ihre selbstquälerische Sensibilität großen Respekt zu empfinden. Indem ich sie verstehe, verstehe ich ihre Situation: Es ist nicht leicht, heute jung zu sein, noch weniger, in Deutschland jung zu sein. […] Sicher verstehen Sie die Gefahr, die in jedem Versuch steckt, die Genauigkeit der Erinnerung in Frage zu stellen. Denken Sie nicht, daß man zwischen Lüge und Ehrlosigkeit schwankt, wenn man die Vergangenheit auslöscht? Ich möchte nicht, daß Ihre jungen Landsleute »in der Schande« leben. Im Gegenteil, sie sollen wissen: Indem sie sich der Erinnerung an die Opfer stellen, werden sie die Ehre entdecken, die aus der Wahrheit rührt. Wird das schmerzen? Zweifellos. Aber sie werden weder Scham noch Schande empfinden.[9]

Elie Wiesel beschreibt hier eine Position des deutschen Gedächtnisses, die sich jenseits von Konzepten wie »Scham« und »Schande« definiert. Die konsequente Ablehnung von Vorstellungen der Kollektivschuld und die ambivalent-distanzierte Beziehung zum eigenen nationalen (deut-

9 Wiesel, Elie: Ohne Schande. Offener Brief an Martin Walser, in: DIE ZEIT 10.12. 1998. Zitiert nach der Dokumentation (Anm. 7), S. 397-399, hier S. 398f.

schen) Kollektiv verhindern, dass ein Gefühl der persönlichen Herabsetzung entsteht, wenn von deutschen Verbrechen die Rede ist. Die Position Walsers bindet demgegenüber die Stärkung der individuellen Ich-Identität an das Bewusstsein einer stabilen nationalen Identität, das zum Beispiel die Erinnerung an die Verbrechen des eigenen Kollektivs in der neuen Hauptstadt nicht zu ertragen vermag (Holocaust-Mahnmal). Wiesel sieht aber sehr wohl, dass es nicht leicht ist und dass es eine Abkehr von herkömmlichen Identitäts-Konzepten voraussetzt, wenn die Verbrechen des Kollektivs in dessen Gedächtnis übernommen werden. Es schmerzt, so erklärt Wiesel, in der Tradition eines Kollektivs zu stehen, das die Ermordung eines anderen Kollektivs geplant und durchgeführt hat. Dies entspricht aber gerade dem, was Gesine Cresspahl in Johnsons Roman als ihr Trauma kennzeichnet, das von dem Trauma des nationalen Kollektivs nicht zu trennen ist: »Betroffen war die eigene Person: ich bin das Kind eines Vaters, der von der planmäßigen Ermordung der Juden gewußt hat. Betroffen war die eigene Gruppe: ich mag zwölf Jahre alt sein, ich gehöre zu einer nationalen Gruppe, die eine andere Gruppe abgeschlachtet hat in zu großer Zahl (einem Kind wäre schon ein einziges Opfer als Anblick zuviel gewesen).«[10] Die Relektüre von Johnsons Text zeigt: Im Gegensatz zu der hier skizzierten und kritisierten Auffassung Walsers sieht der Autor der *Jahrestage* keinen Hiat zwischen dem individuellen und dem kollektiven Gedächtnis. In der Erinnerung an die Shoah ist Gesine *nolens volens* ein Mitglied des nationalen Kollektivs (eben der genannten »Gruppe«), und es ist eine illegitime Ausflucht, wenn sie sich in den jüdischen Restaurants New Yorks als Frankophone präsentiert.

Von »selbstquälerischer Sensibilität« der jungen Deutschen, die er schätzt, spricht Elie Wiesel, und von dem Schmerz, den es bereitet, mit dem Bewusstsein der ererbten Schuld zu leben. Aber er spricht auch von der »Ehre«, die darin liegt, dieses Erbe anzunehmen. Damit entspricht seine Einschätzung der heutigen Situation der paradoxen Empfehlung Gesine Cresspahls an ihre Tochter Marie, der sie rät, ein Studium aufzunehmen, wenn sie daran interessiert sei, »eine Empfindlichkeit gegen Schmerz zu vermehren«[11] Martin Walser – so meine ich – will mit diesem Schmerz nicht mehr leben, und sein neuer Umgang mit dem Trauma besteht darin, die traumatisierenden Untaten aus dem Gedächtnis zu eliminieren – und zwar aus dem individuellen wie dem kollektiven und

---

10 Johnson, Uwe: Jahrestage. Aus dem Leben von Gesine Cresspahl, Frankfurt am Main 1993, S. 232.
11 Ebd., S. 1828.

nationalen. Demgegenüber stehen Deutsche dafür ein, ein »Selbstmiss-
trauen« zu bewahren, so wie es Jean Améry von den Deutschen forderte;[12] demgegenüber versuchen Deutsche, bewusst in der »negativen Symbiose« mit den Juden und mit Israel zu leben, die Dan Diner beschworen
hat.[13] Dies alles ist schwer und entspricht nicht den Leitbildern einer
»Normalisierung« des nationalen Selbstverständnisses, die sich zuweilen
auf der Ebene des individuellen Gedächtnisses mit einem reflexions-
feindlichen Vitalismus verbinden – aber es ist lebbar und muss nicht in
eine Dauerdepression einmünden, wie die Kritiker einer systematischen
Selbstkritik befürchten.

Wichtige Beiträge der neueren Forschung zu Johnsons großem Roman lassen sich im Kontext der hier postulierten Schule der Ambivalenz
verstehen. Günter Butzer hat demonstriert, dass in den *Jahrestagen* die
Vergangenheit eine Last bleibt, die nicht mit harmonisierenden Modellen wie »Aufarbeitung« oder »Bewältigung« in ein harmonisches Verhältnis zu den Anforderungen der Gegenwart gesetzt werden kann.[14]
Christian Elben hat gezeigt, dass die *Jahrestage* als die Ausprägung eines
traumatisierten Erzählens verstanden werden können, wobei in Übereinstimmung mit der neueren Forschung zum kulturwissenschaftlichen
Verständnis des Modells Gedächtnis der Akzent darauf gelegt wird, dass
ein Trauma nicht im Sinne des psychoanalytischen Modells geheilt werden kann, sondern als eine nicht zu bewältigende grundlegende Ver-
störung fortlebt.[15] Johnson steht damit für eine Position, die eine Identität zu konstruieren sucht, bei der das Trauma als das Fremde ein nicht
völlig integrierbares Moment des Selbst bleibt. Das traumatisierte Gedächtnis, das nicht überwunden, sondern nur angenommen werden kann,
ist insofern das Modell einer ambivalenten Identität. Mir scheint, dass
Martin Walser für eine Position steht, die solche komplexen und widersprüchlichen Identitätsmodelle nicht auszuhalten vermag und deshalb
ablehnt. Auf individueller wie kollektiver Ebene propagiert Walser somit Homogenisierungskonzepte. Und gegen diese Tendenz einer neuen

---

12 Vgl. Améry, Jean: Jenseits von Schuld und Sühne. Bewältigungsversuche eines
Überwältigten, München 1988, S. 97.

13 Vgl. Diner, Dan: Negative Symbiose: Deutsche und Juden nach Auschwitz, in:
ders. (Hg.), Ist der Nationalsozialismus Geschichte? Zu Historisierung und Historikerstreit, Frankfurt am Main 1987, S. 185-197.

14 Vgl. Butzer, Günter: Fehlende Trauer. Verfahren epischen Erinnerns in der
deutschsprachigen Gegenwartsliteratur, München 1998.

15 Vgl. Elben, Christian: »Ausgeschriebene Schrift«. Uwe Johnsons *Jahrestage*: Erinnern und Erzählen im Zeichen des Traumas, Göttingen 2002.

Sehnsucht nach Klarheit und Eindeutigkeit lässt sich Johnsons Roman immer noch als Schule der Ambivalenz begreifen. Das kollektive Gedächtnis steht weiterhin vor der Aufgabe, durch diese Schule der Ambivalenz zu gehen.

PD Dr. Michael Hofmann, Université de Liège,
Séminaire de littérature allemande, Place Cockerill, B-4000 Liège

Ulrich Krellner

»*Wie kannst du so reden Marie!*«

Zwei Modelle im Vergangenheitsbezug der *Jahrestage*

In der mittlerweile immer schwerer zu überschauenden Sekundärliteratur zu Uwe Johnsons Erzählwerk scheint sich in den letzten Jahren – trotz aller Pluralität der verhandelten Themen – wenigstens in einem Punkt ein übergreifender Konsens abzuzeichnen. »Das Erzählen« – so schreibt Susanne Knoche im letzten Band des Johnson-Jahrbuchs – »ist gegen das Vergessen der das Aufkommen des Faschismus bedingenden politischen Handlungen und individuellen Haltungen gerichtet, die zur Ermordung von sechs Millionen Juden geführt haben.«[1] Sie verleiht damit einer Auffassung Ausdruck, die jüngst Rainer Paasch-Beeck bestätigt hat, der (unter Berufung auf Norbert Mecklenburg) zum Ergebnis kommt, dass die deutsche Verantwortung für die Judenvernichtung zur »›Kernzone‹ von Johnsons Werk«[2] gehört. Fasst man die Bilanz dieser Interpretationen zusammen, dann könnte der Schluss nahe liegen, dass Uwe Johnsons Romane, allen voran die *Jahrestage*, eine mit einiger historischer Verspätung erkannte Vorreiterrolle beanspruchen, insofern sie die im größeren gesellschaftlichen Rahmen ab Mitte der achtziger Jahre (durch den Historikerstreit) neu in Gang gekommene Holocaust-De-

---

1 Knoche, Susanne: Generationsübergreifende Erinnerung an den Holocaust. *Jahrestage* von Uwe Johnson und *Die Ästhetik des Widerstands* von Peter Weiss, in: Johnson-Jahrbuch, Bd. 9, Göttingen 2002, S. 297–316, hier: S. 302.
2 Paasch-Beeck, Rainer: Zwischen »Boykott« und »Pogrom«. Die Verdrängung und Ermordung der jüdischen Bevölkerung Mecklenburgs im Spiegel der »Jahrestage«, in: text+kritik 65/66, Uwe Johnson, Zweite Auflage: Neufassung, hg. von Heinz Ludwig Arnold, München 2001, S. 119–134, hier: S. 119.

batte bereits zu Beginn der siebziger Jahre auf eine Weise geführt haben, die auch heute noch – so Bernd Auerochs – als »Voraussetzung für das [...] mögliche Verhältnis zwischen Deutschen und Juden«[3] dienen könnte.

Gegen diese Sicht der Dinge sollen im folgenden einige Bedenken erhoben werden. Die Rezeption des Themenkomplexes der Judenvernichtung in den *Jahrestagen* ist ein gutes Beispiel dafür, wie die im Prozess eines Umbaus der gesellschaftlichen Erinnerungskultur gewandelte Einstellung zur deutschen Vergangenheit[4] eine ganze Reihe von Interpreten dazu veranlasst hat, die Argumentationsschemata des aktuell erreichten Standes der Holocaust-Diskussion auf einen literarischen Text zurückzuprojizieren, dem wichtige Voraussetzungen für diese Aktualität abgehen.

In diesem Zusammenhang besonders aufschlussreich ist die Dissertation von Thomas Schmidt, der den dezidierten Versuch unternommen hat, die *Jahrestage* »durch die ›jüdische Brille‹«[5] zu lesen und damit eine hinsichtlich ihrer Textkenntnis stupende, aber in etlichen interpretatorischen Befunden nicht unproblematische Deutung anbietet.[6] Obwohl sich aus einer diskursstrategischen Beobachtung selbstverständlich noch kein grundsätzlicher sachlicher Einwand ableiten lässt, ist es doch aufschlussreich, dass die von Schmidt vorgenommene kulturalistische Kontextualisierung der *Jahrestage* auf der Folie des jüdischen Kalenders einen erheblichen Teil ihres argumentativen Pathos ganz unabhängig von Johnsons Roman beziehen kann, nämlich aus der Übereinstimmung mit einer Erinnerungskultur, die sich erst nach der Wiedervereinigung in den neunziger Jahren herausgebildet hat – und in einem erkennbaren Spannungsverhältnis zu dem Vergangenheitsbezug steht, den Johnsons Roman entfaltet.

Michael Jeismann macht darauf aufmerksam, dass erst durch die Wiederherstellung Deutschlands als souveräner – und damit voll schuldfähiger

---

3 Auerochs, Bernd: »Ich bin dreizehn Jahre alt jeden Augenblick«. Zum Holocaust und zum Verhältnis zwischen Deutschen und Juden in Uwe Johnsons »Jahrestagen«, in: Zeitschrift für deutsche Philologie 112, 1993, S. 595-617, hier: S. 616.

4 Vgl. Jeismann, Michael: Auf Wiedersehen Gestern. Die deutsche Vergangenheit und die Politik von morgen, München 2001, S. 53-56.

5 Schmidt, Thomas: Der Kalender und die Folgen. Uwe Johnsons Roman »Jahrestage«. Ein Beitrag zum Problem des kollektiven Gedächtnisses, Göttingen 2000, S. 244.

6 Vgl. die ausführliche Auseinandersetzung mit den Thesen von Thomas Schmidt in meiner Dissertation: Krellner, Ulrich: »Was ich im Gedächtnis ertrage«. Untersuchungen zum Erinnerungskonzept von Uwe Johnsons Erzählwerk, Würzburg 2003, S. 319f.

– Handlungsgemeinschaft ein Themenkomplex artikulierbar geworden
ist, der in der alten Bundesrepublik »nicht oder nur unzureichend ausgesprochen worden war: die Anerkenntnis und Annahme der Schuld ohne
Einschränkung«.[7] Auf genau dieser Basis argumentiert auch der Aufsatz
von Rainer Paasch-Beeck, der seinen Ausführungen eine von Gesine
gehörte Stimme als Motto voranschickt, die da sagt: »*Alle Deutschen haben es gewußt, Gesine.*«[8] Aus der Tatsache, dass der Verfasser den Text
nicht kursiviert hat (womit er dem Zitat die bewusstseinstechnisch problematische Dimension als Stimmengespräch nimmt), kann man ersehen, wie wichtig es ihm war, eine möglichst direkte und schonungslose
Formulierung zu finden, die einerseits die Schuld der Deutschen unmissverständlich benennt – und andererseits das bezeichnete Geschehen
doch auch in einer temporal abgeschlossenen Vergangenheit ansiedelt.
Dieses Vorgehen verweist auf einen argumentativen Standpunkt, der
seinen Platz in der Gegenwart des neuen Jahrhunderts hat. Denn eine
der zentralen Voraussetzungen des neuen Holocaust-Gedenkens liegt –
neben der Internationalisierung der Erinnerung – darin, dass die Verbrechen der Nazis nicht mehr als Verstrickung der eigenen Generation wahrgenommen werden, sondern vielmehr als »Schuld der Fremden«,[9] von
denen man sich auch aus Gründen des wachsenden historischen Abstan-
des scharf distanzieren kann.

Als ein Symptom dieser neuen Gedenkkultur kann Daniel Jonah
Goldhagens 1996 erschienenes Buch *Hitlers willige Vollstrecker* gelten.
Obwohl es von publizistischer und fachhistorischer Seite eine ganze Reihe
von Einwänden gegen Goldhagens Thesen vom »eliminatorischen Antisemitismus« und dem Judenmord als einem »nationalen Projekt« der
Deutschen gegeben hat (nachzulesen u.a. im Feuilleton der *Frankfurter
Allgemeinen*), ist doch nicht zu übersehen, dass die breite Öffentlichkeit
diese Thesen durchaus akzeptiert hat und Goldhagens Auszeichnung mit
dem angesehenen Demokratiepreis der *Blätter für deutsche und internationale Politik* insofern auch kein Zufall ist.[10] Ausschlaggebend für diese
Zustimmung war einerseits die kompromisslose Deutlichkeit, mit der

7 Jeismann, Auf Wiedersehen (Anm. 4), S. 54.
8 Vgl. Johnson, Uwe: Jahrestage. Aus dem Leben von Gesine Cresspahl, Frankfurt
am Main 1988, S. 968, und Paasch-Beeck, »Boykott« und »Pogrom« (Anm. 2), S. 119.
9 Jeismann, Auf Wiedersehen (Anm. 4), S. 53.
10 So auch Jan Philipp Reemtsma: Abkehr vom Wunsch nach Verleugnung. Über
Hitlers willige Vollstrecker als Gegenstück zur »historischen Erklärung«, in: ders., »Wie
hätte ich mich verhalten?« Und andere nicht nur deutsche Fragen, München 2002,
S. 151-160, hier: S. 160.

Goldhagen den faktischen Handlungsspielraum und die daraus resultierende individuelle Verantwortlichkeit der Täter herausgearbeitet hat. Nicht weniger wichtig für die Konsensfähigkeit seiner Analysen ist jedoch auch die Feststellung, die politische Kultur der Bundesrepublik – und damit auch die meisten Deutschen – seien »inzwischen als von Grund auf demokratisch zu bezeichnen«.[11] Auf der Grundlage dieser Distanzierung von der »Schuld der Fremden« lehnt Goldhagen auch die These einer kollektiven Schuld der Deutschen »kategorisch ab«. Er fährt fort: »Der Begriff der Schuld sollte nur dann benutzt werden, wenn eine Person tatsächlich ein Verbrechen begangen hat.«[12]

An diesem Punkt kann eine Argumentation einsetzen, die die eminenten Unterschiede zwischen dem aktuellen Holocaust-Gedenken und der Behandlung des Judenmords in Johnsons Roman herausarbeiten will. Denn für die Protagonistin der *Jahrestage* kann ein mit der Vorstellung einer justiziablen Schuld operierender Verantwortungsbegriff schlechterdings nicht angenommen werden; das »Bewußtsein Gesine Cresspahl«,[13] auf dessen Grundlage in den *Jahrestagen* erzählt wird, sperrt sich vielmehr konsequent gegen jeden Versuch, dem deutsch-jüdischen Verhältnis eine nicht-aporetische Basis zu gewinnen und zu diesem Zweck eine juristische Distanz zu den Verbrechen der Nazis aufzubauen. Die individuelle Täterschaft ist für Gesine kein – zumindest nicht das wichtigste – Kriterium, an dem sie ihre moralische Haltung orientiert. Der für sie letztlich alles entscheidende Bezugspunkt ist vielmehr ihre unabweisbare Generationenzugehörigkeit zum ›Täterkollektiv‹ der Deutschen: »[I]ch bin das Kind eines Vaters, der von der planmäßigen Ermordung der Juden gewußt hat.« (JT, 232) Ihre gesamte Familiengeschichte rekonstruiert die Protagonistin – im Verein mit dem »Genossen Schriftsteller« – folglich so, dass alle entscheidenden Stationen implizit oder explizit mit Hinweisen auf die nazistischen Verbrechen versehen werden.

Ein besonders aussagekräftiges Dokument der daraus resultierenden narrativen Verklammerung ist das Tageskapitel vom 3. September 1967, in dem Gesine ein entscheidendes Gespräch ihrer Eltern imaginiert, das – exakt in der Mitte des Kapitels – auf Cresspahls Frage zusteuert: »*Would you care to be my wife?*« (JT, 49) Die Intimität der ehelichen Werbung

---

11 Goldhagen, Daniel Jonah: Hitlers willige Vollstrecker. Ganz gewöhnliche Deutsche und der Holocaust, Berlin 1998, S. 12.

12 Ebd., S. 11.

13 Zimmer, Dieter E.: Eine Bewußtseinsinventur. Das Gespräch mit dem Autor: Uwe Johnson, in: Michael Bengel (Hg.), Johnsons *Jahrestage*, Frankfurt am Main 1985, S. 99-105, hier: S. 99.

wird jedoch grell kontrastiert von einer Meldung, die Gesine an genau diesem Tag in der *New York Times* gelesen hat: »Gestern wurde Ilse Koch, ›die Bestie von Buchenwald‹, tot in ihrer Zelle aufgefunden.« Das gesamte Kapitel ist so konzipiert, dass die insgesamt vierzehn Abschnitte abwechselnd das auf einem Spaziergang stattfindende vertrauliche Gespräch von Heinrich Cresspahl und Lisbeth Papenbrock ins Visier nehmen, um kontrastiv dazu auf die »spektakuläre[ ] heidnische[ ] Zeremonie« der Eheschließung und die späteren »sadistischen und perversen Handlungen« (JT, 49f.) von Ilse Koch zu sprechen zu kommen; eine Strategie, die einen abgründigen Anspielungsgehalt besitzt und die katastrophale zeitgeschichtliche Dimension akzentuiert, die sich hinter dem imaginierten intimen Zwiegespräch der späteren Eheleute Cresspahl auftut.

Die Radikalität, mit der Gesine die in den sechziger Jahren tagtäglich neu ans Licht kommende Verbrechensbilanz der Zeit, die ihre Kindheit gewesen ist, zur Kenntnis nimmt, ist in vielen Untersuchungen eingehend gewürdigt worden. Weniger beachtet wurde hingegen der Sachverhalt, dass das Pathos der Aufklärung, das diesen Enthüllungen zugrunde liegt, bereits selbst Geschichte geworden ist und als Modell eines praktikablen Holocaust-Gedenkens schon deshalb nicht einfach übernommen werden kann, weil man sich heute auch dem Problem der faktischen historischen Distanz zum Genozid an den Juden stellen muss.

Um die Differenz der aktuellen Erinnerungskultur zu dem durch Gesine realisierten Vergangenheitsbezug in den *Jahrestagen* deutlich zu machen, soll ein Terminus etwas näher beleuchtet werden, der heute für die Auseinandersetzung mit der Nazizeit und ihren Verbrechen eine herausragende Bedeutung gewonnen hat – und doch ganz anderes konnotiert ist als bei Johnson: der Begriff der ›Befreiung‹. Am 8. Mai 1985 – ein reichliches Jahr nach Johnsons Tod – hat der damalige Bundespräsident Richard von Weizsäcker in seiner Gedenkansprache zum vierzigjährigen Ende des Zweiten Weltkrieges mit Bedacht – und unter großem öffentlichen Beifall – genau dieses Wort gewählt, um das Verhältnis zu charakterisieren, das sich inzwischen für den Bezug zum Nationalsozialismus als zeitgemäß erwiesen hat; eine Einschätzung, die bis heute Aktualität beanspruchen kann und damit auch die (oft nicht reflektierte) Grundlage aller neueren Untersuchungen zum Holocaust-Komplex in den *Jahrestagen* bildet.

Wie aber verhält sich Uwe Johnsons Werk zu diesem, seit Mitte der achtziger Jahre die Diskussion prägenden Begriff? Der Befund könnte eindeutiger kaum ausfallen. Für Uwe Johnson war der Gedanke einer

›Befreiung‹ nicht nur fremd und abwegig, sondern sogar in hohem Maße anstößig. Der 8. Mai 1945 taucht in seinem gesamten Werk nicht anders auf als der »Tag der deutschen Kapitulation«,[14] d.h. als ein Termin, an dem eine historisch beispiellose Schande und Niederlage besiegelt worden ist, der die Protagonistin Gesine in der Gegenwart des Jahres 1967/68 tagtäglich neu ins Gesicht sehen muss. Den *Jahrestagen* ist der Gedanke einer ›Befreiung‹ deshalb höchst suspekt. Er taucht prekärer Weise ausgerechnet dann auf, als es darum geht, die Auschwitz-Erfahrungen von Mrs. Ferwalter wiederzugeben, bzw. ihre »*Befreiung*« (JT, 1788) aus dem Konzentrationslager Mauthausen am 9. Mai 1945. Bernd Auerochs hat überzeugend dargelegt, dass die kursiven Hervorhebungen des Kapitels vom 11. August 1968 als »Interventionen Gesines (bzw. Johnsons) verstanden werden [müssen]«[15] und damit der Markierung des moralisch Anstößigen dienen, das Mrs. Ferwalters euphemistische Wortwahl in den Augen Gesines und ihres Schriftstellers besitzt – trotz ihres Status als jüdisches Opfer. Auerochs kommt aufgrund dieses Sachverhalts zu dem Schluss: »So hat die Humanität für Deutsche und Juden nach dem Holocaust jeweils ein anderes Gesicht.«[16] Mit Blick auf Gesines in den *Jahrestagen* narrativ entfaltetes Schuldbewusstsein kann man dieser These nur zustimmen. Es stellt sich jedoch die berechtigte Frage, ob diese Behauptung auch außerhalb der Fiktion der *Jahrestage* Gültigkeit besitzt, d.h. ob der ›innere Kompass‹, der Gesines Reaktionen auf Juden und Jüdisches die Richtung weist, tatsächlich die »Voraussetzung für das heute mögliche Verhältnis zwischen Deutschen und Juden«[17] bilden kann.

Dem ist ganz sicher nicht so. Weder scheint auf der einen Seite vorstellbar, dass die Humanität auf Dauer ›zweierlei Gesicht‹ haben wird, noch vermögen die Verbrechen der Deutschen an den Juden einen weiteren bilateralen ›Sonderweg‹ in die Zukunft zu rechtfertigen. Die in den letzten Jahren in Gang gekommene Internationalisierung des Holocaust-Gedenkens belegt darüber hinaus, dass die Erinnerung an die Judenvernichtung zukünftig auch kein nationales ›Eigentum‹ der Deutschen und Juden bleiben wird. Weil die Monstrosität der deutschen Verbrechen im nationalen Maßstab nicht zu bewältigen ist, haben sich mittlerweile neben den Gedenkstätten in Deutschland auch eine große Anzahl von Holocaust-Museen in den USA und zwei Holocaust-Konferenzen in Stockholm mit dem Mord an den Juden auseinander zu setzen begon-

14 Johnson, Uwe: Das dritte Buch über Achim, Frankfurt am Main 1992, S. 240.
15 Auerochs, »Ich bin dreizehn Jahre alt ...« (Anm. 3), S. 613.
16 Ebd., S. 614.
17 Ebd., S. 616.

nen. Diese Internationalisierung des Gedenkens hat ihrerseits dazu beigetragen, dass in den letzten Jahren viele nationale Aufarbeitungsprojekte
in Frankreich, Italien, der Schweiz, Portugal und Polen in Gang gekommen sind.[18]

Vor diesem Hintergrund erscheinen die *Jahrestage* als ein Text, der
mnemologisch betrachtet von einem Standpunkt aus argumentiert, der
mit den aktuellen Erinnerungsdebatten nicht mehr problemlos in Übereinstimmung zu bringen ist. Was Johnsons Roman statt dessen mit bei-
spielloser Akribie hergeleitet, narrativ plausibilisiert und in seinen Konsequenzen offen gelegt hat, ist ein individuelles Schuldtrauma, das sich
unter ganz konkreten historischen Umständen herausgebildet hat. Gesine
hat von ihrer Mutter Lisbeth, deren Tod ein im Erzählen erst langsam an
die Oberfläche ihres Bewusstseins gelangendes Ereignis darstellt, eine
Schulddisposition ›erworben‹ (oder unbewusst übernommen), die für alle
ihre moralischen Urteile den Maßstab liefert. Mit dieser in der Kindheit
begründeten ›mentalen Ausstattung‹ ist Gesine in einer lebensgeschichtlich
wichtigen Periode als Jugendliche auf Fotografien gestoßen, die eine
Verstrickung ihrer eigenen »nationalen Gruppe« (JT, 232) in ein Mensch-
heitsverbrechen unwiderlegbar dokumentiert haben. Der Schock, den
sie damals erlitten hat, wurde ausschlaggebend für die Konstitution ihres
Erwachsenenbewusstseins; ein Komplex, den die Soziologie mit den
Begriffen der individuellen »Erlebnisschichtung«,[19] »Sedimentbildung«,[20]
bzw. »Habitusentwicklung«[21] zu bestimmen sucht. Die narrative Cha-
rakterisierung von Gesines Persönlichkeitsstruktur gewinnt durch die
umfassende Behandlung der dafür prägenden Voraussetzungen in den
Jahrestagen eine innere Schlüssigkeit und Überzeugungskraft, der sich die
Interpretation nur schwer entziehen kann. Was dadurch teilweise ver-
deckt wurde, ist jedoch die Tatsache, dass Gesines Psychogenese unter
Umständen stattgefunden hat, die sich nicht ohne weiteres historisch
parallelisieren lassen, was wiederum dazu führt, dass ihre Haltung zur
Formulierung einer überzeitlich gültigen moralischen Vorbildposition
nur bedingt geeignet ist.

18 Vgl. dazu Jeismann, Auf Wiedersehen (Anm. 4), S. 55.

19 Mannheim, Karl: Das Problem der Generationen [1928], in: ders., Wissenssoziologie. Auswahl aus dem Werk, hg. von Kurt H. Wolff, Berlin 1964, S. 509-565,
hier: S. 535.

20 Berger, Peter L./Luckmann, Thomas: Die gesellschaftliche Konstruktion der
Wirklichkeit. Eine Theorie der Wissenssoziologie, Frankfurt am Main 1977, S. 72.

21 Bourdieu, Pierre: Der Habitus als Vermittlung zwischen Struktur und Praxis, in:
ders., Zur Soziologie symbolischer Formen, Frankfurt am Main 1970, S. 125-158, hier:
S. 143.

Eine in die Zukunft wirkende ›Überlieferung‹ von Gesines Schuldtrauma ist allerdings im Erzählprogramm der *Jahrestage* auch nicht vorge-
sehen, obwohl dies oft behauptet wird. Das belegt ein Themenkomplex,
der in der Forschungsdiskussion um die Rezeption der Judenvernichtung
bisher nur eine untergeordnete Rolle gespielt hat, im Roman selbst jedoch eine ganz überragende Bedeutung besitzt: die Gespräche zwischen
Gesine und Marie. Da es an dieser Stelle nicht möglich ist, die Komplexität des − z.T. gegenseitigen − Erziehungsprozesses von Mutter und
Tochter auch nur annähernd detailliert zu behandeln,[22] sei lediglich darauf hingewiesen, dass Marie im Jahr der *Jahrestage* eine ›narrative Soziali-
sierung‹ durchmacht, die nicht nur ihrer intellektuellen Entwicklung
beachtliche Impulse gibt, sondern sie unter dem Eindruck der Erzählungen Gesines auch wieder stärker als ein »europäisches Kind« (JT, 1017)
erscheinen lässt, als dies zu Beginn des Romans der Fall zu sein schien.

Die nachweisbaren didaktischen Intentionen Gesines stoßen jedoch
an eine deutlich spürbare Grenze. Die Kommunikation zwischen den
Generationen kommt in den *Jahrestagen* an dem Punkt ins Stocken, an
dem es um Gesines »klare Bereitschaft zur Identifikation mit den nazistischen Verbrechen«[23] geht, die sich Marie keinesfalls zu eigen machen
will. Die *Jahrestage* geben damit einer These Evidenz, die der Soziologe
Heinz Bude einmal folgendermaßen ausgedrückt hat: »Die Jungen« − so
Bude − »definieren die Welt nach ihren Vorstellungen und kümmern
sich dabei erst einmal nicht um das, was die Alten als ihren Lebens-
entwurf und ihre Geschichtsbilanz hochhalten«.[24]

Diese Annahme soll anhand einer der Schlüsselpassagen im Ver-
gangenheitsdiskurs von Johnsons Roman überprüft werden, dem Tageskapitel vom 22. April 1968. An diesem Tag wird ein »vorgestern« (JT,
1031) geführtes, relativ kurzes Gespräch von Gesine und Marie wiedergegeben, das in mehrerer Hinsicht bemerkenswert ist. Für die Einordnung des Dialogs sei angemerkt, dass es Gesine zu diesem Zeitpunkt
darum geht, ihre Tochter endlich über die »Russen« aufzuklären, in deren Machtbereich sie in nicht mehr allzu ferner Zukunft eine Arbeits-

---

22 Vgl. dazu Siemon, Johann: *Liebe Marie, dear mary, dorogaja Marija*. Das Kind als
Hoffnungsträger in Uwe Johnsons *Jahrestagen*, in: Johnson-Jahrbuch, Bd. 3, Göttingen
1996, S. 123-145.
23 Butzer, Günter: »Ja. Nein.« Paradoxes Eingedenken in Uwe Johnsons Roman
Jahrestage, in: Johnson-Jahrbuch, Bd. 4, Göttingen 1997, S. 130-157, hier: S. 155.
24 Bude, Heinz: Die Erinnerung der Generationen, in: Helmut König/Michael
Kohlstruck/Andreas Wöll (Hg.), Vergangenheitsbewältigung am Ende des zwanzigsten
Jahrhunderts, Opladen 1998, S. 69-85, hier: S. 70.

stelle annehmen wird. Um die Billigung Maries für dieses Vorhaben zu gewinnen, d.h. *»damit sie weiß, wohin sie mitkommen soll«* (JT, 1030), ist es Gesine wichtig, die von Maries amerikanischer Schule vermittelten (Vor-)Urteile über die kommunistische ›Welt des Bösen‹ zu zerstreuen. Allerdings sind die Geschichten, die sie aus der Jerichower Vergangenheit tatsächlich anzubieten hat, eher dazu geeignet, Maries Ansichten zu bestätigen, was Gesine in dem zitierten Stimmengespräch so reflektiert, dass ihre Tochter von den − noch ausstehenden − Schilderungen sicher *»das Falsche benutzen«* (JT, 1029) wird. Die Protagonistin gerät deshalb in eine ›didaktische Krise‹, die verschiedentlich sogar als Erzählkrise Johnsons gedeutet wurde[25] und die dialogisch betriebene Rekonstruktion der Vergangenheit im dritten Band der *Jahrestage* stagnieren lässt.

Im Kapitel vom 22. April werden aber nicht nur die Probleme reflektiert, die einer ›ungeschminkten‹ Erzählung vom Beginn der sowjetischen Besatzungszeit im Klützer Winkel entgegenstehen. Es geht vielmehr auch um die Ängste der Jerichower vor der nun in greifbare Nähe gerückten Bestrafung für die Nazi- und Kriegsverbrechen, sowie um Gesines Schuldbewusstsein angesichts dieser Thematik. Allerdings wird die Furcht vor der Verantwortung im besagten Gespräch zunächst nicht direkt benannt, sondern mit dem verschleiernden und bewusst missverständlichen Begriff der »Neugier« (JT, 1031) umschrieben. Marie hat dieses Wort in die Diskussion eingebracht, weil sie nicht versteht, warum nach dem Rückzug der Briten aus Nordwestmecklenburg überhaupt noch jemand in Jerichow blieb. Im Zuge eines − in den *Jahrestagen* nicht seltenen − produktiven Missverständnisses greift Gesine den Begriff auf und hofft damit einen Komplex kaschieren zu können, für den sie »die Worte [...] nicht weiß« (JT, 1032). Sie bestätigt ihrer Tochter daher, dass die Jerichower Anfang Juli 1945 tatsächlich »[a]us Neugier« (JT, 1031) das Eintreffen der Roten Armee erst einmal abgewartet haben.

Einen Hinweis auf die verschwiegene eigentliche Thematik des Gesprächs gibt die Beschreibung der Umstände, unter denen Gesine und Marie miteinander reden. Marie nämlich hockt vor einem »Ferienkamin« (JT, 1029) und »hielt ihr Gesicht dicht am Kaminfeuer versteckt, den Blick so unverwandt auf den Flammen, als hörte sie nicht zu, oder doch nur einem von ihren Gedanken« (JT, 1031). Diese Formulierung muss alle Leser aufhorchen lassen, die sich daran erinnern, dass das Motiv des In-die-Flammen-Sehens bereits im ersten Band der *Jahrestage* aufgetaucht

---

25 Vgl. Riordan, Colin: The Ethics of Narration. Uwe Johnsons Novels from *Ingrid Babendererde* to *Jahrestage*, London 1989, S. 87.

ist; im Zusammenhang mit Lisbeth Cresspahl. Maries Großmutter hatte sich etwa ab 1934 »angewöhnt, vor dem Herd zu stehen und für Minuten in die Flammen zu starren« (JT, 415). Wenn die Erzählung an einer entscheidenden Stelle – und an einem entscheidenden Termin (worauf noch einzugehen sein wird) – ein Bild aufruft, dass bereits einmal dazu gedient hatte, den Flammentod Lisbeths und die damit verknüpfte Anspielung auf die Judenvernichtung proleptisch zu markieren, dann indiziert dies eine neuerliche Auseinandersetzung mit dem Holocaust, wenn auch in einer anderen Generationenkonstellation als bisher.

Obwohl es zunächst so aussieht, als ob Marie sich damit zufrieden gibt, dass »Neugier für Kinder« (JT, 1032) in diesem Gespräch fehl am Platze ist, wird das antizipatorische Potenzial des Flammen-Bildes in der Mitte des Dialogs umfassend eingelöst. Marie bringt die von ihr hypothetisch unterstellte und von Gesine bestätigte »Neugier« der Jerichower auf folgenden Punkt: »Und wegen eurer Juden. Sechs Millionen.« Gesine gerät durch diese Antwort vollkommen aus der Fassung: »Wie kannst du so reden Marie!«

Es ist sicher nicht zu hoch gegriffen, wenn man diesen Wortwechsel als *das* zentrale Ereignis im Generationendiskurs der *Jahrestage* bezeichnet. Gesprächstechnisch betrachtet werden eine lakonische konstative Aussage Maries und eine hoch emotionalisierte abwehrende Erwiderung Gesines unvermittelt nebeneinander gesetzt. Untersucht man den faktischen Gehalt beider Äußerungen, so stellt man fest, dass an dieser Stelle zwei Modelle des Vergangenheitsbezugs aufeinander stoßen, die gegensätzlicher nicht sein könnten. Damit das rhetorische Pathos von Gesines scharfem Tadel an Marie richtig eingeordnet werden kann, sollte man sich klar machen, dass die Tochter mit der Formulierung »eure Juden« eine persönliche Haftbarkeit einem Geschehen gegenüber ablehnt, das Gesine als ihre ureigene Schuld empfindet. Sie, die ansonsten nie um eine konkrete Antwort verlegen ist, zieht sich auf eine moralische Empörung zurück und bestreitet der Tochter das Recht zu ihrer Feststellung. Doch Marie kann sehr wohl »so« reden: »Mit dir doch. Sie warteten auf die Quittung.«

Die Tatsache, dass viele der Nazitäter bis in die erzählte Gegenwart des Jahres 1967/68 tatsächlich keine »Quittung« erhalten haben, bedeutet für die persönlich tief unschuldige Gesine ein Schuldtrauma, für dessen sprachliche Repräsentation sie »die Worte [...] nicht weiß«. Diese Worte weiß erst Marie, die damit allerdings »einem von ihren Gedanken« nachgeht und sich um der Deutlichkeit des Benennens willen von der ›Schuld der Fremden‹ klar distanziert. Sie folgt damit einem Modell

des Vergangenheitsbezuges, das sich erst nach der Wiedervereinigung
Deutschlands in den neunziger Jahren im größeren gesellschaftlichen
Rahmen als historisch praktikabel erwiesen hat (auch wenn es von vielen *Jahrestage*-Interpreten als implizite Grundlage der eigenen Argumentation bisher nicht ausreichend gewürdigt worden ist).

Damit die exponierte Stellung des Gesprächs von Gesine und Marie
noch deutlicher hervortritt, sei auf eine terminliche Korrelation hingewiesen, die in der Sekundärliteratur bereits Anlass für einige Speku-
lationen gegeben hat. Günter Butzer, der auf die »bewußt falsche Pla-
zierung«[26] des Dialogs aufmerksam geworden ist, bezeichnet die dahin-
terstehende Erzählstategie Johnsons als ein »gezieltes Verwirrspiel« und
gründet darauf die Hypothese von der Existenz einer narrativen »Be-
arbeitungsinstanz«.[27] Das Problem lässt sich jedoch mit weit weniger
spekulativem Aufwand lösen, wenn man die − in einem Roman, der
Jahrestage heißt, immer hochwichtige − Datumsimplikation untersucht,
die für die »falsche« Platzierung des Gesprächs eine Rolle spielt. Wie
bereits erwähnt, hat der Wortwechsel Gesines mit Marie nicht an dem
Tag stattgefunden, an dem er mitgeteilt wird, sondern bereits »vorgestern«, wodurch eine im kalendarischen Erzählen direkt ablesbare Koinzidenz kaschiert worden ist. Eine solche Strategie der Verschleierung
gehört zu den narrativen Operationen, die in Uwe Johnsons Erzählen
einen festen Platz beanspruchen und einer impliziten Bedeutungsin-
tensivierung den Weg bereiten. Diesen Effekt erzielt der Roman beispielsweise auch am 12. November 1967, an dem ein für Gesines Mut-
tertrauma hochwichtiges Stimmengespräch stattgefunden hat. Indem
explizit behauptet wird, es käme »*auf den Tag nicht an*« (JT, 286), konnte die Erzählung die Datumsanalogie mit Lisbeth Cresspahls Geburtstag verschleiern (und viele Interpreten auf eine falsche Fährte schicken[28]).

Auf welche Weise löst sich nun aber das Rätsel der narrativen Platzierung des Dialogs vom 22. April? Miteinander gesprochen haben Gesine
und Marie bereits »vorgestern«, also am 20. April. Dieser Tag ist der
Geburtstag Adolf Hitlers. Die kalendarische Koinzidenz von Führer-
geburtstag und narrativ thematisiertem Judenmord ist zu auffällig, als dass

26 Butzer, Günter: Fehlende Trauer. Verfahren poetischen Erinnerns in der deutschsprachigen Gegenwartsliteratur, München 1998, S. 131.
27 Ebd., S. 132.
28 Vgl. dazu Krellner, Was ich im Gedächtnis ertrage (Anm. 6), S. 270-272.

man sie einfach übergehen könnte.[29] Indem Johnson das Zentralgespräch über das Holocaust-Gedenken der *Jahrestage* auf den – narrativ verschleierten – Geburtstag Hitlers legt, der zum festen Kanon der nationalsozialistischen Feiertage gehört hat, akzentuiert er die fortdauernde Brisanz der im Namen Hitlers begangenen Verbrechen – aber auch die unterschiedlichen Wege bei deren erinnernder Vergegenwärtigung. Das erzählerische Arrangement belegt damit auch, dass Johnson das »Prinzip Jahrestag« weitgehend von einer »Kulturtechnik« abgelöst hat, deren Anliegen darin bestünde, eine unabhängig vom Referenzsystem des Textes existierende kulturelle Semantik zu evozieren, auf die sich der Roman implizit beziehen kann, indem er deren Inhalte »feiert« oder »begeht«.[30] Die mit einer solchen Vorstellung kaum angemessen interpretierte Behandlung des Hitler-Geburtstages kann als ein Indiz dafür gelten, dass die Kalendertechnik der *Jahrestage* weniger in einem affirmativ-lebensweltlichen als vielmehr in einem narrativ-ästhetischen Prinzip gründet, dessen Effekte zwar nicht ohne extradiegetische Referenzen zustande kommen, letzten Endes aber immer auf die intradiegetischen Intentionen des Verfassers Uwe Johnson zurück verweisen (die beim Blick durch die kulturalistische »Brille« leicht übersehen werden).

Abschließend stellt sich die Frage nach dem Stellenwert des Kapitels vom 22. April in Johnsons Roman insgesamt. Die vorliegenden Analysen deuten darauf hin, dass Johnson mit den Äußerungen von Gesine und Marie zwei Paradigmen des Vergangenheitsbezugs Geltung verschafft hat, die sich nicht ohne weiteres miteinander vereinbaren lassen. Gesine zeigt sich von den deutschen Verbrechen an den Juden auf eine Weise betroffen, die in der Literatur als »68er-Konstellation« bezeichnet worden ist und den Holocaust »zum einzigartigen Bezugsereignis für das deutsche Selbstverständnis«[31] werden ließ. Von einer solchen Traumatisierung ist ihre Tochter Marie weit entfernt, die sich – im Vorgriff auf die »89er Konstellation« – ihrem Selbstverständnis nach »nicht mehr in unmittelbarer Nachfolge des Nationalsozialismus befindet«.[32] Marie bezieht aus ihrer Distanz gegenüber dem Genozid an den Juden eine diagnostische Befähigung, die ihrer Mutter zwar skandalös erscheint, je-

---

29 Obwohl Thomas Schmidt dem Kalendergedächtnis der *Jahrestage* seine umfangreiche Dissertation gewidmet hat, erwähnt er dieses hochsymbolische Zusammentreffen merkwürdiger Weise mit keinem Wort.
30 Auf den Nachweis dieser kulturalistischen Referenzialität ist die gesamte Arbeit von Thomas Schmidt ausgerichtet. Die zitierten Begriffe finden sich überall im Text.
31 Bude, Die Erinnerung der Generationen (Anm. 24), S. 78, 81.
32 Ebd., S. 82, 84.

doch eine befreiende direkte Benennung der nazistischen Verbrechen erst möglich gemacht hat.

Ein Scheitern der Gespräche zwischen Mutter und Tochter muss man aus diesem Befund allerdings nicht ableiten. Der Blick auf die Entwicklung des dialogischen Geschehens über den gesamten Roman hinweg belegt, dass Marie, die zu Beginn der *Jahrestage* als amerikanische Superpatriotin auftritt, unter dem Eindruck der Erzählungen ihrer Mutter nicht nur mit der ihr bis dato unbekannten deutschen Familiengeschichte vertraut gemacht wird, sondern auch das Vermögen zu einem differenzierenden historischen Urteil erlernt.[33] Eine der Botschaften, die Johnsons Roman seinen Lesern anzubieten hat, besteht deshalb in einem Appell an eine qualifizierte Verständigung, die über die Grenzen eines historischen Bruchs hinweg möglich erscheint, ohne dass die trotz alledem bestehenden Widersprüche verharmlost werden.

Muss man dieser Botschaft auch heute noch in vollem Umfang zustimmen? Mit Blick auf die Holocaust-Thematik ist ein Vergleich mit jüngeren Schriftstellern instruktiv. Die formal hoch avancierten Erinnerungsstrategien eines Marcel Beyer, Robert Schindel oder Thomas Lehr können als Beispiel dafür dienen, dass die gewachsene historische Distanz zu den Verbrechen des Nationalsozialismus inzwischen die Suche nach literarischen Verfahren zur Rezeption der Judenvernichtung motiviert hat, von denen Johnsons an den Dialog der Generationen appellierendes Erinnerungsmodell noch weit entfernt war.[34] Diese Neuorientierung könnte man auch auf einen Wandel der objektiven gesellschaftlichen Problemlage zurückführen. Mit den Erfahrungen von neuem Antisemitismus in den neunziger Jahren hat offenbar die Vorstellung an Überzeugungskraft verloren, eine durch die schuldbewusste und gleichzeitig didaktisch hoch motivierte Elterngeneration konsequent antifaschistisch erzogene Jugend könnte gegen alle antisemitischen Regungen gefeit sein.[35]

33 Als Beispiel sei auf die beiden ›Wettkampfgespräche‹ vom 12. und 13. Juni 1968 hingewiesen, in deren Ergebnis Marie nicht nur ihre Vorurteile gegenüber den »Russen« ablegt, sondern auch ihr dogmatisches Patriotismusverständnis in Frage zu stellen bereit ist.

34 Vgl. dazu meinen Artikel: Die doppelte Vergangenheit in der Literatur der neunziger Jahre, in: Edgar Platen (Hg.), Perspektivensuche. Zur Darstellung von Zeitgeschichte in der deutschsprachigen Gegenwartsliteratur II, München 2002, S. 26-45, hier: S. 31-37.

35 Hier sei auf den Roman *Im Krebsgang* von Günter Grass verwiesen, der sich dieser Problematik explizit stellt.

Diese an einen historischen Ort in der Gegenwart des 21. Jahrhunderts gebundene Wahrnehmung konnte allerdings von einem dreißig Jahre alten Roman auch schwerlich erwartet werden. Um Johnsons Leistung würdigen zu können, bedarf es deshalb eines analytischen Verfahrens, das sich zu einer von Pierre Bourdieu vorgeschlagenen »doppelten Historisierung« bereit findet: »d[er] des Überlieferten und d[er] seiner ›Applikation‹«.[36] Gesine Cresspahl, eine Frau, die heute siebzig Jahre alt geworden wäre, erweist sich in den *Jahrestagen* als Repräsentantin einer Erinnerungskultur, die ihrerseits zeitgebunden ist und damit weniger zur distanzlosen ›Einfühlung‹ als vielmehr zur Standortbestimmung der eigenen Interpretation herausfordert. Einer fiktiven Rückkehr zu Gesines historischer Erfahrung wird allerdings auch im Text selbst ein Riegel vorgeschoben. Denn das ›Erinnerungsmodell Gesine‹ wird kontrastiert durch ein ›Erinnerungsmodell Marie‹, das sich vom schuldbewussten Schweigen der Mutter durch seine Artikulationsbereitschaft und -fähigkeit deutlich unterscheidet. Damit haben die *Jahrestage* die kontroversen Widersprüche in der Erinnerungskultur der letzten Kriegs- und ersten Nachkriegsgeneration paradigmatisch sichtbar gemacht – und einen Beitrag zur inneren Geschichtsschreibung der deutschen Nachkriegsgesellschaft geleistet, dessen analytische Kompetenz gar nicht hoch genug veranschlagt werden kann.

Dr. Ulrich Krellner, Universität Lund, Germanistisches Institut, Helgonabacken 14, 223 62 Lund, Schweden

---

36 Bourdieu, Pierre: Die Regeln der Kunst. Genese und Struktur des literarischen Feldes, Frankfurt am Main 2001, S. 486.

Robert Gillett

›*Wer turnt da? Wer turnt da mit?*‹

Uwe Johnsons Fernsehkritiken

Wer Uwe Johnsons *Frankfurter Vorlesungen* in die Hand nimmt, dem werden bekanntlich die »Umstände« erläutert, die Johnsons literarische Produktion »begleitet« haben.[1] Aber nicht nur in die *Jahrestage* gewinnt man da Einblicke, nicht nur in die *Mutmaßungen* oder *Das Dritte Buch*, sondern auch in eine Reihe von anderen »Aufträgen«. Über einen von diesen heißt es dann: »Ein anderer Auftrag verdankte sich der Tatsache, dass keine einzige Tageszeitung im Westberlin noch des Mai 1964 das Programm des ›Deutschen Fernsehfunks‹ druckte, der D.D.R.-Anstalt in Berlin-Adlershof« (BU, 306). Dieser Auftrag bestand also darin, dass Johnson über eine Zeitspanne von sechs Monaten hinweg ostdeutsche Fernsehsendungen für eine westdeutsche Zeitung rezensierte. Das einstweilige Endergebnis dieser Tätigkeit bildet ein von Raimund Fellinger besorgtes lilafarbenes Büchlein von insgesamt 183 Seiten, das als Band 1336 der Edition Suhrkamp (bzw. als Band 336 der »Neuen Folge« besagter Edition) im Jahre 1987 erschien.[2] Johnson selbst war drei Jahre zuvor in Sheerness-on-Sea tot aufgefunden worden. Aber etwas mehr als drei Jahre vor seinem Tod hatte er paradoxerweise selbst eine derartige Veröffentlichung erwogen, indem er das Nichtvorhandensein eines solchen Bandes aus der Perspektive der möglichen Abnehmer begrüßt hatte: »Zum Schluss seien diejenigen beruhigt, die einmal fürchteten,

1 Johnson, Uwe: Begleitumstände. Frankfurter Vorlesungen, Frankfurt am Main 1980.
2 Johnson, Uwe: Der 5. Kanal, Frankfurt am Main 1987. Im Folgenden mit der Sigle D5K und Seitenzahlen im Text zitiert.

auch diese Schreibarbeit eines halben Jahres werde noch als Buch herausgebracht, mit Vorgeschichte, begleitenden Erscheinungen und Kommentaren ein schmuckes Bändchen von doch immerhin neun Bogen,
144 Seiten – sie haben umsonst gebangt« (BU, 323). Raimund Fellinger,
dessen »editorische Notiz« den *Begleitumständen* vielleicht etwas mehr
verdankt, als er explizit zugibt, zitiert diese Passage, und schließt daraus:
»In Buchform wollte Uwe Johnson die Resultate seiner Kritikertätigkeit
nicht veröffentlicht wissen« (D5K, 176). Und obwohl das Zitat sich wohl
anders interpretieren ließe, so sieht sich Fellinger, da er es so auffasst,
gezwungen, sein gegenläufiges Vorhaben in dieser Angelegenheit zu
begründen. Das tut er auf dreierlei Weise. Zum einen unterstreicht er
die politische Bedeutung dieser Texte. Zum anderen stellt er die Behauptung auf, diese Texte seien »stilistische ›Kunst‹-Stücke« und »[v]on
daher [...] integraler Bestandteil des Werkes Uwe Johnsons« (D5K, 177).
Und dazwischen beruft er sich auf die *Berliner Sachen*, ein Buch, in dem
alle sonstigen Auftragsarbeiten gesammelt worden seien, und zwar von
Johnson selbst.

Für einen, der sich einmal der *Berliner Sachen* angenommen hat, ist
dies natürlich eine Herausforderung.[3] Und es stimmt schon, dass auch
Der 5. Kanal oder die ihm zugrundeliegenden Texte aufs Engste mit der
Geschichte der geteilten Stadt zusammenhängen. Schließlich konnte man,
wie Johnson selber feststellt, im Württembergischen die besprochenen
Sendungen nicht einmal empfangen (BU, 314). Auch ging es Johnson
bei dieser Tätigkeit explizit um die »Umgebung der Stadt West-Berlin«
(D5K, 7). Mehr noch: Es ging ihm, wie im Falle seiner polemischen
Arbeiten über den Boykott der Berliner Stadtbahn, darum, seine Mit-
bürger in ihrem gehässigen Gehabe dieser Umgebung gegenüber zur
Vernunft zu mahnen.[4] Ja, in den *Begleitumständen* zieht er einen dezidierten Vergleich zwischen der Benutzung der Berliner Stadtbahn und dem
Empfang des Deutschen Fernsehfunks: »Wie die Westberliner sich un-
gern eingestanden, dass immerhin an die Hunderttausend von ihnen
werktäglich die geächtete Stadtbahn benutzten, so sahen sie quasi heimlich die Sendungen aus der Umgebung ihrer Stadt, zuverlässig am Mon-
tag, wenn dort der bewährte Kitsch der alten Ufa in die Falle eines politischen Kommentars locken sollte« (BU, 306f.).

---

3 Vgl. Gillett, Robert: Das soll Berlin sein. Einladung zu einem wenig beachteten
Buch, in: Johnson-Jahrbuch, Bd. 7, Göttingen 2000, S. 11-33.
4 Vgl. Johnson, Uwe: Berliner Sachen, Frankfurt am Main 1975, S. 22-37.

Mit seinen Fernsehrezensionen, anders als mit seinem Plädoyer für die Stadtbahn, konnte Johnson sogar einen Erfolg verbuchen. Stellte auf der einen Seite die Leere der Berliner Stadtbahn das Wirkungspotential des sie beschreibenden Textes grundsätzlich in Frage, so gab auf der anderen Johnson selbst seine Tätigkeit als Fernsehkritiker deswegen auf, weil inzwischen auch seine früheren Widersacher bei Axel Springer Einzelheiten über das Ostprogramm in ihren Fernsehzeitungen abdruckten. Damit war ein wichtiger Schritt getan in Richtung Normalisierung. Denn für Johnson gilt die Luft, und mithin der Äther, als ein Raum, dem die Mauer ausnahmsweise nichts anhaben konnte. Auch in dieser Hinsicht könnte *Der 5. Kanal* als Gegenpart zu den *Berliner Sachen* verstanden werden, als Versuch, über die wirkliche Mauer und die Mauer im Kopf hinwegzuspringen. Dementsprechend zeichnet sich *Der 5. Kanal* auch durch seinen ambivalenten Ton aus. Wie in den *Berliner Sachen* lässt sich hier eine gewisse ungelenke Bockigkeit ausmachen – wie etwa in dem allerersten Absatz, in dem das ganze Phänomen DDR-Fernsehen in ein Paradox zwischen Namensgebung und Nichterwähnung eingeschoben wird:

Nennen Sie es, wie Sie wollen: Ostfernsehen, Ulbrichtschimmer, den 5. Kanal, DFF, den westlichsten Brückenkopf von Intervision –, es ist doch da und passiert täglich, wird gesendet im Ortsteil Adlershof von Treptow, zwischen dem früheren Flugplatz Johannisthal und dem Teltowkanal, an der Rudower Chaussee, in Berlin, und ist vorrätig in unseren Apparaten wie in denen von der VVB Rundfunktechnik, von morgens an mit Medizin nach Noten bis zu den Abendnachrichten und Vorführungen bis kurz vor Mitternacht; es ist aber bisher nicht erwähnt worden. (D5K, 7)

Auch wird im *5. Kanal*, wie in den *Berliner Sachen* auf »Fairness« bestanden. (»Die Bedeutung dieses Fremdwortes kann man auch unter O nachschlagen, unter Olympia«; D5K, 119.) Und wie bei den *Berliner Sachen* ist hier manchmal so etwas wie Trauer, Wut, sogar Tragik zu verspüren, zum Beispiel in dem auf dem Umschlag grotesk sinnentstellend zitierten Text über den Tod eines Grenzsoldaten, der auf zweierlei Weise seiner menschlichen Bedeutung beraubt wird:

Die Sendung »Im Blickpunkt« vom Freitagabend war der Trauerfeier für den Grenzsoldaten Egon Schultz gewidmet. In einem niedrigen, nicht sehr großen Raum waren rechts die Angehörigen zu sehen, in der Mitte der Sarg zwischen sechs Soldaten, links das Rednerpult. Viel Blumenschmuck, getragene Musik zwischen den Reden. Geredet wurde von Honecker und dem Kommandeur des Verstorbenen. Sie gingen auf die Gefühle der Familie ein, sie warnten die Schuldigen und sonderbarer Weise die Westberliner. Die Soldaten mit den wei-

ßen Handschuhen und geputzten Helmen trugen den Sarg ins Freie, auf dem
Sarg die Fahne, vor dem Sarg der Träger der Ordenskissen. Der Sarg auf der
Ladefläche des Armeelastwagens, obenauf jetzt ein Helm, wurde langsam durch
die Straße gefahren. Es war unübersehbar, daß in dem prächtigen Kasten ein
Toter lag, dessen Tod, abgesehen von den Ausdeutungen dieses Todes durch
seine ehemaligen Arbeitgeber, auch für ihn etwas ausmachte.

   Darauf erschien im Schirm eine Ansagerin. Sie lächelte eine Weile, wie üblich. Die Sendeleitung hatte unterlassen, sie über die vorgehende Sendung zu
unterrichten. Weiter lächelnd sagte sie einen Dokumentarfilm an. Wie üblich.[5]

Andererseits jedoch muss festgestellt werden, das der von Raimund
Fellinger zusammengestellte Band von seiner ganzen Wirkung her anders ist als die von Johnson selber besorgte Sammlung. Die im *5. Kanal*
vereinigten Texte sind zum einen wesentlich kürzer und zum anderen
wesentlich einheitlicher als die von den *Berliner Sachen*. Sie waren alle
von vornherein für eine Zeitung bestimmt und haben alle folglich rein
journalistischen Charakter, was man meines Erachtens für keine einzige
der *Berliner Sachen* behaupten kann. Sie beziehen sich alle auf Gegenstände außerhalb ihrer selbst; das heißt sie sind alle, anders als die *Berliner
Sachen*, sekundäre Texte. Von daher ist es riskanter, die *Tagesspiegel*-Re-
zensionen aus ihrem ursprünglichen Zusammenhang herauszureißen als
die Beiträge aus dem *Kursbuch* oder dem *Evergreen Review* in einem anderen Kontext neu aufzulegen. Das sieht man unter anderem daran, dass
Fellinger die strikte chronologische Reihenfolge beibehält, anstatt wie
Johnson eine andere Anordnung vorzunehmen. Denn so wird das nicht
unwesentliche Element der Wiederholung in diesen Texten im Hinblick auf ihren ephemeren Charakter begründet und entschuldigt. Während die Texte der *Berliner Sachen* immer schon als Bestandteile eines
eigenen Bandes gedacht waren, so waren es die des *5. Kanals* eben nicht.
So gesehen kann der Vergleich mit den *Berliner Sachen* kaum als Recht-
fertigung für Fellingers Projekt dienen.

   Damit fällt, tendenziell zumindest, auch Fellingers erster Recht-
fertigungsgrund weg. Denn mag die politische Wirksamkeit eines bestimmten journalistischen Eingriffs noch so gewichtig gewesen sein, so
sagt dieser Erfolg nichts über die ästhetische Qualität der betreffenden
Arbeiten aus. Im Gegenteil: Gerade im Falle Johnsons könnte man behaupten, dass das bloße Vorhandensein der Kritiken weitaus wichtiger
war als ihr Inhalt. Dies beweist die Zeitungsente, die von den Kollegen
des *Spandauer Volksblattes* über-, von der Leserschaft aber offensichtlich

---

5 D5K, 114. Im Klappentext wird nur der zweite Absatz zitiert.

nicht wahrgenommen wurde. Denn wenn Johnson seinem Publikum eine offensichtlich erfundene Geschichte über die Ausstrahlung eines Beatles-Filmes im ostdeutschen Fernsehen unterjubeln konnte, ohne dass ein einziger Anruf erfolgte, so deutet das ziemlich heftig darauf hin, dass der Inhalt seiner Beiträge eigentlich beliebig ausfallen durfte. Auch ist es leider nicht wahrscheinlich, dass gerade die Brillanz der Johnsonschen Rezensionen Axel Springer zu seinem Kurswechsel gezwungen haben wird. Vielmehr wird er doch zu der Einsicht gelangt sein, dass seine Konkurrenten nunmehr unbehelligt etwas anbieten durften, was er seinen Lesern vorenthielt. Angesichts der abflauenden Entrüstung von Seiten seiner Käuferschaft also wird er die kommerzielle Konsequenz über die politische gesetzt haben. Umgekehrt natürlich tut die politische Wirkungslosigkeit der *Berliner Sachen* ihrer ästhetischen Qualität keinen Abbruch. Im Gegenteil machen eben die verhaltene Wut und fassunglose Trauer dieses Buches einen beträchtlichen Teil seiner ästhetischen Wirkung aus. – Mit anderen Worten: Wenn die *Berliner Sachen* nicht mehr als Beweis dafür dienen können, dass Johnson all seine politischen Auftragstexte gern in Buchform herausgebracht wissen wollte, so kann die unangezweifelte politische Dimension der Texte des *5. Kanals* nicht mehr als Grund dienen, diese Texte in einem Kontext neu zu drucken, in dem dieses Politikum schon längst zu einer Selbstverständlichkeit geworden war. Bleibt also nur noch die Frage, inwieweit Fellingers drittes Argument über die Beschaffenheit dieser Texte sich als tragfähig erweist.

In diesem Punkte stimmen ihm die meisten Kritiker zu. Walter Schmitz paraphrasiert ihn praktisch, wenn er am Ende seiner Rezension feststellt: »So sind diese gesammelten Fernsehkritiken ein Dokument der Zeitgeschichte und ein Teil der Literaturgeschichte; ihre Publikation ist eine willkommene Ergänzung von Uwe Johnsons Werk.«[6] Und auch nach der Wende bekräftigt Andreas Thomas, allerdings im *Tagesspiegel*: »[Johnson] griff mit der ihm eigenen Form und Sprache ein in die publizistische Situation der frühen 60er Jahre.«[7] Was man unter dieser »eigenen Form und Sprache« zu verstehen hat, versucht Alfons Kaiser zu verdeutlichen, indem er die Kritik vom 13. Juni unter die Lupe nimmt.[8] Im

---

6 Schmitz, Walter: Uwe Johnson: Der 5. Kanal, in: Deutsche Bücher, 19, Heft 2, 1989, S. 107-109, hier: S. 109.

7 Thomas, Andreas: Innenansichten einer Programmrealität. Rückblick auf Uwe Johnsons Kritiken im Tagesspiegel: »Die Mauer und das Ostfernsehen«, in: Der Tagesspiegel, Berlin, 27.12. 1991, S. 23.

8 Kaiser, Alfons: Für die Geschichte. Medien in Uwe Johnsons Romanen, St. Ingbert 1995, S. 181-184.

Laufe seiner Analyse gelingt es Kaiser, mit einer vielleicht etwas über-
triebenen Genauigkeit, die rhetorische Struktur des von ihm besprochenen Textes freizulegen. Dabei vermag er Parallelen zu ziehen zwischen
der hier verwendeten Figur des Asyndetons und der von B. Neumann
festgestellten parataktischen Schreibweise der Johnsonschen Erzählungen. Darüber hinaus kann er auf eine für Johnson typische Missachtung
der Syntaxregeln aufmerksam machen, die in der Tat eine besondere
Stimme verrät und eine besondere Pointe bekräftigt. (Desgleichen kann
ein Deutschlehrer nur hoffen, dass ein Satz wie »Allerdings die Sängerin
hätte nicht sollen sich überreden lassen zu ihrem Tun« (D5K, 126) seinen
Schülern nicht unter die Augen kommt, obwohl gerade dieser Satz die
ungelenke Steifheit der Sängerin auf geradezu unnachahmbare Weise
imitiert.) Zum Schluss dann kann Kaiser Fellinger sogar wortwörtlich
Recht geben, indem er beteuert: »Die strukturelle Konsistenz des Textes, seine in sich schlüssigen Bezüge, die Einführung, Wiederaufnahme
und resümierende Zusammenziehung von Leitbegriffen, sowie die mit
den Inhalten korrespondierenden formalen Eigenschaften des Textes
geben ihm den Charakter eines literarisch durchkomponierten Kunst-
stücks.«[9] Und wie sehr solche Texte »integraler Bestandteil des Werkes
Uwe Johnsons« seien, unterstreicht Kaiser dann mit seiner Behauptung:
»Mit dem *5. Kanal* legte Johnson den Grundstein nicht nur für eine
weitere Thematisierung von Medien in seinem Werk, sondern auch für
eine leichte Korrektur seiner Schreibweise, die in *Jahrestage* einfacher,
präziser, kurz: journalistischer wird, als sie noch im Frühwerk gewesen
war.«[10]

So überzeugend Kaisers Analyse und die damit verbundene Argumentation auch im Einzelnen sein mögen, es bleibt dennoch zu bedenken, dass die Aussage des von Kaiser feinfühlig analysierten Textes darauf hinausläuft, dass die Informationssendungen im Ostfernsehen deswegen langweilig seien, weil sie von einem staatlichen Sender ausgestrahlt
würden.[11] Seiner damaligen westlichen Leserschaft mag diese Feststellung insofern eine gewisse Genugtuung verschafft haben, als die Unabhängigkeit der eigenen Sender im Grundgesetz verankert war. Andererseits jedoch wird wohl gerade diese Feststellung für diese Leserschaft

---

9 Ebd., S. 184. Vgl. D5K, 177.

10 Kaiser, Geschichte (Anm. 7), S. 185f.

11 D5K, 21: »Es sind nicht einmal Nachrichten, da nur die Oberfläche der Probleme gezeigt wird. [...] Vertritt [Adlershof] den Bürger gegen die Industrie...? Das ist nicht
möglich, da die Sendestation wie die Industrie die gleiche staatliche Instanz vertreten.«

nicht stimmig gewesen sein. Denn das, was hier als für Ostdeutsche hinlänglich bekannt dargestellt wird, war für Westdeutsche vermutlich neu.[12] Wer sich noch nicht in der Lage befand, ostdeutsche Einweckgläser öffnen zu müssen, wird doch nicht wissen, wie schwierig und gefährlich diese Operation sein konnte. Und wer von einem staatlichen Fernsehsender nur positive Propaganda erwartet, wird wahrscheinlich geradezu überrascht sein, zu erfahren, dass solche unzulänglichen Einweckgläser von der Fernsehanstalt der DDR überhaupt zur Kenntnis genommen wurden. Für diese Leserschaft also ist es, abgesehen von der hier als falsch entlarvten Erwartung, in der Tat hauptsächlich die äußere Form der östlichen Informationssendungen, die im Vergleich zu der der westlichen rückständig wirkt und von daher Langeweile verbreitet. Somit geht der erste Satz des Textes (»Es liegt nicht nur an der äußeren Form, wenn die Informationssendungen aus Adlershof Langeweile verbreiten«; D5K, 21) eindeutig an diese westliche Adresse, während Johnson im übrigen Text ausdrücklich die Perspektive der ›Abonnenten‹ einnimmt, deren Langeweile wahrscheinlich nicht in dem Maße von der äußeren Form beeinflusst wird und auch sonst zum Teil als Projektion eben der Johnsonschen Rhetorik anzusehen ist.

So gesehen mag die Frage doch nicht unberechtigt erscheinen, was an einer nicht ganz lauter dargestellten, verflossenen Langeweile noch interessant sein mag. Und dementsprechend setzt sich Manfred Delling von der üblichen, positiven Einschätzung dieser Texte ab, indem er schreibt: »Darüber hinaus sind die Texte Schnee von gestern«.[13] Anstatt Johnsons Stil zu bewundern, seine Rhetorik zu untersuchen oder die Verbindung zwischen Form und Inhalt zu preisen, spricht Delling von »wenigen graziösen Formulierungen« und stellt fest, dass schon die Kürze der Texte eine arge Beschneidung der literarischen Möglichkeiten mit sich bringe. Er bezichtigt Johnson der voreingenommenen Einseitigkeit, indem er seine Vorgehensweise als »Benotung« und »ideologische Einordnung« bezeichnet und unterstellt ihm: »Vom Westfernsehen scheint er derweil wenig mitbekommen zu haben.«

In diesem letzten Punkt scheint Johnson selber Delling Recht zu geben. Nicht nur, dass er nach Beendigung seiner Kritikertätigkeit den »eigens angemieteten Fernsehapparat« zurückgibt, wie Eberhard Fahlke

---

12 Ebd.:»Es ist nicht bildend, daß die Industrie konservierte Früchte verkauft in Rillengläsern, die nur schwer und unter Splittergefahr für die Augen zu öffnen sind.«
13 Delling, Manfred: Irrtümer. Uwe Johnson als Fernsehkritiker, in: Deutsches Allgemeines Sonntagsblatt, 3.5. 1987, S. 26.

berichtet.[14] In den *Begleitumständen* räumt Johnson unter dem durchsichtigen Deckmantel der Anonymität auch ein: da »schloss jemand *(ohne nennenswerte Kenntnis des Fernsehbetriebs)* [Hervorhebung RG] mit dem westberliner ›Tagesspiegel‹ einen Vertrag«. Und wenn er dann fortfährt: »Selbstverständlich ist es ein Unfug, Tag für Tag kritisch über ein Fernsehprogramm zu schreiben. [...] So etwas ist in der Regel ein Bericht über etwas, was der Leser der Zeitung verpasst hat« (BU, 307), dann setzt er den Gegenstand seiner Kritiken buchstäblich mit dem »Schnee von gestern« gleich. Nach der Geschichte des fingierten Beitrages hat er, wenn man den *Begleitumständen* Glauben schenken darf, ernüchtert seine eigene Nutzlosigkeit festgestellt: »Nunmehr wusste der Fernseh-Rezensent des ›Tagesspiegel‹ sich einig mit seinen Lesern, was die Einschätzung dieser seiner Tätigkeit anging« (BU, 318). In dem langen Brief an Manfred Bierwisch, den Fahlke in diesem Zusammenhang zitiert, gibt er ebenfalls zu: »Es ist aber richtig dass ich für diese Aufgabe nicht der richtige Mann bin.«[15] Diesmal jedoch hängt seine Begründung ausdrücklich mit seinem Stil zusammen: »am Anfang stand die Ausdrucksweise den Gegenständen im Wege«. Dementsprechend erwähnt er dort die Notwendigkeit, »Personalstil zu verstecken« und zwar unter Berufung auf den bekannten journalistischen Leitsatz, dass die »meisten Sätze [...] auf einen Blick eingängig« sein müssen.[16] Für Johnson also, anders als für Fellinger, sind diese Texte keine »›Kunst‹-Stücke« sondern »Schreibübungen«. Worin er sich übt, ist auch nicht, wie Kaiser behauptet, die Ausarbeitung einer eigenen unverwechselbaren Schreibweise, sondern die Anpassung an Gegenstände, die mit seinem restlichen Schaffen wenig gemein haben und denen eben mit jener Schreibweise nicht beizukommen war.

Somit kämen auch an Fellingers drittem Argument gelinde Zweifel auf. Denn es ist dann nicht das Erfolgreiche, Vollkommene, urtypisch Johnsonsche, was den Reiz dieser Texte ausmacht, sondern das Außergewöhnliche, Problematische, Sinnlose. Anstatt diese Texte als womöglich überzeitlichen Bestandteil des Johnsonschen Werkes zu untersuchen, gilt es daher vielmehr, sie auf ihren spezifischen Kontext hin zu befragen. Dabei darf man weder den politischen noch den biographischen Hintergrund außer Acht lassen, weder die stilistisch merkwürdig ge-

---

14 »Die Katze Erinnerung«. Uwe Johnson – Eine Chronik in Briefen und Bildern, zusammengestellt von Eberhard Fahlke, Frankfurt am Main 1994, S. 157.
15 Ebd., S. 155.
16 Ebd.

schraubte vorangestellte Darlegung des Vorhabens, noch den hoch-
rhetorischen, ironisch schillernden Bericht über das Geleistete, weder
die Stimme, die hier spricht, noch das angesprochene Publikum, weder
das hier Besprochene noch das hier Verschwiegene. Erst dann nämlich
wird sich zeigen, wie diese Texte mit Johnsons Werk zusammenhängen.
Dabei scheint eine gewisse Skepsis geboten zu sein. Denn schon beim
ersten Schritt herrscht Unklarheit. Darüber nämlich, wie es überhaupt
zu dieser Tätigkeit kam, schreibt Johnson in den *Begleitumständen*: »Um
etwas an dem kaputten öffentlichen Selbstverständnis der Stadt zu reparieren, schloss jemand [...] mit dem westberliner ›Tagesspiegel‹ einen
Vertrag, der da lautete: wenn ihr das ostberliner Programm druckt, dann
rezensier ich euch das« (BU, 307). Viele Kritiker scheinen diese Sätze so
aufgefasst zu haben, als hätte Johnson von sich aus die ganze Geschichte
ins Rollen gebracht. Fellinger zum Beispiel insistiert: »Dieser Auftrag,
diese Selbstverpflichtung (Hervorhebung RG) hatte ihren Grund in dem
Bemühen Johnsons (Hervorhebung RG) ›etwas an dem kaputten öffentlichen Selbstverständnis der Stadt zu reparieren‹« (D5K, 167). Ähnlich
schreibt Ulrich Schacht: »Johnson empfahl *hin-* und nicht wegzusehen.
Er kam mit dem *Tagesspiegel* überein.«[17] Sogar Eberhard Fahlke verwendet da ein merkwürdiges Plusquamperfekt, wenn er schreibt: »Als der
Herausgeber der Westberliner Zeitung *Der Tagesspiegel* erklärt, künftig
die Sendungen des Deutschen Fernsehfunks anzukündigen [...] *hatte* Uwe
Johnson *zuvor* mit der Chefredaktion *vereinbart*, ›wenn ihr das ostberliner
Programm druckt, dann rezensier' ich euch das‹.«[18] Und Manfred Delling
erlaubt sich sogar die Formulierung: »Der Schriftsteller Uwe Johnson
machte der Westberliner Tageszeitung ein Angebot«.[19] Nur der Kritiker
des *Tagesspiegels*, aber immerhin der Kritiker des *Tagesspiegels,* schreibt
gegen diese Version der Geschichte an: »Natürlich waltet auch hier Legende. [...] Tatsächlich hatte die Initiative bei der Zeitung gelegen, und
Uwe Johnson hatte das interessant gefunden.«[20]
   Und wenn eine Legende einmal anfängt zu bröckeln, dann erweisen
sich einige gern gehaltene Glaubenssätze als übertrieben. Nach Johnsons
eigenen Angaben etwa dürfte der lapidare Satz aus seinem ersten Beitrag
— »es ist aber bisher nicht erwähnt worden« (D5K, 7) — als nur bedingt

17 Schacht, Ulrich: Herrn v. Sch.s Telefon. Uwe Johnsons gesammelte »DDR«-
Fernsehkritiken, in: Die Welt, 10.3. 1987, S. 24.
18 Fahlke, Katze Erinnerung (Anm. 14), S. 154. Hervorhebung RG.
19 Delling, Irrtümer (Anm. 13).
20 Kroneberg, Eckart: Kritische Kabinettstücke. Uwe Johnsons Tagesspiegel-Kri-
tiken des DDR-Fernsehens, in: Der Tagesspiegel, Berlin, 11.10. 1987, S. XV.

wahr gelten. Denn mag das Ostfernsehen bis dahin im *Tagesspiegel* nicht
erwähnt worden sein, so dürfte die von Johnson selber referierte Tatsache, dass »zwischen 600,000 und 700,000 [...] solche Blättchen wie
›Blinkfüer‹ [sic], ›Funk-Express‹ und ›Lotto-Toto-Express‹ [kauften], weil
dort das adlershofer Programm auch abgedruckt war« (BU, 306) doch
schon als ›Erwähnung‹ gelten. Und wenn das Embargo in dem Maße
gebrochen worden war, bevor Johnson überhaupt ein Wort geschrieben
hatte, so kann Karsten Witte natürlich nicht Recht haben, wenn er
schreibt: »Seine Glossen brachen den Boykott des Springer-Konzerns
gegen den Abdruck der DDR-Medienprogramme in westdeutschen
Zeitungen.«[21] Statt dessen mag Manfred Delling wohl eher Recht haben, wenn er schreibt: »Vier Jahre später war es einem ehrlich zu dumm.«[22]
Und obwohl diese nüchternere Variante es einem verwehrt, Johnson
zum einsamen Helden der deutsch-deutschen Mediengeschichte zu sti-
lisieren, so schmälert sie seine Bedeutung in der ganzen Affäre nur un-
wesentlich. Denn mag er auch nicht derjenige gewesen sein, der die
Initiative ergriff, so kam es ja nicht von ungefähr, dass die Wahl des
Tagesspiegels gerade auf ihn gefallen war. Schließlich war er erst fünf Jahre zuvor aus dem Teil des Landes ›umgezogen‹, in dem auch Adlershof
sich befand. Wegen seiner ersten beiden Romane war er bekanntlich
von westdeutschen Kritikern zum »Dichter der beiden Deutschland«
gekürt worden (vgl. BU, 336). Bei ihm war folglich vorauszusetzen, dass
er nicht nur über gewisse landeskundliche Vorkenntnisse verfügte, die
sich bei der Auswertung der ostdeutschen Sendungen als nützlich erweisen könnten, sondern auch, dass er infolge seiner besonderen Biographie
das Vorhaben der Zeitung voll und ganz unterstützen würde, ohne jedoch den Verdacht aufkommen zu lassen, dass er dem ostdeutschen Staat
nach dem Munde redete. Von diesem Johnson also hat man wohl von
vornherein eine besondere Perspektive auf das ostdeutsche Fernsehen
erwartet. Diese Erwartung hat er nicht enttäuscht.

Wie sehr persönlich diese Perspektive sein konnte, zeigt ein anderer
Umstand, der von der Kritik überhaupt nicht beachtet wird. Überall
dort, wo in der Sekundärliteratur vom *5. Kanal* die Rede ist, heißt es,
Johnson sei ein halbes Jahr lang der unverhofften Tätigkeit als Fernsehkritiker nachgegangen. Und es stimmt auch, dass die erste Kritik auf den
4. Juni 1964 datiert ist und die letzte auf den 3. Dezember. Dazwischen
liegen in der Tat ziemlich genau sechs Monate. Zwischen dem 9. Sep-

---

21 Witte, Karsten: Uwe Johnson. Der 5. Kanal, in: DIE ZEIT, 2.10. 1987, S. 61.
22 Delling, Irrtümer (Anm. 13).

tember und dem 1. Oktober aber hat Johnson eine Pause eingelegt. Im *Tagesspiegel* vom 9.9. ist zu lesen: »Während des Urlaubs unseres Mitarbeiters Uwe Johnson wird der Schriftsteller Klaus Roehler zeitweilig über das Adlershofer Programm berichten.« Das bedeutet zum einen, dass Johnson nicht ganz so unermüdlich emsig gewesen ist, wie manchmal behauptet; zum anderen, dass sein Rang als Schriftsteller ihn schon auszeichnete, aber nicht unersetzlich machte; zum dritten aber und vor allem, dass die Rückkehr, die in dem Titel des Beitrages vom 1. Oktober erwähnt wird, etwas mehr meint, als nur die Wiederaufsuchung der alten Heimat durch ein »älteres, ehemals westdeutsches Ehepaar« (D5K, 101). Wenn aber dieses Ehepaar extra von Johnson ausgesucht worden wäre, um seine eigene Rückkehr ans Kritikerpult zu markieren, so wäre das nicht nur ein für Johnson typischer, etwas hinterhältiger Spaß. Im Buch zumindest wird dadurch auch eine andere Rückkehr vorweggenommen, nämlich die vom derzeit verhinderten Moderator des »Schwarzen Kanals«, der dann, wenn er tatsächlich zurückkehrt, dafür eine Rüge bekommt, dass da zu viel Gewicht auf das Persönliche gelegt wird (D5K, 155). Der Text »Über eine Rückkehr« indes endet mit der Feststellung: »So konnte die Frau gleich erfahren, was sich inzwischen verändert hat, und was nicht, schlicht durch Fernsehen. Und morgen erfährt sie noch mehr.« (D5K, 102) Dabei entsteht eine eigenartige Äquivalenz zwischen der sich fast bedrohlich ausnehmenden Zukunft der älteren Frau und der Wiederaufnahme von Johnsons Arbeit als Fernsehkritiker. Darüber hinaus wird über das Wort »verändert« eine Verbindung hergestellt zwischen diesem ersten Text der zweiten Halbzeit und dem ersten Text der Sammlung überhaupt, in dem von einem »Interesse an den Veränderungen dieser Umgebung« die Rede war (D5K, 7). Mit anderen Worten: In diesem Text wird von einem tatsächlich zurückkehrenden, gleichzeitig jedoch an einer Rückkehr verhinderten Schriftsteller über eine Rückkehr berichtet, die er als bloßes Fernsehereignis und als einen vom Fernsehen, mithin von den eigenen Kritiken überflüssig gemachten, möglicherweise gefährlichen Fehltritt darstellt.

Eine ähnlich komplizierte Vermengung des Persönlichen, des zu Besprechenden und des Politischen kann auch in dem Text vom 3. Dezember festgestellt werden (D5K, 165f.). Hier, in Johnsons letztem Beitrag, geht es explizit um Endspiele. Schon im Titel kommt das Wort »Schluß« vor. Gemeint ist wiederum nicht nur die für Johnson halbherzig ausgefallene Auflösung einer Kriminalgeschichte, sondern auch sein eigener Abgang. Dementsprechend doppeldeutig sind dann Sätze wie: »Da war alles nicht nötig gewesen« oder »bei dem handwerklichen Geschick dieser Arbeit wünschte man sich fürs nächste Mal einen besser überlegten Schluß und damit unenttäuschte Unterhaltung bis zum Ende«. Die Gewissheit, dass »fürs nächste Mal« der Schluss von einem anderen besorgt werden soll, verleiht den Überlegungen über Folgen und neue Geschichten einen vergleichbar ironischen Unterton. Und dieser erhält eine gewisse Brisanz dadurch, dass auch hier, laut Johnson, die leidige Politik die schlussendliche Unzufriedenheit zu verantworten hat.

Nur ein einziges Mal hätten die Mitarbeiter des *Tagesspiegels* ihrem peniblen Fernsehkritiker Johnson Anlass zu vergleichbarer Unzufriedenheit gegeben. Ansonsten hat man ihn offensichtlich gewähren lassen und sich darauf beschränkt, akkurat Korrektur zu lesen. Gegen den Verdacht des in Ostberlin wohnenden Freundes Manfred Bierwisch, dass die Zeitung ihm »Auflagen machen« oder »Grenzen setzen« würde, versichert Johnson: »Da ist abgemacht dass Einmischungen unterbleiben.«[23] In dem einen Fall aber, wo gegen diese Abmachung verstoßen wurde, haben auch die Leser des *5. Kanals* allen Grund, ihrem Herausgeber zu grollen. Denn bei Fellinger erfahren wir zwar, dass der Text vom 20. Oktober nicht unter dem von Johnson vorgesehenen Titel erschienen ist (D5K, 174); nirgends ist jedoch nachzulesen, wodurch dieser Titel ersetzt wurde. Dabei besagt der Unterschied zwischen »Reklame für die Polizei« und »Polizeipropaganda« viel über die Empfindlichkeiten der damaligen Zeit. Abgesehen davon, dass Johnson das Wort »Propaganda« tunlichst vermeidet, auch da, wo es sich durchaus auf das, was er bespricht, anwenden ließe, so handelt es sich bei der hier besprochenen Sendung »Blaulicht« gerade nicht um ein zu agitatorischen Zwecken zusammengeschnittenes Machwerk, wie das der vom *Tagesspiegel* eingesetzte Titel nahe legt, sondern um eine auch im Westen sehr beliebte Gattung, die im Englischen sogar einen eigenen Namen hat: Police Procedural. Mit seinem Titel macht Johnson seine westliche Leserschaft sachte darauf aufmerksam, dass das, was in allen solchen Sendungen dargestellt wird, nicht unbedingt der Wahrheit entspricht. Die reißerische Alternative der Zeitungsleute will weismachen, dass im Falle der Volkspolizei das Wahrheitsgefälle unannehmbar gravierend sei.

Ein ähnliches Maß an Abweichung bzw. Übereinstimmung lässt sich auch in den Texten konstatieren, in denen die Zeitung und Johnson das gemeinsame Vorhaben jeweils von ihrer Seite aus darlegen. (Bedauerlicherweise wird der eine, ein von »den Herausgebern« unterzeichneter Text mit dem Titel »Die Mauer und das Ost-Fernsehen« von Fellinger

---

23 Fahlke, Katze Erinnerung (Anm. 14), S. 154.

zwar erwähnt, aber nicht abgedruckt.) Beide berichten natürlich von der
bisher verschwiegenen Existenz des Ost-Fernsehens. In beiden ist von
einem »wir« die Rede, mit dem die Einwohnerschaft von Westberlin
gemeint ist. In beiden wird eine Wiedervereinigung in Aussicht gestellt.
Für beide gilt das Fernsehen als Mittel, um sich über die Entwicklungen
im ›abgespaltenen‹ Teil Deutschlands zu informieren. Aber wo »Die
Herausgeber« »den Stalinisten Ulbricht« namentlich erwähnen und auf
»die Freiheit, die wir meinen« pochen, bezieht sich Johnson auf einen
gewissen Herrn Professor Palmström, um auf der Tatsächlichkeit von
Tatsachen zu insistieren (vgl. D5K, 7). Auch nimmt er sich die Freiheit
heraus, sein »ich« deutlich öfter hervorzukehren als sein »wir«. Bei ihm
wird die Wiedervereinigung – unterstrichen durch eine Anspielung auf
Johann Peter Hebel – als zwischenmenschliche Angelegenheit dargestellt und nicht als politisches Wunschziel. Und wo die Herausgeber
eine als wirklich dargestellte »Bedienung des Knopfs nach Osten« durch
»das Bedürfnis, zu wissen, was ›die da drüben‹ machen« erklären, setzt
Johnson die ganze Komplexität seines Stiles ein, um zu vermeiden, dass
die eigenen Anliegen dem Westberliner Fernsehpublikum unterstellt
werden. Wenn er nämlich schreibt: »Mehr noch verstehe ich hier Dienst
am Kunden, mit allerhand Interessen«, so lässt sich immerhin eine Verbindung herstellen zwischen dem Kunden und den Interessen. Wenn er
aber fortfährt: »Aus Interesse an der Umgebung«, so bleibt als Interessent
nur noch der Autor selber übrig. Bei Johnson also fehlt sowohl die von
seinen Auftraggebern angesprochene und durch pathetisches Vokabular
verbürgte politische Solidarität als auch die Illusion, dass ein gemeinsa-
mes Interesse an den Informationssendungen des Ost-Fernsehens ihn mit
seiner Leserschaft verbinden könnte. Und von daher ist es nur konsequent, wenn er »die Meinungen in diesem [Ost-]Programm« nur mit
»der des Berichterstatters« vergleicht.

    Nur »die Kunst in diesem Programm« will Johnson mit »der hiesigen«
(D5K, 8) vergleichen. Wie wir gesehen haben, ist es genau das, was Manfred Delling ihm abstreitet.[24] Aber auch der Fernsehkritiker Eckart Kroneberg, der seinem Vorgänger ebenfalls »eine gewisse Naivität dem Medium gegenüber« anlastet, wirft Johnson, fast schon in seinem eigenen Stil,
eine gewisse Einseitigkeit vor: »Uwe Johnson war in seinen Kritiken
fixiert auf gesellschaftliche und ideologische Inhalte.«[25] Und es stimmt
schon, dass die Mehrzahl der von Johnson namentlich rezensierten Sen-

24 Delling, Irrtümer (Anm. 13).
25 Kroneberg, Kabinettstücke (Anm. 20).

dungen zu der Kategorie ›Informationssendungen‹ gehören. Wie Ulrich Schacht berichtet: »Politische Magazine wie ›Im Blickpunkt‹ und ›Prisma‹ sah er besonders oft, am meisten aber zog ihn die Sendung ›Der schwarze Kanal‹ an.« Auch ist es nicht zu leugnen, dass Johnson bei seinen Besprechungen von »szenischen Dokumentationen«, Fernsehspielen und sogar Filmen immer bemüht ist, agitatorische Tendenzen aufzuspüren und zu verurteilen. In seinen Überlegungen über erstere zum Beispiel schreibt er: »Die ›szenischen Dokumentationen‹, die in den letzten Tagen aus Adlershof herüberkamen, sind in zweifacher Hinsicht eine Kampfform, einmal weil sie gegen den Westen agitieren sollen, zum andern, weil die Grundregeln der Ästhetik schwer zurückschlagen« (D5K, 26). Im darauffolgenden Beitrag spricht er im Hinblick auf ein Atelierspiel von »Routinesendungen, die jeweils mit genauen Aufgaben der Meinungsänderung und Agitation versehen sind« (D5K, 28). Und in seiner Rezension vom 26. Juli schreibt er: »Eine andere Haltung, erkennbar in einigen Spielfilmen der vergangenen Woche, ist eher konservativ, träge zu nennen. Deren Vertreter weigern sich nach wie vor, in der Agitation gegen Westdeutschland über die Methode des Fälschens hinauszugehen.« (D5K, 61f.) Dabei geht es ihm aber gerade nicht um »gesellschaftliche und ideologische Inhalte«, sondern um ästhetische Form. Nicht die ideologische Entrüstung schlägt da gegen die szenischen Dokumentationen zurück, sondern die »Grundregeln der Ästhetik«. Das Unerlässliche, das verlangt wird, ist Glaubwürdigkeit. Wird diese gewährleistet, dann können auch Fernsehfilme, die gegen den Westen gerichtet sind, beim Kritiker Johnson Anerkennung finden. In dem Beitrag vom 6. September zum Beispiel bespricht er zwei Filme, die jeweils habgierige westdeutsche Chefs und desillusionierte westdeutsche Jugendliche zum Gegenstand haben, und kommt, nachdem er Handlung und Dialoge, Drehbuch und Regie, schauspielerische Leistungen und Kameraarbeit, Ausstattung und Raumverteilung genau überprüft hat, zum Schluss: »Beide Filme hatten sich westliche Maßstäbe gesetzt und konnten daran gemessen werden. Verstand und Begabung sind, es war zu sehen, vorhanden.« (D5K, 100) In anderen Fällen gibt Johnson den ostdeutschen Berichterstattern sogar Recht, was die Botschaft, nicht aber, was die Mittel der Überbringung anbelangt. In dem Text »Über eine Meldung« zum Beispiel heißt es: »Wiederum ist die Absicht billigenswert, die die kongolesischen Verhältnisse denunzieren möchte, und lächerlich ist das Verfahren«. Denn: »[D]ie Mittel der Massenagitation auf großen Plätzen verfangen nicht bei Zuschauern, die da in einem Sessel sitzen mit einem Wurstbrot in der Hand« (D5K, 110). Ja, in dem Beitrag vom 30. Oktober gehört zu den schädlichen Wirkungen dieses »blinden Eifers«, »das geringfügige Risiko, das konfuse Kaleidoskop westdeutscher Zitate könne abträglich sein für das Ansehen westdeutscher Publizisten, die sich tatsächlich für eine Reform der Bundeswehr einsetzen.« (D5K, 131f.)

So gesehen wirkt es geradezu grotesk, wenn Manfred Delling versucht, den Anschein zu erwecken, »als wolle Johnson sich und seinen Lesern einhämmern, was kein normaler Mensch je bezweifelt hat: daß es sich auf westlicher Seite demokratischer lebt« und darauf hin die schlichtweg verblüffende Behauptung aufstellt, »daß Uwe Johnson in seinen Fernsehkritiken einen erstaunlichen Mangel an ästhetischem Bewußtsein zeigte«.[26] Nicht nur, dass Johnson, wie wir soeben gesehen haben, zwei Fernsehfilme unvoreingenommen und fair Punkt für ästhetischen Punkt abgeklopft hat; nicht nur, dass er genaue Kenntnisse der ›Neuen Welle‹, des französischen und des italienischen Verismus und mithin einer spezifisch filmischen Ästhetik an den Tag legt; nicht nur, dass er sich darüber Gedanken macht, wie sich eine Wüste zwischen einem großen und einem kleinen Bildschirm verändert oder ob klassische Musik die Wirkung eines Filmes über das Warschauer Ghetto steigert oder schmälert; nicht nur, dass er mitten in seiner Besprechung des von den Ostdeutschen nie gesendeten Films *Yeah Yeah Yeah* nicht vergisst, zu erwähnen, wie die Kamera gehandhabt wird oder sich vorzustellen, wie eine sächsische Synchronisation wohl wirken würde;[27] auch die Art und Weise, wie er seine eigenen Besprechungen aufbaut, zeugt sehr wohl von einer absolut sicheren Beherrschung der Ästhetik sowohl des Fernsehens als auch des geschriebenen Wortes.

In dem Beitrag ausgerechnet vom 17. Juni zum Beispiel wird die Parteilichkeit der Nachrichtenerstattung nicht pauschal gerügt, sondern an Hans-Dieter Langes Lächeln festgenagelt. Dieses wird nach der anfänglichen Feststellung der Tatsache zunächst einmal mit verschiedenen anderen Sorten Lächeln verglichen, und zwar mit einem Aufwand, der explizit die Umständlichkeit des geschilderten Vorganges widerspiegelt:

Manchmal lächelt Hans-Dieter Lange, der ältere Nachrichtensprecher von Adlershof, beim Sprechen der Nachrichten. Das kommt nicht so munter und dreist wie unter einer schweren Überraschung, es ist auch nicht der Übermut eines Schauspielers, der sein Publikum auf den nächsten Gag einstimmt, dennoch gibt er sich so innig amüsiert, daß man denken soll an Lausbüberei, die ausbricht aus der Formalität, gleichwohl ohne sie anzugreifen, etwa wie bei einem Familien-

---

26 Delling, Irrtümer (Anm. 13).
27 Vgl. in der Reihenfolge der Beispiele D5K, 99f; 16; 67; 87; 152; 79.

rat, in dem der Wortführer bei allem Ernste der Sachlage doch nicht anders kann als etwas Komisches anzukündigen, er lacht schon vorher, sollen doch seine Zuhörer die Gesichtsmuskeln schon bereit halten, auch wenn sie nachher gar nicht haben lächeln wollen. (D5K, 24)

Danach erst kommt der Satz, in dem eine Naheinstellung auf des Sprechers Mundwinkel und ein mimetisches Hinauszögern der eigentlichen Nachricht auf filmische Art miteinander verbunden werden: »Denn jetzt sagt der Nachrichtensprecher, und noch einmal delikat knifft Erheiterung seine Mundwinkel: es sei, und nach noch einer Pause: auf dem Ätna Schnee gefallen« (ebd.). Dass wir es hier mit einer buchstäblichen ›Bevormundung‹ des Publikums zu tun haben, wird aus der anschließenden Analyse klar. Und zum Schluss vermag dieses präzise herausgearbeitete bevormundende Lächeln in der Tat das Langweilige und Monologische an dem erzwungenen Optimismus der Ost-Nachrichten metonymisch zusammenzufassen: »Immer lächelt da einer ganz allein in sein Parteiabzeichen.« (D5K, 25)

Ganz ähnlich verfährt Johnson auch in seiner Darstellung jener »Schrecksekunde«, durch die der Bericht über Ulbrichts Reise in die Sowjetunion unterbrochen wird. Da sieht man zuerst das Mehrsitzpult und erst dann die erwachsenen Leute, die dahinter sitzen. Von diesen Leuten sieht man zuerst einmal die Kleidung und dann die Gedanken, die dazu passen. Bei diesen Gedanken hört man zuerst einmal die Souveränität heraus, die möglicherweise übertriebene, und dann das unbegreifliche, unvermittelte Aufbegehren. Und die Peinlichkeit, die auf diese aufblitzende Unsicherheit folgt, wird sehr genau durch die folgenden Sätze wiedergegeben: »Nach einer Weile faßt sich der Herr, der seine Fassung nicht verlieren wollte; und geht nun das Gespräch weiter, als sei nichts gewesen? Es geht weiter; nachdem da was war. Da war die Frage, warum ein sicherer Staat sich darstellen läßt von Leuten, die nicht sicher sind.« (D5K, 29)

Johnsons eigene, ästhetische Sicherheit lässt sich vielleicht am besten dadurch zeigen, dass man ihn mit seinem früheren Widerpart Karl-Eduard von Schnitzler vergleicht. Genau wie Johnson eine Zeitlang Rezensent des westberliner *Tagesspiegels* war, wirkte Schnitzler als Rezensent des ostdeutschen *Filmspiegels*. Im Juni 1959 hatte Schnitzler eine Kritik über einen russischen Film geschrieben, der fünf Jahre später von Adlershof ausgestrahlt und folglich vom Kritiker Johnson zur Kenntnis genommen wurde.[28] (Dass unter Johnsons Kritik im *5. Kanal* das Jahr 1965

---

28 Schnitzler, Karl-Eduard von: Meine Filmkritiken 1955–1960. Eine Auswahl, Berlin 1999, S. 63f. D5K, 32f..

steht, ist natürlich ein Druckfehler.) Es handelt sich um *Ein Menschen-schicksal*, die Geschichte eines russischen Kriegsgefangenen, die nach ei-ner Novelle von Michail Scholochow von Sergej Bondartschuk verfilmt wurde.

Beide Kritiker reagieren gleich positiv auf diesen Film. Für beide ist es wichtig, dass gerade Deutsche ihn sehen sollten. Beide loben gleicher-maßen die Leistung des Hauptdarstellers, die Schlichtheit der angewen-deten Technik, die differenzierte Darstellung der deutschen Soldaten. Aber wie anders lesen sich die beiden Texte: Johnson, stets auf Wahr-heit, Authentizität, Sachgerechtigkeit bedacht, schreibt nüchtern und zurückhaltend. Für ihn ist der Film »nicht leicht wegzuschalten«. Schnitzler hingegen braucht schon im ersten Satz ein Ausrufezeichen: »Das ist ein Höhepunkt des Filmschaffens!« Bei Johnson erfahren wir sowohl über die Rahmenstruktur der Erzählung als auch über den ganzen Gang der Geschichte. Bei Schnitzler hingegen wird uns eher die Moral einge-bläut: »Solange Krieg droht, muß man gegen den Krieg kämpfen; auch in der Kunst.« Moral und Film werden gleichermaßen gegen rhetorische Eingriffe von Westlern und trägen Deutschen überhaupt verteidigt. Da-bei wird sowohl eine nicht leicht nachvollziehbare Metaphorik von Höhen und Tiefen als auch ein pathetisches ›wir‹ eingesetzt. Für Johnson sorgt eine quasi-biographische Authentizität in der Darstellung dafür, dass der Film auf ein solches Pathos weitgehend verzichten kann: »Der Regisseur Bondartschuk stellte selbst dar, was seine Geschichte hätte sein können, so daß raffinierte Techniken gar nicht nötig waren, Intensität zu erzeugen und durchzuhalten.« Schnitzler, der Bondartschuk ebenfalls als »frei von Pathos und Theatralik, natürlich, echt und überzeugend« bezeichnet, setzt die gleiche technische Einfachheit gegen eine verpönte Ästhetik ab und geht sofort aufs Ganze: »Da ist keine formalistische Spie-lerei; alles ist tief begründet und berechtigt, notwendig.« Johnson streicht gerade das Gewöhnliche sowohl des Erlebten als auch des Erlebenden sorgfältig heraus, indem er schreibt: »[D]ie authentische Erzählung setzte sich durch mit der schlichten, durchschnittlichen Anlage des Helden, der eben nicht Heldentugenden zu zeigen hatte, sondern die unermüd-lichen Versuche eines Russen, nach Rußland zurückzukommen.« Bei Schnitzler liest sich das ganz anders: »So bleibt das Unglaubliche glaub-haft, wird das Auffassungsvermögen nicht gelähmt, sondern geschärft. Und stets ist inmitten aller Unmenschlichkeit der Mensch erhalten. Der mißbrauchte und verformte Mensch, der Böses tut, und der Mensch, der es aushält und das Menschliche verwirklicht.« Für Johnson wiederum ist es ein Verdienst des Filmes, dass er solche Kategorien vermeidet: »Be-

merkenswert war auch das Bemühen, die Deutschen nicht als mytholo-
gische Bösewichte zu zeigen, sondern ihre Situation und ihre Möglichkeiten zu verstehen«. Schnitzler hingegen, obwohl er fast das Gleiche
beteuert, kommt nicht ohne Schurkenfiguren aus: »Und die Faschisten
... wer ihnen als Häftling begegnete, weiß: So waren sie! Aber auch
unter ihnen ist keiner nach einer Schablone konstruiert, sondern einer
vom anderen differenziert. Den Lagerkommandanten kann man sich ohne
Aufwand von Phantasie in den gestreiften Hosen des Herrn Oberländer
auf dessen Bonner Ministersessel vorstellen ...«. Dementsprechend endet
Schnitzlers Kritik dann auch: »Ein neues Deutschland ist erstanden, in
dem Schluß gemacht wurde mit alledem, und dieser deutsche Staat steht
heute im Freundschaftsbund mit Sokolow. Uns einen eine große Idee
und der entschlossene Wille, den Krieg ein für allemal auszurotten.« Daran
sieht man, was es heißt, »auf ideologische Inhalte fixiert« zu sein, während man bei Johnson wie bei seinem Gegenstand das ästhetische Gegenteil erfährt: »Das Ganze ist [...] sachgerecht erzählt, ohne Agitation,
mit der Absicht und dem Effekt, die Vergangenheit zu begreifen. Ein
Film auch für die Deutschen.«

Auch auf Johnsons Wahl seiner Gegenstände trifft Kronebergs Unterstellung von den »politischen und ideologischen Inhalten« nicht zu.
Denn bei aller Vorliebe für Sendungen wie »Der schwarze Kanal« oder
»Prisma« stimmt es einfach nicht, dass er ausschließlich oder sogar hauptsächlich eine einzige Sorte Sendung rezensiert hat. Neben den Informationssendungen kommen viele Filme und Fernsehspiele in seinen Kritiken vor, aber auch Sport und Schlager, Quizsendungen und Fitness-
training. Und auch innerhalb der Sparte »Informationssendungen« berücksichtigt Johnson eine beachtenswerte Palette an Formen und Themen. Zu Recht also stellt Ulrich Schacht fest: »Johnson hat die Sendungen des ›5. Kanals‹ [...] mit der ihm eigenen Fähigkeit zur systematischen
Erfassung von Wirklichkeit beobachtet: Von der täglichen Kindersen-
dung ›Sandmann‹ über die längst eingestellte Werbe-Sendung ›Tausend
Tele-Tips‹ bis zur Krimi-Serie ›Blaulicht‹ ist ihm nichts uninteressant
genug gewesen, um nicht untersucht zu werden. Spielfilme, Theater-
stücke, Auslandsberichte, Nachrichtensendungen, Unterhaltungsschwulst
– nichts entging seinem Blick.«[29]

Dabei ist der von Kaiser untersuchte Text bei weitem nicht der einzige, der eine bis ins Kleinste durchdachte rhetorische Struktur aufweist.
Am offensichtlichsten ist dies wohl im Text vom 4. Juli, der mit seinen

---

29 Schacht, Telefon (Anm. 17).

Entsprechungen von »Gelegentlich« und »Freilich« fast wie ein Sonett in
Prosa aussieht (D5K, 43). Allerdings ist auch anzumerken, dass der Sandmann und die ›Tele-Tips‹, wenn man bedenkt, dass sie Tag für Tag
gesendet wurden, reichlich spät dran waren. Letztere etwa werden dazu
genutzt, um die zwei Teile des Kriminalfilms »Doppelt oder Nichts«
auseinander zu halten und somit mit dem Schluss schließen zu lassen.
Und bei ersterem hat Johnson einzig und allein das Jubiläum bedacht,
einen Abend vor Beginn seines eigenen Endspiels. Desgleichen wird die
Sendung »Medizin nach Noten« zwar schon im ersten Beitrag erwähnt,
aber erst knapp vier Monate später behandelt. Eine ähnliche, wenn auch
kleinere Verspätung ist bei Hochwälders Bearbeitung von Maupassant
zu beobachten, die am 12. November ausgestrahlt, aber erst am 17. besprochen wurde, und zwar zusammen mit einer zweiten Literaturadaption,
diesmal von Tschechow, und unter der abschätzig daherkommenden
Überschrift »Werbung fürs Lesen« (D5K, 149f.). So könnte man fast den
Eindruck gewinnen, als habe Johnson erst neben seinen regelmäßigen
Auseinandersetzungen mit den »Meinungen« und der »Kunst« im Ost-
Programm sich vorgenommen, die ganze Palette des Dargebotenen wenigstens einmal zu beleuchten. Es kann sein, dass ein solcher Entschluss
ursprünglich durch die verzweifelte Suche nach geeignetem Material
begründet worden war. Denn in seinem Brief an Manfred Bierwisch
gibt Johnson zu: »Es wird auch selten zugelassen dass mir einmal nichts
besprechenswert vorkommt, das hat seine Richtigkeit in der Täglichkeit,
mit der das Programm ausgestrahlt wird.«[30] Aber es ist auffällig, dass er,
als schon festgestanden haben muss, dass er diese Tätigkeit demnächst
aufgeben würde, mit Berichten über zwei feste und daher wesentliche
Bestandteile der Adlershofer Tagesroutine nachgeholt hat, worüber er
bis dahin noch nicht geschrieben hatte.

Und dennoch gibt es viel, was ausdrücklich nicht oder kaum besprochen wird. In seinen allgemeinen Betrachtungen zum Beispiel erwähnt
Johnson unter anderem auch »den Mengenanteil des Sports«. In dem auf
den 26. August datierten »Rückblick aufs Wochenende« heißt es dementsprechend: »Der Sonntag brachte viel Sport«. Aber obschon Johnson
die Parteilichkeit der ostdeutschen Sportberichterstattung missbilligend
feststellt (D5K, 63) und obschon er sowohl über technisches Können als
auch über gehässige Tendenzen bei den Übertragungen der olympischen
Sommerspiele in Tokio berichtet (D5K, 118f.), bleiben diese doch ver-
einzelte Nebenhiebe, die die Vermutung erhärten, dass Johnson nur dann

---

30 Fahlke, Katze Erinnerung (Anm. 14), S. 154f.

des Sports gedachte, wenn er daran politische Bemerkungen anknüpfen konnte. Am 23. Juni etwa scheint er zu wissen, das »[m]ancher Zuschauer [...] dem Kanal 5 [...] das Spiel Spanien gegen Sowjetunion in Madrid abnahm« (D5K, 31). Aber er berichtet weder über das Spiel selbst noch über die Qualität der Sendung, sondern lässt sich des Längeren und des Breiteren über die darauffolgende Sendung aus, von der er annimmt, dass man sie »eine Weile [...], aber mit Gruseln, und nicht lange« mit angesehen haben wird. So lässt sich auch der weitere Verdacht bekräftigen, dass Johnson gerade das nicht rezensiert hat, was von den meisten Zuschauern am liebsten gesehen wurde. Auf vergleichbare Weise verfährt er wiederholt mit den Filmen, die am Montagabend direkt vor der Sendung »Der schwarze Kanal« gebracht wurden und von denen er einmal explizit als von »Ködern« spricht (D5K, 46). Im Beitrag vom 5. August zum Beispiel heißt es: »Am Montagabend, nach einem konventionellen Zirkusfilm, betrieb Herr von Schnitzler abermals sein Reprisenkino« (D5K, 68). Und die ganze restliche Besprechung gilt nicht dem Film, der dadurch mit einem einzigen Adjektiv abgefertigt wird, sondern eben dem danach benannten »Reprisenkino«. Und wer auf diese Weise den Köder verschmäht, aber den Haken schluckt, treibt schon ein merkwürdiges, fast masochistisch anmutendes Spiel – sowohl mit sich selbst als auch mit seinem Publikum.

Der Sinn dieses Spiels besteht darin, die Frage aufzuwerfen, für wen eigentlich gesendet bzw. geschrieben wird. Und diese ist dann auch die einzige »Frage«, die explizit in einer Überschrift vorkommt (vgl. D5K, 103). Im Beitrag vom 2. Oktober nämlich möchte der rhetorisch geübte Rezensent gerne wissen, wer wohl um 10 Uhr vormittags Zeit hat, sich eine Morgengymnastiksendung anzuschauen. Damit suggeriert er die Möglichkeit, dass drei bemühte ostdeutsche Damen ausschließlich für einen einzigen nicht auffällig sportlichen westlichen Fernsehkritiker turnen würden. Dieses intime Gefühl, mit den Geschehnissen auf dem Bildschirm alleine zu sein, ist natürlich nicht selten und vielleicht sogar in der Natur des Mediums begründet. In diesem speziellen Fall aber wird dadurch das fehlende Gegenteil implizit heraufbeschworen; denn eigentlich sollte eine solche Sendung mit ihrer Musik und ihren Ansagen die Illusion vermitteln, als bildete der solitär übende Zuschauer doch einen Teil einer glücklichen Gemeinschaft. Desgleichen spricht Johnson mit seinem Beitrag über »Sonderprogramme« die Fragmentierung des Publikums an, die dadurch entsteht, dass das Fernsehen als »Betriebsfunk« missbraucht wird (D5K, 82). Dass er damit auch an dem Selbstverständnis der DDR als ›Arbeiter- und Bauernstaat‹ rüttelt, zeigt, dass diese Über-

legungen nicht nur ästhetischer Natur sind. Und das Gleiche gilt erst
recht, wenn er die beiden Zuschauerschaften gegeneinander ausspielt.
Zum einen weiß er natürlich, dass der »5. Kanal« von vielen als ein gegen den Westen gerichtetes Propaganda-Instrument angesehen wurde.
Zum anderen jedoch stellt er fest, dass viele Sendungen überhaupt nicht
für dieses Publikum gedacht sind. Bezeichnenderweise beginnt sein erster Text »Zum Programm Adlershof« mit der gängigen Redewendung
vom »westlichsten Brückenkopf von Intervision«, verkündet jedoch zum
Schluss ein besonderes Interesse »an den Leuten, die den Kanal 7 und
UHF nicht haben oder nicht einschalten; nämlich um wahrzunehmen,
was *ihnen geboten wird* als Kenntnis der Welt« (D5K, 7; Hervorhebung
RG). Dementsprechend zitiert er mehrmals die Anredeform von den
»Damen und Herren in der Bundesrepublik« bzw. »im Westen«, be-
denkt aber auch immer wieder die »Abonnenten« des Ostfernsehens (D5K,
22, 29, passim). Manchmal laufen die Interessen dieser beiden Gruppen
parallel. »Ein Menschenschicksal« zum Beispiel ist »Ein Film [...] für *die
Deutschen*« (D5K, 33; Hervorhebung RG). Und »Prisma« ist eine Sen-
dung »auch für westliche Zuschauer« (D5K, 85). In dem Beitrag vom 28.
Juni hingegen vergleicht Johnson die jeweiligen Perspektiven auf die
Ostnachrichten und kommt zum Schluss: »Von da aus gesehen ist die
›Aktuelle Kamera‹ nicht eine Nachrichtensendung, sondern ein tägliches
Symptom für innenpolitische Verhältnisse« (D5K, 40). Gelegentlich, wie
zum Beispiel im Falle der Langeweile, nimmt Johnson die ostdeutschen
Abonnenten gegen diejenigen in Schutz, die versuchten, »die Fernseh-
geräte gegen die Interessen der Besitzer zu benutzen« (D5K, 21). In anderen Fällen jedoch stellt er fest, dass der ostdeutsche Sender sich »mit
den Verhältnissen seiner Abonnenten [befaßt], und zwar in einem Ausmaß und einer Art, in der das Publikum [...] ein Selbstverständnis erblik-
ken kann« (D5K, 45). In diesem Sinne sind viele Sendungen aus Adlershof »lokale Veranstaltungen« in denen »der Sender mit seinen Abonnenten unter sich« ist, »eine Familie sozusagen«, so dass der Eindruck entsteht: »im übrigen machen die das Programm da für sich allein« (D5K,
48, 55).
    Wenn aber dem so ist – »und endlich entdeckt der westdeutsche Be-
trachter: er ist gar nicht gemeint« (D5K, 47) –, wenn sogar Adlershof
selbst seinen erfundenen westdeutschen Zuschauern ein Desinteresse am
ostdeutschen Fernsehen andichtet (D5K, 86), so wird die Frage nach der
Position des gar nicht gemeinten Westberliner Rezensenten nun doch
akut. Zum einen natürlich benutzt er dieses Nichtgemeintsein als rhetorische Strategie, um die schiefe Machart der doch an ihn adressierten

Sendungen zu verdeutlichen oder um Produktionen zu kritisieren, die westlichen Maßstäben nicht genügen (vgl. D5K, 47, 48). In anderen Fällen zieht er die einzig mögliche Konsequenz und erwähnt zwar »Das Verkehrsmagazin für die Autofahrer« (D5K, 44), bespricht es aber nicht. Oder er tut, wie wir gesehen haben, so, als würde er sich doch auf die Seite der ostdeutschen Fernsehzuschauer schlagen. Am häufigsten aber gibt er sich einer sehr charakteristischen Tätigkeit hin, die darin besteht, dass man »zusieht« um »das Unbekannte [zu] erlernen« (D5K, 48). Eine ähnliche Haltung erwartet er offensichtlich auch von seiner Leserschaft. Nicht nur, dass im ersten Text ein »wir« auftaucht, von dem es heißt: »wir [sollten] uns vorbereiten, [die veränderten Nachbarn] zu verstehen« (D5K, 8). Auch Quizsendungen wie »Kreuz und quer« werden »dem Publikum der westlichen deutsprachigen Gebiete« aus einem vergleichbaren Grunde empfohlen: »Was dieses Quiz [...] ihm [...] vermitteln kann, ist eine Kenntnis besonderer Art: eine Unkenntnis« (D5K, 60). Die genauen Ausmaße dieser Unkenntnis sind Johnson spätestens dann klargeworden, als sich herausstellte, dass man diesen Westdeutschen glaubhaft machen konnte, dass im ostdeutschen Fernsehen ein »bärtige[r] junge[r] Ansager« zu sehen gewesen sei (D5K, 79). Denn weder der Bart noch die Jugend dieses Ansagers darf als zufällig oder unschuldig gelten. Im Gegenteil, wie Johnson in den *Begleitumständen* berichtet, waren die als überflüssig oder gar staatszersetzend verschrieenen Haare ostdeutscher Jugendlicher kurz zuvor am Bahnhof Lichtenberg der Polizei zum Opfer gefallen (BU, 316). Nur wer das nicht wusste oder nicht bewusst zur Kenntnis genommen hatte, konnte überhaupt an Johnsons Ansager glauben. Dieser wiederum, mit seinem finsteren Blick, seiner Erwähnung der »heiklen Frisuren« und seiner »mürrischen« Zusatzbemerkung sollte dazu dienen, das Repressive zu persiflieren, das nicht nur besagte Polizeirazzien, sondern auch – worauf es Johnson in diesem Beitrag ankommt – die Mauer zur Folge gehabt hatte. Wer dies begreift, versteht einiges über die tragische Lage des geteilten Deutschland und die Position seines so genannten Dichters. Da aber die Mauer im Westen bestenfalls Gegenstand der Propaganda, kaum aber des ernsthaften Interesses war, und da wohl kein Westmensch ausgerechnet am Jahrestag des Mauerbaus das Ostfernsehen einschalten wollte, musste das hier von Johnson betriebene Spiel sein Ziel verfehlen. Und somit entsteht eine bedenkliche Parallele zu den von Johnson besprochenen Sendungen des Ostfernsehens.

In dem Beitrag »Über Nachrichten« nämlich hatte Johnson festgestellt, dass die Zuschauer im Osten auf ihren Fernsehsender angewiesen seien, was Informationen über den Westen anbelangt, denn sie könnten diese mit der eigenen Erfahrung nicht vergleichen (D5K, 40). In den *Begleitumständen* räumt er Ähnliches auch für seine eigenen Kritiken ein: »Da eine Wiederholung selten [...] vorkommt, fehlt dem Leser ein Vergleich mit seinen eigenen Eindrücken«. Der »Unsinn«, der dadurch entsteht, macht aus seinen eigenen Arbeiten – in diesem Punkt ironischerweise mit denen von Herrn Schnitzler vergleichbar – ein Politikum ohne Inhalt: »Unsinn hin, Unsinn her, es kam einzig darauf an, als eine Wirklichkeit anzuerkennen, dass man in Westberlin neben den beiden westdeutschen Anstalten noch das Programm einer dritten empfangen konnte« (BU, 307). Und genau wie bei Herrn von Schnitzler diejenigen gar nicht gemeint sind, an die sich die Sendungen vorgeblich richten, so weiß der Kritiker Johnson, dass die Redaktionen von Adlershof, für die allein seine Ansichten praktischen Wert haben könnten, gerade ihm das taube Ohr zukehren mussten. Wenn Johnson selber immer wieder bemüht ist, dem Ostprogramm, soweit möglich, Gerechtigkeit widerfahren zu lassen, so muss man auch ihn manchmal gegen diejenigen in Schutz nehmen, die ihn der Einseitigkeit bezichtigen. Indem er bei seinen Filmbesprechungen etwa beharrlich westliche Kriterien anwendet oder sonst auf bekannte Details der westlichen Geographie und Politik pocht, zeigt Johnson, wie sehr er und seine Leserschaft bei dieser Angelegenheit »unter sich« sind, »eine Familie sozusagen«. Innerhalb dieser Familie dann kann er sich direkter Anredeformeln bedienen, so wenn er manchmal unverblümt Empfehlungen austeilt, sich für Pannen entschuldigt oder die Frage stellt: »Oder hätten Sie es gewußt?« (D5K, 91, 92, 60).

Auch diese Frage ist natürlich nicht so unschuldig, wie sie daherkommt. Im Gegenteil: Sie bildet die rhetorische Pointe jenes Beitrages, der eine ganz bestimmte Unkenntnis der Westdeutschen über den Osten zum Thema hatte. Eine solche, etwas stachelige Rhetorik durchzieht die ganze Textreihe. Nicht nur das von Kaiser zitierte »zum Beispiel« gehört dazu und nicht nur das als Klappentext zitierte »wie üblich«. Eine ganz raffinierte Technik des Tonfalls, der Wortwiederholung, der spitzen Nebenbemerkung und eben der rhetorischen Frage kommt da zum Tragen. Schon im Beitrag vom 6. Juni etwa versieht er die Ostdeutschen mit einem »aber« und einem Fragezeichen (D5K, 14). Drei Tage später erfragt er »wird auch das noch zum Lachen sein?« (D5K, 17). Und in der Tat: Wenn er angesichts der turnenden Ostdeutschen so dringend wissen will : »Wer turnt da? Wer turnt da mit?«, so ist das nicht nur mehr zum Lachen.

Denn wer da turnt und nicht weiß, wer mitturnt, ist ein in Pommern gebürtiger Westberliner Rezensent des Ostfernsehens, der, so redlich er

sich auch bemüht, den Bedingungen des kalten Krieges nicht zu entkommen vermag. Dass Johnson hier, zwischen den beiden Deutschlands, nur in begrenztem Maße Dichter sein konnte, ist nicht verwunderlich. Gleichzeitig jedoch zeigt sich gerade an diesen Texten mit un-
übertroffener Klarheit, mit welchen Umständen er zu kämpfen hatte,
und wie er das mit all seinen schriftstellerischen Mitteln versucht hat.
Und weil eben diese »Umstände« auch die *Mutmaßungen,* und *das dritte
Buch,* und die *Jahrestage* und eigentlich Johnsons ganzes Werk begleitet
haben, lohnt es sich, den *5. Kanal* in Johnsons Sinn zu befragen.

Dr. Robert Gillett, Queen Mary University of London,
Dpt. of German, Mile End Road, London E1 4NS

Elisabeth K. Paefgen

Kinobesuche

Uwe Johnsons Romane und ihre Beziehung zur Filmkunst.
Entwurf eines Projekts

Johnsons Romane überraschen durch ihre formale Experimentierfreudigkeit. Sie überraschten zur Zeit ihres Erscheinens, sie überraschen aber auch heute noch, weil sie im deutschen Literaturbereich kaum Nachfolger gefunden haben. Verglichen werden sie immer wieder mit amerikanischer und französischer Literatur. Diese Bezüge liegen nahe, wenn man weiß, dass Uwe Johnson ein Leser gewesen ist und sich auskannte in den Literaturen der Welt. Weniger nahe liegt die These, dass Johnsons Schreibkunst eine subtile Verwandtschaft zur Filmkunst jener Jahre aufweist. Johnson hat sich zu den ›laufenden Bildern‹ zwar geäußert, aber zurückhaltender, seltener und weniger emphatisch als zur geschriebenen Literatur. Dass es sich gleichwohl lohnt, dieser These nachzugehen, soll der folgende Entwurf zeigen. Zugrunde liegt ihm die Frage, ob es eine untergründige, subtile Verwandtschaft oder Nähe zwischen Uwe Johnsons Romanen und der Filmkunst gibt. In drei Schritten soll der Entwurf entfaltet werden: Zunächst geht es um unmittelbar erzählte ›Kinospuren‹ in Johnsons Romanen und darum, welche Funktion solche Kinobesuche haben. In einem zweiten Schritt wird auf Äußerungen von Uwe Johnson hingewiesen, die er mündlich und schriftlich zum Film gemacht hat. Und zuletzt sollen die Eindrücke einer Leserin festgehalten werden, die sich ergeben haben, während die Romane Johnsons regelmäßig gelesen und alte und neue Filme kontinuierlich gesehen wurden. Am Ende steht dann vielleicht die Ermutigung, parallel zu einer erneuten Lektüre der Johnson-Romane sich Filme der fünfziger, sechziger und siebziger Jahre anzusehen, um Ähnlichkeiten im Formalen zu entdecken, die auf den ersten und auch nicht auf den zweiten Blick auffallen.

Frauen gehen ins Kino

Kinospuren sind selten in Johnsons Romanen. Lisbeth geht während der bedrückend-trostlosen Nazizeit in Lübeck ins Kino – wohl um für ein paar Stunden ihre Schuldgefühle zu mildern oder sogar zu vergessen. Sie sieht das Unterhaltungsprogramm, das die Nationalsozialisten produzieren ließen und für geeignet befanden, um von der grausamen Politik abzulenken: deutsche Liebesfilme und Komödien mit Pola Negri und Kristina Söderbaum, mit Heinz Rühmann und Hans Moser; Filme, die schon im Titel ein ›Nicht jugendfrei‹ signalisieren wie *Die kleine Sünderin*, aber auch einen amerikanischen Film wie *Ich tanze nur für dich* mit Clark Gable.[1] Bei diesem Namen scheint Gesine aufzuwachen; sie schaltet sich ein und ›fragt‹ ihre Mutter nach den Gründen für die Kinobesuche:

> *Und die Filme hast du dir angesehen wie ich im ersten Jahr in New York?*
> *Wie du in New York, Tochter.*
> *Zur Betäubung.*
> *Es war ein dummes Gefühl. Aber solange es anhielt, war ich sicher. So lange war ich nicht zu finden, nicht einmal von mir selbst.*
> *Hast du mich mitgenommen?*
> *Manches Mal hab ich es versucht und dir doch etwas Gutes getan. Vergiß es nicht, Tochter.*
> *Nein.* (JT, 686f.)

Ins Kino gehen Lisbeth wie auch ihre Tochter Gesine nur, wenn es ihnen schlecht geht. Kino lenkt ab, und das für Lisbeth so erfolgreich, dass sie in einen Zustand völliger Selbstvergessenheit gerät. Aber Kino ist gleichwohl »*etwas Gutes*«: zumindest reklamiert Lisbeth am Schluss des Gesprächs für sich, dass sie mit den gemeinsamen Kinobesuchen ihrer Tochter doch eine Freude hat zukommen lassen. Trotzdem steht Lisbeth mit ihrem Wunsch nach Filmen nicht auf gutem Fuße. Der Erzähler lässt sie von ›versäumter Zeit‹, von »Pflichtvergessenheit« und »Fluchtversuche(n)« sprechen. Cresspahl hingegen glaubt, sie gehe einem »Vergnügen« nach und gönnt es ihr (JT, 687). Ob der Erzähler es für ein

---

1 Johnson, Uwe: Jahrestage. Aus dem Leben von Gesine Cresspahl, Frankfurt am Main 1988, S. 686.

Vergnügen hält, scheint zweifelhaft. Auf jeden Fall wird nicht nur die Ablenkungsfunktion der nationalsozialistischen Filmpolitik angesprochen, sondern die des Kinos allgemein: Auch Gesine sucht sich in New Yorker Kinos zu betäuben; sie sorge sich wie Lisbeth um ihre Tochter, aber Lisbeths Sorge ist existentieller als die Gesines (vielleicht geht sie deswegen auch öfter ins Kino):[2] Lisbeth leidet, weil sie ihre Tochter einem mörderischen Regime ausgesetzt hat, das Krieg und Tod bringen wird; Gesine leidet, weil sie ihre Tochter einer fremden Stadt ausgesetzt hat, in der diese sich mit dem ›Heimischwerden‹ schwer tut. Welche Filme Gesine in diesem ersten Jahr sieht, erzählt sie nicht; ihr Schweigen ist von Interesse, weil ansonsten ausführlich und detailliert berichtet wird von den Anfangsschwierigkeiten mit einem Leben in New York. Dass es keinen Fernsehapparat am Riverside Drive gibt, ist bekannt; über das Verhältnis zu Kino und Film wird so gut wie nichts gesagt.

Während des erzählten Jahres geht Gesine nur einmal ins Kino – und erlebt einen Schock. Sie will nicht flüchten, und sie will sich nicht ablenken, sondern sie will ihre Kenntnisse in der tschechischen Sprache prüfen. Gesine ist nach dem Film »benommen [...], als sei ihr etwas Unbegreifliches zugestoßen« (JT, 1137). Vorgenommen hatte sich Gesine eine Tschechisch-Prüfung; hineingeraten ist sie in eine Filmerzählung aus eben der Phase der deutschen Geschichte, die ihr sowieso auf der Seele lastet. Dass sie (zufällig) in einen Film über die Verfolgung der Juden in Prag gerät, der von einer »alptraumhafte(n) Atmosphäre« geprägt ist und der die Stadt Prag als »›Landschaft der ANGST‹« zeigt,[3] verursacht bei Gesine Sprachlosigkeit und Benommenheit. Man wüsste gerne, wie sie auf Maries den Tageseintrag abschließende Frage, antworten würde: »Du da, Gesine! Wie war es im Kino. Wie war der Film?« (JT, 1138) Die Frage klingt erwartungsfroh und heiter, weil sie von dem

---

2 Einige Tageseinträge später wird kommentarlos das Lübecker Kinoprogramm für das Jahr 1938 aufgelistet: Komödien, Liebes-, Spionage- und Abenteuerfilme u.a. mit Marika Rökk, Zarah Leander, Olga Tschechova und Willy Birgel werden gezeigt. Ausführlich wird der ›Lübecker General-Anzeiger‹ zitiert, um den Film *Rote Orchideen* vorzustellen. Es geht um Liebe, aber auch um Werkspionage und Freundschaft sowie um »die Entlarvung der wirklichen Verbrecher« (JT, 710). Möglicherweise ist diese missverständliche Formulierung der Grund für das ausführliche Zitat, sicherlich aber nicht eine Wertschätzung dieses Films. Welche dieser Filme Lisbeth gesehen hat, bleibt offen. Aber die ausführliche Nennung der Titel scheint darauf hinzudeuten, dass Lisbeth sich des öfteren ins Kinodunkel geflüchtet hat.
3 Vgl. dazu: Johnsons *Jahrestage*. Der Kommentar, hg. von Holger Helbig u.a., Göttingen 1999, S. 621.

Vorurteil ausgeht, dass Kinobesuche gleichbedeutend mit Entspannung sind; sie klingt so unbefangen, als hätte Gesine einen der Filme gesehen, die Lisbeth sich dreißig Jahre früher angeschaut hatte.

Einmal Kino als Ablenkung und Flucht; ein anderes Mal Kino als politische Erinnerungsarbeit. Zwischen diesen beiden Polen bewegen sich die Szenen, in deren Zentrum einmal die Mutter und einmal die Tochter stehen. Die Mutter möchte sich von eben der finsteren politischen Gegenwart ablenken, deren filmische Bearbeitung ihre Tochter später im Kino zu sehen bekommt. Lisbeths Kinobesuche werden toleriert und geduldet; in Verbindung mit Gesines Kinobesuch wird die wuchtige emotionale Reaktion angedeutet, die mit dem Bilder-Sehen verbunden sein kann. Im Unterschied zu den Ablenkungsfilmen, die Lisbeth sieht, scheint der tschechische Film engagiert und gekonnt die Atmosphäre von Unterdrückung in Bilder zu bannen. Beide Male gehen Frauen ins Kino, und beide Male wird nicht darüber gesprochen, dass Kino auch mit Kunst zu tun hat.

Ein Schriftsteller schaut fern

Uwe Johnson war selbst wohl kein passionierter Kinogänger. Ob er seine Aufenthalte in New York und in Berlin genutzt hat, um die avantgardistischen Autorenfilme jener Jahre intensiver zu verfolgen und seine Filmkenntnisse auf den jeweils aktuellsten Stand zu bringen, ist mir nicht bekannt. Dokumente darüber, dass ihm Namen wie Jean-Luc Godard, François Truffaut, Eric Rohmer, Alain Resnais oder Rainer Werner Fassbinder viel und bedeutendes gesagt hätten, habe ich nicht finden können. Sein Interesse galt offensichtlich der Literatur, dem gehobenen, gediegenen Tagesjournalismus und der Photographie. Letzteres ist vermutlich die einzige Bild-Kunst, der er Sympathie entgegenbrachte; vielleicht auch deshalb, weil er – vergleichbar den geschriebenen Texten – selbst in der Lage war, Fotografien herzustellen. Ansonsten war Uwe Johnson eher ein Leser und Schreiber, der sich zu Hause fühlte in Büchern, Zeitungen und schriftlichen Dokumenten.

Auf die Frage, ob »der Roman Elemente anderer Gattungen, des Journalismus, der Dokumentation, der philosophischen Abhandlung oder des Essays absorbiert« habe, antwortet Uwe Johnson in einem 1976 geführten Gespräch: »Ja, das hat er doch längst getan; ich meine, da war John Dos Passos nicht der erste; er wird auch Elemente des *Films* benutzen, und das um so legitimer, als ja *der Film eine Tochter des Erzählens*

ist«.[4] Nach dem *Film* hatte Ree Post-Adams gar nicht gefragt; gleichwohl erwähnt Johnson diese mögliche Quelle für den modernen Roman von sich aus und ordnet die bewegten Bilder genealogisch in die
Großfamilie ›Erzählen‹ ein. Als Post-Adams etwas später Johnsons Idee
(und seine Formulierung) aufgreift und ihn fragt, ob er Interesse habe,
»im Medium des Films« zu arbeiten, distanziert sich Johnson entschieden von einem vergleichbaren Projekt: Er möchte *seine* unverwechsel-
bare Vorstellungen von seinen erfundenen Personen bewahren und diese
nicht der »Verwechselbarkeit« mit Schauspielern aussetzen.[5] Interessant
ist Johnsons großzügiger Film-Tochter-Vergleich vor allem mit Blick
auf den *weiblichen* Nachwuchs. Roman und Film sind nämlich Maskulina,
Erzählen ist ein Neutrum; Feminina kommen unter diesen Künsten nicht
vor. Warum ist der Film in Johnsons Augen die ›Tochter‹ der Erzählkunst, nicht aber ihr Sohn oder wenigstens ihr Kind? In gewisser Weise spricht eine abwertende Anerkennung, eine abschätzige Achtung, eine
nachlässige Akzeptanz aus dieser Feminisierung. Wenn Töchter in die
Fußstapfen der väterlichen Könner treten, droht weniger Gefahr, als
wenn Söhne mit den Vätern zu konkurrieren beginnen. Aus Söhnen
muss etwas werden, aus Töchtern *kann* etwas werden.[6] Ganz so ernst
scheint Johnson eine mögliche Konkurrenz zwischen Roman und Film
nicht zu empfinden; sonst hätte er vielleicht das maskuline Geschlecht
gewählt. Er hält sich den Film etwas vom Leibe.

»Das bezieht sich auf *Tempo*, auf *Belichtung*, auf *Struktur*, das ist also
eine Großstruktur, die aus der Geschichte hervorgeht, und auch dort
kann Ihnen kein anderer vor Ihnen oder mit Ihnen lebender Regisseur
helfen. Sie müssen das selber machen. Denn das sind ja Ihre Ressourcen,
die Sie mit *Technik* haltbar machen wollen.« So könnte sich ein Filme-
macher zu der Frage äußern, wie er sein Handwerk versteht und wie er
seine eigene Handschrift eingliedert in die Filmgeschichte. Alle Begriffe
stimmen: Tempo, Belichtung, Struktur und Technik. Aber diesen Satz

---

4 Post-Adams, Ree: Antworten von Uwe Johnson. Ein Gespräch mit dem Autor
(Am 26.10.1976 in San Francisko), in: Eberhard Fahlke (Hg.), »Ich überlege mir die
Geschichte...«. Uwe Johnson im Gespräch, Frankfurt am Main 1988, S. 273-280, hier:
S. 279 (Hervorh. E.K.P.).

5 Ebd., S. 280.

6 Norbert Mecklenburg hat den abwertenden Beigeschmack dieser Geschlechter-
folge vielleicht ebenso verstanden, wenn er schreibt: »[...] denn der Film ist *nur* ›eine
Tochter des Erzählens‹.« Mecklenburg, Norbert: *Jahrestage* als Biblia pauperum. Uwe
Johnsons Filmästhetik und der Fernsehfilm Margarethe von Trottas, in: Johnson-Jahrbuch, Bd. 8, Göttingen 2001, S. 187-200, hier: S. 189 (Hervorh. E.K.P.).

hat – mit einer leichten Veränderung – Uwe Johnson in einem anderen
Gespräch geäußert, das ebenfalls in den siebziger Jahren stattgefunden
hat. Ausgetauscht werden muss das Wort ›Regisseur‹ gegen das Wort
»Autor«; dann stimmen die Sätze.[7] Johnson vergleicht den »Personalstil«
(ebd.) beim Romanschreiben – unbewusst, bewusst (?) – mit dem Filme-
machen und leiht sich die in dieser Erzählkunst üblichen Techniken aus.
Wenn es um die Genealogie geht, wird der Film ›nur‹ als Tochter der
alten Erzählkunst eingeschätzt. Wenn es um Stil geht, werden die filmischen Mittel selbstverständlich zitiert, um die eigene Kunst zu beschreiben und vielleicht sogar aufzuwerten.

Johnson war kein Kinogänger, aber in den Jahren seines Schreibens
spielte das Kino eine erhebliche Rolle im städtisch-kulturellen Leben; es
war die Zeit, in der das europäische, unter anderem das französische und
italienische Kino, neue Formen und neue Bilder erfand. In Berlin und
New York konnten die jeweils neuen Filme von Jean-Luc Godard,
Michelangelo Antonioni und Alain Resnais gesehen werden. Wenngleich Johnson die Entwicklung der Filmkunst jener Jahre nicht besonders engagiert oder reflektiert verfolgt hat, hat er gleichwohl in einer
städtischen Umgebung gelebt, in der diese neue Kunst rezipiert wurde
und öffentliches Gesprächsthema sein konnte. Ästhetischer Einfluss ist
auch dann möglich, wenn solche Künste nicht sonderlich aktiv rezipiert
werden; der Einfluss könnte dann sogar subtiler und wirksamer sein,
weil er nicht reflektiert wird. Im Übrigen hatte Johnson sogar schon
während seiner letzten Jahre in der DDR die Chance, interessante Filme
zu sehen. Es gab in jener Zeit, in der die *Mutmassungen* entstanden, eine
kurze Phase, in der das Filmschaffen in der DDR offensichtlich weniger
ideologisch als vielmehr künstlerisch ambitioniert ausgerichtet war. So
entstanden z.B. Koproduktionen der DEFA mit französischen Regisseu-
ren und Schauspielern.[8] Noch 1964 werden einige Filme dieser Jahre
von Ulrich Gregor, einem versierten Kenner der avantgardistischen Filmszene bis in die Gegenwart hinein,[9] ausdrücklich gelobt:

---

7 Durzak, Manfred: Dieser langsame Weg zu einer größeren Genauigkeit. Gespräch mit Uwe Johnson, in: ders., Gespräche über den Roman. Formbestimmungen
und Analysen, Frankfurt am Main 1976, S. 428-460, hier: S. 450 (Hervorh. E.K.P.). Die
hier aufgezeichneten Gespräche – schreibt Durzak im Nachwort – haben zwischen 1973
und 1975 stattgefunden (ebd., S. 529).

8 Vgl. Kersten, Heinz: Filmpolitik in der DDR, in: Filmkritik, 8, 1964, S. 284-
291, hier: S. 286.

9 Ulrich Gregor hat 1971 das Forum des Jungen Films bei der alljährlich stattfin-
denden Berlinale ins Leben gerufen; dieser Teil der Berliner Filmfestspiele gilt als »eine

In den Jahren 1956 und 1957 entstand eine ganze Reihe von Spielfilmen, die sich durch ihre undoktrinäre Haltung und durch ihre künstlerische Differenzierung auszeichneten. Diese Filme – *Lissy, Betrogen bis zum jüngsten Tag, Berlin-Ecke Schönhauser Allee, Gejagt bis zum Morgen* – gehören bis heute zu den besten Produktionen der DEFA. Ihnen schlossen sich noch *Verwirrungen der Liebe* und *Sie nannten ihn Amigo* an; alle diese Werke bezeichnen eine Periode künstlerischer Fruchtbarkeit und geringer dogmatischer Einengungen.[10]

Ob Johnson diese oder andere Filme jener Jahre gesehen hat, ist mir nicht bekannt; interessant ist aber immerhin, dass es einen solch künstlerischen Film-Aufbruch in eben dem Umfeld gab, in dem Johnson lebte und in dem darüber gesprochen und geschrieben worden sein kann. Bekannt, weil publiziert, sind Johnsons filmkritische Kommentare, die 1964 für den Berliner *Tagesspiegel* über das DDR-Fernsehen geschrieben wurden.[11] Überwiegend hat Uwe Johnson sich den politischen Sendungen gewidmet. Aber den Kommentaren, die sich auf Spielfilme beziehen, ist eines auf jeden Fall abzulesen: Uwe Johnson hat Kriterien dafür, was ein guter und künstlerisch akzeptabler und was ein schlechter Spielfilm ist. Er spricht von »konventioneller Machart, von inzwischen [...] überholter Dramaturgie«[12] bzw. davon, dass »die Machart [...] dramaturgisch wie technisch auf der Höhe der Zeit« sei[13] oder dass »das Bemühen um authentische Atmosphäre« nicht beeinträchtigt gewesen wäre.[14] Versteckt werden auch seine eigenen Kenntnisse angedeutet, wenngleich er sich hütet, seine Quellen im Einzelnen offen zu legen. So kritisiert er unter dem Titel ›Morde wie schon gestern nicht‹ einen DEFA-Spielfilm, der sich die Aufgabe gestellt hat, die westdeutschen Bürger ›eines sozialistisch Besseren‹ zu belehren und der dieses Ziel zu erreichen versucht, indem er nicht die sowjetische, sondern die westliche Ästhetik adaptiert; wohl wissend, dass nur auf diesem Wege die Filmseher überzeugt werden können. Aber das ist nach Johnsons Ansicht ganz und gar misslungen:

der besten Adressen der Weltfilmavantgarde« (FAZ, 18.9.2002, S. 37). 1970 hat Gregor in Berlin das »Arsenal« gegründet, ein Kino, das »ein Wallfahrtsort für alle« ist, »die vom Kino mehr wollen als nur unterhalten zu werden« (ebd.).

10 Gregor, Ulrich: Im Osten nichts Neues?, in: Filmkritik, 8, 1964, S. 291-296, hier: S. 291.

11 Johnson, Uwe: Der 5. Kanal, hg. von Raimund Fellinger, Frankfurt am Main 1987.

12 Ebd., S. 77.

13 Ebd., S. 91.

14 Ebd., S. 99.

Demnach ratlos wurden in den ostdeutschen Ateliers die jeweils veränderten westlichen Filmmoden Masche für Masche aufgefangen und um die politische Absicht gestrickt; und neuerdings muß auch Fühllose rühren, daß die Techniken der ›Neuen Welle‹, wie sie bei uns schon auf den konventionellen, den progressiven, den kriminellen Film gekommen sind, in Adlershof und Babelsberg für den methodischen Standard genommen werden, der dem Versuch der Meinungsbildung in westlichen Augen die Tarnkappe Glaubwürdigkeit überwirft. Denn das gibt komische Mißverständnisse. Der rasche Wechsel von Einstellungen, harte Schnitte, dämlicher Jazz etc., gehen nicht im gleichen Schritt mit der parteiischen Interpretation, und so wird manchmal einer kühl aus dem fahrenden Zug gestoßen mit einer überzeugenden Technik, der dann augenblicks die unwahrscheinliche Agitation in den Rücken fällt, sozusagen ein Doppelmord, wie in dem DEFA-Film vom Freitagabend.[15]

Offensichtlich findet Johnson den Film, den er am 9. Juni 1964 kommentiert, so schlecht, dass er noch nicht einmal den Titel erwähnen mag. Aber ebenso offensichtlich sagt ihm der Begriff *Nouvelle vague* etwas, auch wenn er ihn in der deutschen Übersetzung wiedergibt. Seinem Kommentar ist auch eine gewisse Distanzierung zu entnehmen; er scheint diese Filmkunst nicht ganz ernst zu nehmen und sie schon zu einem Zeitpunkt als eingefahren und film-alltäglich zu beurteilen, als sie eigentlich gerade erst einige Jahre alt ist. (Die Syntax des Satzes, in dem von der ›Neuen Welle‹ die Rede ist, legt die Redewendung ›auf den Hund gekommen‹ nahe.) Andererseits gibt es später die wohlwollende Kommentierung eines tschechischen Films, der unter anderem deswegen gelobt wird, weil die »Kameraführung [...] handwerklich geschult an den italienischen und französischen Veristen, aber unabhängig im Blick« sei.[16] Um das schreiben zu können, muss man eine Vorstellung davon haben, wie die Filme der »italienischen und französischen Veristen« aussehen. Wenn auch der Begriff ›Veristen‹ eher die italienischen Neorealisten erfasst als die Anhänger der französischen *Nouvelle vague*, so zeigen diese Kritiken, die Johnson aus »politischen Überlegungen« übernommen hat und nicht, weil er sich als Filmästhet schulen wollte,[17] doch, dass Johnson hin und wieder aktuelle Filme gesehen oder dass er etwas darüber gelesen hat. Er konnte Filme nach dem Maßstab der Modernität

---

15 Ebd., S. 16.
16 Ebd., S. 67.
17 So Uwe Johnson in einem Brief an Manfred Bierwisch; zitiert nach: »Die Katze Erinnerung«. Uwe Johnson – Eine Chronik in Briefen und Bildern, zusammengestellt von Eberhard Fahlke, Frankfurt am Main 1994, S. 155.

beurteilen und zitiert unbestimmt, aber doch ›irgendwie richtig‹ die für jene Zeit maßgebenden filmästhetischen Bewegungen.[18]

Und eine Leserin denkt an den Film

Horst Bienek stellt in einem zu Anfang des Jahres 1962 mit Uwe Johnson geführten Gespräch fest, das »Überraschendste« an Johnsons Schreiben sei, dass sein »erzählerischer Stil so wenig von den derzeit gängigen Moden aufweist«.[19] Bieneks Befund kann sich zu diesem Zeitpunkt nur auf *Mutmassungen über Jakob* und *Das dritte Buch über Achim* beziehen. Und es sind insbesondere diese beiden Romane, für die sich die Frage aufdrängt, ob diese Erzählwerke nicht unbewusst und unwissend stärker von der Entwicklung der Filmkunst jener Zeit beeinflusst sind, als es ihrem Autor bewusst ist. Johnson antwortet unbestimmt auf diese Feststellung und redet wieder einmal von der Geschichte, für die der Stil passen muss. Wie in vielen Interviews sind Johnsons Auskünfte auch in diesem Gespräch recht dürftig; er wehrt Vergleiche eher ab und äußert sich auch zu seiner literarischen Tradition verhalten und vorsichtig. Johnson weiß nicht zu viel zu verraten und weiß abzulenken von Themen, zu denen er sich nicht äußern möchte. Auch Bieneks kluge Frage, ob es richtig sei, »wenn ich sage, daß Ihr Stil mich im gewissen Sinne an die Starrheit von Fotos erinnert, fast an das Negativ von Fotos, ja sogar an Röntgenbilder,«[20] wird von Johnson ins Allgemeine abgebogen. Ja, es stimme schon, Fotos habe er viele beschrieben in dem Roman, aber er habe es nicht darauf angelegt, *diesen* Eindruck zu vermitteln. Johnson signalisiert in diesem wie in den anderen Gesprächen auch, dass er ›sein Eigenes‹, ›sein Originäres‹ habe machen wollen. Das ist aus der Perspektive eines Dichters, der sich dem mühsamen Handwerk des Schreibens widmet, nachvollziehbar. Und es ist das gute Recht eines Schriftstellers, auf Fragen ausweichend und abweichend (nicht) zu antworten. Aber der Leser hat

---

18 Diese Einschätzung findet sich schon bei Norbert Mecklenburg: »Beachtenswerte filmkritische Einsichten Johnsons enthalten seine Besprechungen des DDR-Fernsehens aus dem Jahre 1964 [...]. Johnson zeigte sich prinzipiell bereit, auch Filmwerke als Kunst wahrzunehmen und zu beurteilen.« Mecklenburg, Biblia pauperum (Anm. 6), S. 191.

19 Bienek, Horst: Werkstattgespräch mit Uwe Johnson (Am 3.–5.1.1962 in West-Berlin), in: Fahlke, »Ich überlege mir die Geschichte ...« (Anm. 4), S. 194-207, hier: S. 201.

20 Ebd., S. 199.

auch seine Rechte. Und die Leserin, die einige der Filme jener Zeit gesehen hat, denkt Bieneks Frage weiter und sieht die starren Bilder – wie es sich für eine Erzählung gehört – in Bewegung geraten und entdeckt so eine überraschende Verwandtschaft zwischen Johnsons frühen Romanen und den französischen Schwarzweißfilmen der späten fünfziger und der frühen sechziger Jahre.

Dabei geht es nicht um die Frage, ob sich aus den Geschichten, die Johnson in seinen Romanen erzählt, ein überzeugender Film machen lässt und ob es so etwas wie »ein ›filmisches Erzählen‹« in Johnsons Romanen gibt.[21] Diese Frage ist m.E. nicht von so großem Interesse, weil sie sich leicht beantworten lässt: Wenn ein guter Regisseur mit den guten Romanen Johnsons zusammentrifft und wenn dieser gute Regisseur ›etwas anfangen‹ kann mit Johnsons Schreiben und seiner Sicht auf die Welt, kann daraus ein guter Film werden. Warum nicht? Um diese Voraussetzung zu erfüllen, muss nicht filmisch geschrieben worden sein, sondern muss ein kluger Regisseur die richtigen Schauspieler finden. Es geht mir in diesem Zusammenhang nicht darum, ob Johnson ein ›Verfilmen‹ bereits impliziert hat, sondern es geht um die Frage, ob der Leser sich an Filme erinnert fühlt, wenn er die frühen Romane Johnsons liest. Damit wird ein Gedanke Uwe Neumanns aufgegriffen, der sich auf die Literatur des *Nouveau Roman* bezieht, und weitergedacht mit Blick auf die Filme der *Nouvelle Vague:*

Sollte es Ähnlichkeiten zwischen dem frühen Johnson und den *Nouveaux Romanciers* geben, sind diese nicht auf dem Wege einer *direkten* Einflußnahme im Sinne einer bewußten Rezeption bestimmter Werke oder poetologischer Positionen entstanden, sondern qua Teilhabe an einem gemeinsamen Zeitbewußtsein, einem ›kulturell Unbewußten‹, wie der Soziologe Pierre Bourdieu sagen würde. Aber auch wenn der *Nouveau Roman* in der ›Schule der Modernität‹, die Johnson in Leipzig besucht hat, offensichtlich nicht auf dem Lehrplan stand, dann sollte man dennoch die Möglichkeit eines *indirekten*, gleichsam unterirdisch wirksamen Einflusses in Erwägung ziehen.[22]

Und wie Neumann vor allem die beiden frühen Romane Johnsons für diese Frage nach ›unterirdischen‹ Einflüssen im Auge hat, so drängt sich insbesondere für die Struktur dieser Romane ein Vergleich mit den Fil-

---

21 Mecklenburg, Biblia pauperum (Anm. 6), S. 194.

22 Neumann, Uwe: »Diese Richtung interessiert mich nicht«. Uwe Johnson und der *Nouveau Roman*, in: Johnson-Jahrbuch, Bd. 2, Göttingen 1995, S. 176-205, hier: S. 181.

men von Jean-Luc Godard oder Alain Resnais auf.[23] Es sind Regisseure, die zur *Nouvelle Vague* gezählt werden, zu einer Filmbewegung also, die dem *Nouveau Roman* sehr nahe steht. (Für den Film von Alain Resnais *Letztes Jahr in Marienbad* hat Alain Robbe-Grillet das Drehbuch geschrieben!) Es geht bei einem solch vergleichenden Blick nicht in erster Linie um Inhalte; es geht darum, wie sich die Regisseure und der Schriftsteller auf je eigene Art dem Problem stellen, die richtige Form für die richtige Geschichte zu finden, und das jeweils für die Mittel, mit denen gearbeitet wird: für die Sprache und für die Bilder bzw. den Ton. Es sind Filme wie beispielsweise *Außer Atem* von Jean-Luc Godard (1959) oder *Letztes Jahr in Marienbad* von Alain Resnais (1961), die neue Filmbilder zeigen, die mit neuen Schnitten und Einstellungen arbeiten und die eine chronologische Ordnung aufbrechen. Es mag auf den ersten Blick erstaunen, wenn man *Außer Atem* vergleicht mit *Mutmassungen*: der Film spielt im Paris der fünfziger Jahre und handelt von der ›Liebe‹ zwischen einem französischen Ganoven und einer amerikanischen Studentin; die Erzählung um Jakob, Jonas und Gesine spielt in den düsteren Städten und Landschaften der DDR bzw. der BRD und wird durch politische Konflikte jener Jahre entscheidend bestimmt. Aber es geht hier wie dort um Verbrechen, um rätselhafte Liebe, um Sterben; und Godard lässt seine Patricia (Jean Seberg) sogar William Faulkner (!) zitieren, um die Frage nach dem Tod zu klären. Es sind die vielen Schnitte und Bildsprünge, die Blicke auf ein unverstellt erscheinendes, sehr gegenwärtiges Paris, die »impulsiven, instinktiven Kamerafahrten auf den Champs-Elysées«[24] und nicht zuletzt die Gestaltung des Paares und ihres Umgangs miteinander, die einen strukturellen Vergleich mit *Mutmassungen* herausfordern. Der Polizistenmörder Michel und die Studentin Patricia passen eigentlich nicht zueinander; ihr Reden und Handeln überrascht, weil es oft nicht begründet, nicht nachvollziehbar ist. Das wird – wie z.B. in der

---

23 Ich greife hier einen Gedanken auf, den ich in einer Fußnote einer Ausarbeitung über Johnsons frühe Romane, insbesondere aber zu den *Mutmassungen* geäußert habe. Diese Idee hat mich seit dem nicht mehr losgelassen, und sie ist in diesen kleinen Essay gemündet. Es ist nicht zufällig, dass ich auf eine mögliche Nähe zwischen Johnsons Romanen und dem Film jener Zeit gekommen bin, weil ich bei der Lektüre auf Farbworte geachtet habe. Wenn der Blick sich auf das Sichtbare konzentriert, ist der Weg nicht weit zu den Schwarzweißfilmen der sechziger Jahre. Vgl. dazu: Paefgen, Elisabeth: Graue Augen, grauer Wind und graue Straßenanzüge. Farben in Uwe Johnsons frühen Romanen, in: Johnson-Jahrbuch, Bd. 8, Göttingen 2001, S. 63-88, hier: S. 87, Anm. 36.

24 Jean-Luc Godard. Mit Beiträgen von Francois Albera, Yaak Karsunke, Wilfried Reichart u.a., München 1979, S. 95.

langen Szene in Patricias Hotelzimmer – einfach ›gezeigt‹ und nicht ›erklärt‹. Kann man das mit Gesine und Jakob, mit Gesine und Jonas vergleichen? Der latente oder offensive Kriminalcharakter der beiden Geschichten fällt ebenso auf wie die Uneindeutigkeit der Figurenzeichnung:
Michel bringt zwar einen Polizisten um, bleibt aber nichtsdestotrotz ein
sympathischer Held. Lässt sich das mit Rohlfs vergleichen, der für die
Stasi arbeitet, der dem Leser aber doch sehr nahe gebracht wird? Die
Unterschiede sollen nicht weggeredet werden; sie können allerdings genutzt werden, um Johnsons Erzählexperimente neu zu lesen. Während
z.B. Godard um Schnelligkeit und Spontaneität bemüht ist, entwickelt
sich der Jakob-Roman betont langsam und bedächtig. Godards hat eine
Vorliebe für Improvisationen; auch das unterscheidet den Film von dem
sehr durchkomponierten Roman. Aber trotz der Unterschiede lohnt sich
eine Sicht auf die beiden Werke, um Neues an beiden zu entdecken.
Wenn Wolfram Schütte schreibt, dass Godard mit seinem ersten Film
die »Semantik des Films zum Tanzen gebracht« habe,[25] kann man ohne
Zögern dasselbe von den *Mutmassungen* für die Romanliteratur jener
Jahre behaupten. Dass beide Werke im selben Jahr erschienen sind, überrascht dann eigentlich nicht mehr.

Noch befremdlicher mag auf den ersten Blick der Vorschlag wirken,
den um Realismus bemühten Jakob-Roman, der in der konfliktreichen
Gegenwart der DDR des Jahres 1956 spielt und der den Beruf des Dis-
patchers bekannt gemacht hat, in Verbindung mit Resnais' *Letztes Jahr in
Marienbad* zu bringen. Im Vordergrund soll bei einem solchen Vergleich
nicht die elegante Welt eines Schlosses und einer mondänen, sich im
Müßiggang übenden Gesellschaft stehen; im Vordergrund steht die fragende, zweifelnde, unsichere und keine endgültige Aufklärung anstre-
bende Form der Bilder- und insbesondere auch die der Ton-Konstruk-
tion. Unsicherheiten und Unklarheiten der Erinnerungen prägen den
Film, der sich betont unrealistisch, unwirklich gibt und der sich beim
ersten Sehen nicht recht zusammensetzen will. Fragen über Fragen, aus
dem Off eingesprochen, bilden den ›Text‹ des Films, unsicher bleiben
die Beziehungen der Figuren untereinander, unsicher bleiben die Iden-
titäten und Geschichten der nicht namentlich, sondern nur durch Buch-
staben gekennzeichneten Personen. Der Film scheint in Einzelteile zu
zerfallen. Resnais und Robbe-Grillet spielen mit dem bekannten Drei-

25 Schütte, Wolfram: »Aber sind eben diese Worte & Bilder notwendigerweise die
richtigen?« Notizen zu einem Portrait, in: Jean-Luc Godard (Anm. 23), S. 9-40, hier:
S. 13.

ecksverhältnis, aber wie schon Jakob, Jonas und Gesine dieses Muster durcheinander wirbeln, so wird auch in *Marienbad* dieses Klischee nur aufgenommen, um es zu demontieren. Noch radikaler als Godard in *Außer Atem* geht es Resnais in *Marienbad* um »die Verwerfung einer chronologischen Erzählweise«,[26] und damit rückt er in eine erstaunliche Nähe zu den *Mutmassungen*. *Marienbad* stellt noch radikaler die Frage danach, wie und ob überhaupt Geschichten glaubwürdig zu erzählen sind. Während sich die Geschichte um Jakob nach mindestens zweimaligem (noch besser aber nach mehrmaligem) Lesen des Romans zusammenzusetzen beginnt, bleibt die Film-Geschichte um X, A und M uneindeutig, unbestimmt, schwebend und gewinnt keine feste, nacherzählbare Form.

Genannt sind hier nur zwei Filme jener Jahre, genannt ist nur der erste von Johnsons publizierten Romanen, den er fern von Städten und Kulturen geschrieben hat, in denen die Filme entstanden sind und zu sehen waren. Es lohnt sich, andere Filme hinzuzuziehen; der Achim-Roman wird Erinnerungen an andere filmische Darstellungen provozieren. Und über *Jahrestage* kann in diesem Zusammenhang – jenseits einer Fernsehdarbietung – ebenfalls neu nachgedacht werden. Dass die neue Form des Erzählens, die Johnson praktiziert hat, verwandt ist mit neuen Formen von filmischen Bildern, scheint auch deswegen eine nachdenkenswerte These zu sein, weil sich das ›Neue‹ provokativer in den noch nicht so verbrauchten Filmexperimenten finden lässt als in den Textkünsten, die auf eine wesentlich längere Tradition zurückblicken. Wenn das »Problem von Form und Inhalt [...] nicht mehr sichtbar« sein darf – wie Uwe Johnson es für sein Schreiben als Anspruch formuliert hat –,[27] dann verdienen die französischen und italienischen ›laufenden Bilder‹ der fünfziger und sechziger Jahre Aufmerksamkeit, weil sich in diesen Filmen – eindringlich – dasselbe Problembewusstsein spiegelt. Es ist besonders die formale Herausforderung, die modernes Erzählen stellt, die einen solchen Roman-Film-Vergleich zu einem Studienobjekt werden lässt. Und nicht zuletzt musste Uwe Johnson wissen, dass der »Leser« jener Jahre nicht nur die Möglichkeit hatte, durch die Filme von »Charlie Chaplin« zu lernen, wie »man eine Treppe hin- und herunter fällt«;[28] er musste

---

26 Resnais, Alain: Zum Selbstverständnis des Films I, in: Filmkritik 8, 1964, S. 508-520, hier: S. 516.

27 Johnson, Uwe: Vorschläge zur Prüfung eines Romans, in: Rainer Gerlach/Matthias Richter (Hg.), Uwe Johnson. Frankfurt am Main 1984, S. 30-36, hier: S. 33.

28 Ebd.

ebenfalls wissen, dass derselbe Leser im aktuellen Kino die Chance hatte zu erfahren, dass auch die avantgardistischen Filmbilder beanspruchen, nur noch »eine Version der Wirklichkeit« zu bieten.[29]

Prof. Dr. Elisabeth K. Paefgen, Freie Universität Berlin, Institut für Deutsche und Niederländische Philologie, Fachdidaktik Deutsch, Habelschwerdter Allee 45, 14195 Berlin

29 Ebd., S. 35.

Silke Jakobs, Lothar van Laak

»Wir essen ihn erstmal auf. Das halten wir nicht aus mit der Erinnerung.«

Ästhetisch-religiöse Präsentativität
in Margarethe von Trottas *Jahrestage*-Verfilmung

1. Margarethe von Trottas Jahrestage-*Verfilmung in der Kritik*

Als im Herbst 2000 Margarethe von Trottas vierteilige Fernseh-Verfilmung von Uwe Johnsons *Jahrestagen* in der ARD gezeigt wurde, fielen die Besprechungen eher negativ und teilweise auch deutlich polemisch aus. Von einem »Desaster«, von »Liebeskitsch, Familienrührseligkeit, Geschichtsbanalitäten – alles eindimensional«, sprach Helmut Böttiger.[1] Joachim Kaiser urteilte, der Film habe »[k]ein Herz und keine Seele«.[2] Etwas positiver hingegen rezensierten insbesondere Sandra Kegel[3] und

---

1 Böttiger, Helmut: Uns Uwe. Zum Desaster der Fernseh-*Jahrestage*, in: Frankfurter Rundschau, Nr. 266 vom 15.11. 2000, S. 21. Eine etwas ausführlichere Fassung findet sich, unter gleichem Titel, in: text + kritik 65/66, Uwe Johnson, Zweite Auflage: Neufassung, hg. von Heinz Ludwig Arnold, München 2001, S. 170-172. Böttiger urteilt mehr als polemisch: »Wo bei Johnson Poesie ist, ist bei von Trotta nur Schmalz. Sie ist vermutlich auch noch stolz darauf. [...] Das, was von Trotta [im Blick auf die Textmasse der von den Drehbuchautoren zugrunde gelegten Romane *Jahrestage*, *Mutmassungen über Jakob* und *Ingrid Babendererde*] ›Beschreibungsgestrüpp‹ nennt, ist aber das Eigentliche.« Siehe zum Umgang der Drehbuchautoren mit Johnsons Roman und dessen Einschätzung als ›Beschreibungsgestrüpp‹ Abschnitt 2 unseres Aufsatzes.

2 Kaiser, Joachim: Kein Herz und keine Seele. Margarethe von Trotta verfilmte für die ARD Uwe Johnsons »Jahrestage« zu einem kitschnahen und biederen Mehrteiler, in: Süddeutsche Zeitung, Nr. 260 vom 11.11. 2000, S. 22.

3 Kegel, Sandra: Das Wunder der 42. Straße trägt ein Jerseykleid und Pumps. Wo ich her bin, gibt es nicht mehr: Margarethe von Trottas durchaus großartige Verfilmung der »Jahrestage« von Uwe Johnson, in: Frankfurter Allgemeine Zeitung, Nr. 265 vom 14.11. 2000, S. 62.

tendenziell auch Iris Radisch das Projekt der Filmfassung des »unver-
filmbaren« Romans.[4] Ihrem Urteil schloss sich Michael Hofmann in seiner Einführung in Uwe Johnsons Erzählwerk weit gehend an und er
stellte fest, »dass die Fernsehmacher sich in eine unbequeme Situation
zwischen allen Stühlen begeben haben.«[5] Während die »gewöhnlichen
Fernsehkonsumenten [...] angesichts der Zumutung eines ohne große
action ablaufenden Fernsehspiels« irritiert gewesen seien, diagnostizier-
ten, so Hofmann, »die Johnson-Spezialisten mit einer gewissen bildungsbürgerlichen Überheblichkeit geradezu eine Versündigung an der so
wertvollen Last«.[6] Wenn auch nicht »bildungsbürgerlich überheblich«
im Gestus, hat sich Norbert Mecklenburg im vorletzten *Johnson-Jahrbuch*
überaus kritisch mit der Fernsehverfilmung der *Jahrestage* auseinander
gesetzt.[7] Er bewertet sie als »nicht eben schlecht geraten[e ...] bündige
deutsche Familiensaga mit zeitgeschichtlichem Hintergrund, ein im Ganzen sehenswerter, stellenweise sehr anrührender Fernsehfilm«,[8] aber im
Vergleich mit der literarischen Vorlage doch auch als »Biblia pauperum«
aus dem »Medienmittelalter«.[9] Während Johnson in seinen eigenen me-
dienkritischen Überlegungen »Authentizität, Wahrscheinlichkeit und
Glaubwürdigkeit [... als] Hauptkriterien« der Darstellung entwickele,
verfalle der Fernsehfilm in »Pseudorealismus und Pseudodramatik«.[10] Auch
zeige sich eine »konsequente Entpolitisierung« darin, dass »Gesines So-
zialismus-Gerede im Film allenfalls gut als Anlass für einen Türen knal-
lenden Beziehungskrach [ist], den die Pseudo-Dramaturgie der Privatisierung benötigte und darum hinzuerfand.«[11]

Sind aber in diesen kritischen und eher negativen Bewertungen die
medialen Differenzen zwischen Film und Literatur und die Möglichkeiten ihres medialen Zusammenspiels genau genug berücksichtigt wor-

---

4 Radisch, Iris: Parabel von der Unverfilmbarkeit. Wie Margarethe von Trotta
Uwe Johnsons »Jahrestage« ins Hauptprogrammatische übersetzt, in: DIE ZEIT, Nr. 46
vom 9.11. 2000, S. 63.

5 Hofmann, Michael: Uwe Johnson, Stuttgart 2001, S. 215.

6 Ebd.

7 Mecklenburg, Norbert: *Jahrestage* als Biblia pauperum, in: Johnson-Jahrbuch,
Bd. 8, Göttingen 2001, S. 187-199.

8 Ebd., S. 195.

9 Ebd., S. 199.

10 Ebd., S. 191f.

11 Ebd., S. 197f. Die Tendenz zur Privatisierung und Psychologisierung kritisiert
auch: Junghänel, Frank: Die Frau und die Fremde. Margarethe von Trotta verfilmt Uwe
Johnsons *Jahrestage* und scheitert in Würde, in: Berliner Zeitung, Nr. 266 vom 14.11. 2000.

den?[12] Im Folgenden wollen wir zeigen, dass die Verfilmung im Hinblick auf ihre medialen Eigentümlichkeiten durchaus positiver beurteilt
werden kann (Abschnitte 2 und 3). Über die medientheoretischen Überlegungen hinaus wollen wir diskutieren, was den Film als Filmkunstwerk
in seiner präsentativen Symbolik auszeichnet (Abschnitt 4).

2. Zur Gattungs-, Medien- und Zeichenproblematik der Literatur-Verfilmung

Mediale Differenzen zwischen Literatur und Film sind auch für die
Literaturverfilmung zu bedenken, obwohl sie selbst – was sie als Gattung
mit charakterisiert – diese Differenzen teilweise zu nivellieren sucht. Aber
nur mit diesen medienanalytischen Präzisierungen und dem Bemühen,
der Gattung ›Literaturverfilmung‹ gerecht zu werden, kann man – wie
Knut Hickethier mit Bezug auf Irmela Schneider schreibt – »verschiedene mediale ›Texte einer Geschichte‹ [...] auf eine gemeinsame Basis hin
untersuchen [...], ohne daß es zu einem Vergleich zwischen ›Original‹
und ›Verfilmung‹ mit dem zwangsläufigen Ergebnis kommen muß, daß
das *Original* als das Ursprüngliche immer besser als die *Verfilmung* (als
eine Art Ausgabe zweiter Hand) ist.«[13]
    Den Filmemachern ist das Sisyphoshafte ihrer Arbeit von Anfang an
klar gewesen: So stark, wie sie selbst die mediale Differenz zwischen
Johnsons Roman und einer Verfilmung wahrgenommen haben, muss
man fast annehmen, dass sie sich geradezu bewusst in diese »unbequeme
Situation zwischen allen Stühlen begeben haben.«[14] So erklärt Martin
Wiebel in einem Interview unumwunden:

Sie haben in einem Ihrer Briefe gefragt: »Inwiefern sind die *Jahrestage* verfilm-
bar?« Wir sagen jetzt mal einfach mutig, im Prinzip sind sie es nicht. Aber es ist
ja ein Film, und ein Film ist etwas völlig anderes als ein Buch. Der Film wird die

---

12 Bezeichnender Weise sind diejenigen Besprechungen des Films auch positiver
bzw. zumindest vorsichtiger in der Wertung, die auf die Gattungs- und Medien-
problematik der Literaturverfilmung hinweisen, so z.B.: Junghänel, Die Frau und die
Fremde (Anm. 11) und: Huber, Joachim: Wer das Wasser nicht kennt. Die Kritik an der
Jahrestage-Verfilmung wird dem Roman gerecht, aber nicht dem Fernsehen, in: Der
Tagesspiegel vom 16.11. 2000, S. 30.
    13 Hickethier, Knut: Film- und Fernsehanalyse, Stuttgart ²1996, S. 113. Hickethier
verweist auf die Studie von: Schneider, Irmela: Der verwandelte Text. Wege zu einer
Theorie der Literaturverfilmung, Tübingen 1981.
    14 Hofmann, Uwe Johnson (Anm. 5), S. 215.

großen Liebhaber des Buches, diejenigen, die es auswendig können und es schon seit zwanzig Jahren als Forschungsgegenstand haben, furchtbar enttäuschen. [...] Wir machen etwas komplett Neues. [...] Also wir kreieren einen Film, bei dem man vielleicht am richtigsten sagen würde, nach Uwe Johnson.[15]

Man kann – gerade bei einer Literaturverfilmung – skeptisch sein angesichts dieses Pathos des Neuen. Gleichwohl muss man die eigenständige Qualität des Mediums bedenken, für das die Adaption vorgenommen wird. Diese eigenständige Qualität liegt vor allem in der Bildhaftigkeit des Mediums begründet. Margarethe von Trotta selbst wählt den – von Mecklenburg abwertend gemeinten – Vergleich zur ›Biblia pauperum‹. Ein Film sei »ein bißchen wie die Illustrationen der Bibel im Mittelalter, die für Analphabeten gemalt wurden und trotzdem von hohem künstlerischem Anspruch sein konnten«; der Film könne eben »nur die Highlights eines Buches darstellen«.[16]

Eine weitere mediale Besonderheit liegt in der Organisation des Handlungsverlaufs zu einer »Filmerzählung«. Dieser Organisationsprozess interpretiert und gestaltet zugleich, wie Wiebel z.B. an den Figuren und der Ordnung der Filmerzählung zeigt:

Es werden Figuren zusammengelegt. Diese Freiheiten müssen sich Drehbuchautoren nehmen, um zu etwas Neuem zu kommen, nämlich zu einer Filmerzählung. Daß das gleichzeitig eine Art von Vereinfachung ist, ist klar. Dennoch und trotzdem, die assoziative Struktur und die Verflechtung der zwei Zeitebenen charakterisieren auch die Verfilmung.[17]

Die Adaption für das andere Medium, die Umformung der Erzählung zur »Filmerzählung«, hat also tief greifende sowohl produktions- als auch rezeptionsästhetisch bedeutsame Aspekte und Konsequenzen. So sagt Wiebel über das zu häufige und zu schnelle Wechseln der Erzählebenen: »Wir haben irgendwann gemerkt, daß das wahrscheinlich für die Filmerzählung und für eine Aufmerksamkeit, die ja eine andere ist als die

---

15 Engelhard, Gundula: »Johnson schreibt ja sehr dröge« oder Vom Buch zum Film – Gespräch zur Verfilmung von Uwe Johnsons *Jahrestage* mit Eduard Berger, Christoph Busch und Martin Wiebel, in: Carsten Gansel/Nicolai Riedel (Hg.), Internationales Uwe-Johnson-Forum. Beiträge zum Werkverständnis und Materialien zur Rezeptionsgeschichte, Bd. 8 (2000), Frankfurt am Main 2000, S. 141-161, hier: S. 143f.

16 Trotta, Margarethe von/Wiebel, Martin: Ein Gespräch, in: Martin Wiebel (Hg.), Mutmassungen über Gesine. Uwe Johnsons *Jahrestage* in der Verfilmung von Margarethe von Trotta, Frankfurt am Main ²2000, S. 178-194, hier: S. 179 u. 182.

17 Engelhard, Vom Buch zum Film (Anm. 15), S. 145.

eines Lesers, der immer anhalten kann und nochmals zurückblättern, für den Fernsehzuschauer zu kompliziert ist.«[18]

Medial bedingt und ästhetisch strukturiert ist dieser Rezeptionsprozess für Margarethe von Trotta insbesondere durch die Identifikationsleistungen der Fernsehzuschauer, die sich primär auf die Figuren richten:

Sie [die Drehbuchautoren] haben die Menschen aus ihrem Beschreibungsgestrüpp herausgeschält, ihnen Worte gegeben, in denen sie in direkter Form miteinander zu tun haben, so daß ich sie mir sofort vorstellen konnte, bis hinein in ihre Gesten. Im Film lebt die Geschichte nun einmal im Wesentlichen von den Darstellern, und je genauer dir ein Mensch klar wird, desto genauer kannst du ihn inszenieren.[19]

In der Bildhaftigkeit des Mediums Film präsentieren sich den Rezipienten Figuren in ihren Gesten. Gerade dadurch ist nach Hofmann die Verfilmung »auf ein Rezeptionsverhalten gerichtet, das im Roman immer wieder durch Reflexion und Verfremdung problematisiert wird.«[20] Die Verfilmung rückt die Mutter-Tochter-Beziehung stärker in den Blickpunkt, mit der Konsequenz, dass das, was »im Roman primär eine funktionelle Bedeutung hat, [...] hier zu einer psychologisch dichten Kommunikationssituation« wird.[21] Die Erzählsituation wird also vor allem durch den Bezug auf die Figuren bestimmt. Sie wird aber im Film nicht nur psychologisiert, sondern sie ist zeitlich auch anders strukturiert. Damit wird die historisch deutbare Organisation des Romans *Jahrestage* für die Verfilmung letztlich sekundär und vor allem zu einer rein technischen Frage der Abfolge von Schnitten und Überblendungen.[22]

Dies bestätigt eine Tendenz der bewegten Bilder (und gerade der »Filmerzählung«), relativ unbeweglich gegenüber den erzählerischen

---

18 Ebd.

19 Trotta/Wiebel, Ein Gespräch (Anm.16), S. 182.

20 Hofmann, Uwe Johnson (Anm. 5), S. 218.

21 Ebd.

22 Den (vermeintlich notwendigen) Zwang zur Aktualisierung und die Konsequenz der historischen Vergegenwärtigung formuliert die Regisseurin mit der Frage: »Wie schaffe ich es, den Zuschauern zu sagen, paß auf, hier wird aus der Vergangenheit in eine noch fernere Vergangenheit erzählt, ohne daß sie das Interesse an dem ›Gegenwartsstrang‹, der erzählenden Gesine, verlieren. Sie müssen begreifen, daß Gesine vor 30 Jahren hier gelebt hat (heute wäre sie 70), und dennoch müssen sie sich mit ihr heute identifizieren können, die Mutter-Kind-Beziehung muß so auf sie wirken, als würde sie sich in unserem Jetzt abspielen, es muß wirken, als spräche das Kind über den Kosovo-Krieg und nicht über Vietnam.« Trotta, Margarethe von: Aus meinem Tagebuch, *Jahrestage* betreffend, in: Wiebel, Mutmassungen über Gesine (Anm. 16), S. 162-177, hier: S. 171f.

Möglichkeiten im Medium der Literatur zu sein, wie Matthias Hurst es unter filmästhetischen und medienanalytischen Aspekten für die Erzähl-situation herausgearbeitet hat:

> Im Gegensatz zur Literatur jedoch scheint der narrative Spielfilm auf eine relativ stabile Form dieser Erzählsituationen angewiesen zu sein, [...] wohingegen die Literatur sich durch eine dynamische Gestaltung ihrer Erzählsituationen, durch den sprunghaften Wechsel der Erzählperspektiven geradezu von einer eindeutig bestimmbaren Erzählsituation lösen kann.[23]

Auch diese Überlegungen schärfen noch einmal den Blick dafür, dass Literatur und Film eigenständige künstlerische Äußerungsformen mit verschiedenen produktions- und rezeptionsästhetischen Eigentümlich-keiten sind und deshalb auch nach ihren eigenen medialen Gesetzmä-ßigkeiten und spezifischen Darstellungsweisen betrachtet werden müs-sen. Dies gilt genau so wie für andere Filme letztlich auch für Literatur-verfilmungen. Sie ›ersetzen‹ nicht das Buch und umgekehrt ersetzt das Buch nicht den Film, hat dieser erst einmal die Behauptung von dessen Unverfilmbarkeit widerlegt. Denn »erstens ist jedes Buch unverfilmbar und zweitens nur so lange, bis es verfilmt wird.«[24]

Genauer bestimmt man das Verhältnis zwischen Film und Literatur, das weder ein Verhältnis der puren Differenz noch einer Mimikry des anderen Mediums darstellt, als einen dialogischen Interpretationsprozess zwischen beiden Formen der Präsentation einer ›Fabel‹.[25] So macht Hurst weiter deutlich:

> Der narrative Spielfilm erweist sich als ein Medium, das seinen Stoff durch die Transformation in eine Oberflächenstruktur mittelbar präsentiert. Die rezipier-ten Bilder und Szenen sind als Einheiten dieser Oberflächenstruktur bereits In-

---

23 Hurst, Matthias: Erzählsituationen in Literatur und Film. Ein Modell zur ver-gleichenden Analyse von literarischen Texten und filmischen Adaptionen, Tübingen 1996, S. 287. Hurst bezieht sich mit der Kategorie der Erzählsituationen auf: Stanzel, Franz K.: Theorie des Erzählens, Göttingen [6]1995.

24 Kilb, Andreas: Ich bin so groß wie Gott. Über David Cronenbergs *Naked Lunch*, Martin Scorseses *Kap der Angst*, Eric Rohmers *Wintermärchen* und andere Filme auf der Berlinale 1992, in: DIE ZEIT, Nr. 10 vom 28.2. 1992, S. 57f., hier: S. 57; zitiert nach Hurst, Erzählsituationen (Anm. 23), S. V.

25 Mit den Bezeichnungen ›Fabel‹, ›Thema‹ und ›Idee‹ orientieren wir uns an: Hickethier, Film- und Fernsehanalyse (Anm. 13), S. 109-113, hier: S. 110f.: »Die *Fabel* verdichtet das in der Story Erzählte auf die wesentlichen Momente, gibt das zentrale Schema der Geschichte wieder [...]. Das *Thema* bedeutet eine weitere Reduktion, es beschreibt den grundsätzlichen Konflikt, um den es geht [...]. Das Thema, das der Be-trachter im Film erkennt, korrespondiert mit der ›Idee‹, die zumeist am Anfang der Entstehung eines Films steht, bzw. mit dem Anliegen.«

terpretation der Fabel, aufgenommen und wiedergegeben durch eine bestimmte Blickrichtung, geformt nach den spezifischen – wenn auch nicht vollständig festgeschriebenen – Gesetzen des kinematographischen Codes.[26]

Jede Literaturverfilmung ist dann eine insbesondere – wie Hursts Bestimmung des »kinematographischen Codes« verdeutlicht – *bildlich* organisierte Interpretation der ›Fabel‹, die in der Arbeit am Text gewonnen worden ist. Da die Prämisse hermeneutischer Billigkeit erfordert, dass Interpretationen auf ihre Angemessenheit und Stimmigkeit in Bezug auf den Text überprüfbar sein müssen, sollte eine ›gute‹ Literaturverfilmung der ›Idee‹ des Textes gerecht werden, ohne die Eigentümlichkeiten, die das Medium Film auszeichnen, zu verleugnen. Nur wer die prinzipielle Gleichberechtigung von Literatur und Film anerkennt und gleichzeitig die mediale Differenz beachtet, wird den einzelnen medialen und ästhetischen Eigentümlichkeiten und den Interaktionsmöglichkeiten beider Medien, in denen sich diese wechselseitig bestärken können, gerecht: Die Kenntnis des Films kann dann eine reflektiertere und um neue Deutungsansätze angereicherte Lektüre bzw. Wiederlektüre des Romans ermöglichen. Roman und Film können die eigenen und die Bedingtheiten des anderen Mediums verdeutlichen. Irmela Schneider hat dies so formuliert:

Literaturverfilmung kann damit zu einer Textsorte werden, in der sich ›kulturelles Erbe‹ mit Ausdrucksformen der Gegenwart produktiv verbindet. Sie wird damit potentiell zu einem Produktionsprozeß von Sinn, der in der Dialektik von literarischer Tradition und gestalterischer Innovation steht. Allgemeinste Voraussetzung einer solchen Funktionsbestimmung von Literaturverfilmung ist, daß sie nicht ab ovo als Ausdruck eines Defizits und als Relikt eines bildungsbürgerlichen Kulturverständnisses klassifiziert wird.[27]

Dass Schneider (und auch Hickethier) die Literaturverfilmung im Hinblick auf ihren Textcharakter als »Textsorte« einschätzen, ist letzlich wohl genau so problematisch wie eine Überbewertung des Visuellen. Diese resultiert daraus, den ›iconic turn‹ allzu euphorisch zu bejahen.[28] Aber

---

26 Hurst, Erzählsituationen in Literatur und Film (Anm. 23), S. 85.

27 Schneider, Theorie der Literaturverfilmung (Anm. 13), zitiert nach Schmidt-Ospach, Michael: Lust und Frust mit der »Literaturverfilmung«, in: Wiebel, Mutmassungen über Gesine (Anm. 16), S. 244-248, hier: S. 248.

28 Siehe dazu den Sammelband von: Bohn, Volker (Hg.), Bildlichkeit. Internationale Beiträge zu Poetik, Frankfurt am Main 1990, insbesondere auch Bohns Einleitung; und zuletzt mit einigen sehr anregenden Neuakzentuierungen: Belting, Hans: Bild-Anthropologie. Entwürfe für eine Bildwissenschaft, München ²2001.

mit Schneiders *hermeneutischer* Perspektive auf den potenziellen »Produktionsprozeß von Sinn« im Zusammenspiel der medial differenzierten, aber durch die Interpretation auf einander bezogenenen Formen von Film und Literatur in der Gattung der Literaturverfilmung lässt sich fragen, ob Margarethe von Trottas Verfilmung der *Jahrestage* als eine Interpretation des Romans nicht doch neue Akzente setzt – und zwar genau dadurch, dass der Text durch die Bilder eine neue Ausdrucks- und Darstellungsqualität erhält. Diese grundsätzlich neue Qualität beschreibt Hickethier so:

> Das Besondere des filmischen Textes liegt gerade darin, daß er Bedeutungen nicht nur jeweils auf der Ebene des gesprochenen Textes, des Abgebildeten, der Struktur der Bilder und ihrer Verbindung (Montage) entstehen läßt, sondern daß diese Bedeutungen auch im Spiel der einzelnen Ausdrucks- und Mitteilungsebenen miteinander entstehen. [...] Das Bedeutungskontinuum des Films, hergestellt vor allem durch den Illusionismus des bewegten fotografischen Bildes und den kontinuierlichen Ton, bildet mit dem Zeichencharakter eine Doppelstruktur, die Film und Fernsehen eigen sind[.][29]

Diese symbolische Doppelstruktur der audiovisuellen Medien ergibt sich aber vor allem im heuristischen Blickwinkel der analytischen Unterscheidung.

Dem spezifischen Symbolcharakter des Mediums wird jedoch – insbesondere in der Rezeption – eher die Auffassung gerecht, dass im – primär ja vom Bild her konzipierten – Film die präsentative Symboldimension vorherrscht.[30] In gestischen Ausdruckshandlungen werden expressive und performative Qualitäten vereint:

---

29 Hickethier, Film- und Fernsehanalyse (Anm. 13), S. 24f. Hickethier entwickelt davon ausgehend auch eine narrativ orientierte Filmtheorie: »Erzählen ist in den audiovisuellen Medien zumeist verbunden mit dem Darstellen. Darin liegt die Besonderheit des Audiovisuellen, daß es durch die inzwischen schon scheinbar selbstverständliche technische Verbindung von Bild und Ton die Bilder erzählbar macht und damit zugleich das Erzählen visualisiert« (ebd., S. 25).

30 Streng genommen handelt es sich beim Film um ein ›Gewebe‹ sowohl präsentativ als auch diskursiv organisierter Symbole. In der Unterscheidung präsentativer und diskursiver Symbole beziehen wir uns auf: Langer, Susanne K.: Philosophie auf neuem Wege. Das Symbol im Denken, im Ritus und in der Kunst, Frankfurt am Main ²1992. Sie schreibt: »Die Regeln des wörtlichen Denkens aber können nur dort Anwendung finden, wo die Erfahrung vorher schon – geformt durch ein anderes zur Auffassung und Bewahrung geeignetes Medium – präsentativ dargeboten wurde.« (S. 201f.) Und die präsentativen Symbole »vermitteln in gar nicht zu beschreibenden Kombinationen ein totales Bild, in dem sich benennbare Züge aufweisen lassen. [...] Die ›Elemente‹, die die Kamera darstellt, sind nicht die ›Elemente‹, die die Sprache darstellte. [...] Daß ein Sym-

Sobald aber eine Ausdruckshandlung ohne inneren momentanen Zwang vollführt wird, ist sie nicht mehr unmittelbarer Selbstausdruck, sondern expressiv im
logischen Sinne. Sie ist nicht Anzeichen der Gemütsbewegung, die sie überträgt, sondern ihr Symbol; anstatt die natürliche Geschichte eines Gefühls zu
vollenden, bezeichnet sie das Gefühl und bringt es, vielleicht selbst dem Agie-
renden, bloß in den Sinn. Wenn eine Handlung diese Bedeutung erlangt, wird
sie zur Geste. [...] Das Endergebnis solcher Artikulation [von Gefühlen] ist nicht
eine einfache Gemütsbewegung, sondern eine komplexe, permanente innere
Haltung. [...] Aber emotionale Haltungen sind immer eng mit den Erfordernis-
sen des täglichen Lebens verknüpft, sie sind durch unmittelbare Sorgen und
Wünsche, durch bestimmte Erinnerungen und Hoffnungen gefärbt. Da die heiligen Gegenstände bewußt nicht als Symbole des Lebens und des Todes, sondern als Lebensspender und Todesbringer angesehen werden, genießen sie nicht
bloß Vertrauen und Verehrung, sondern werden angefleht, gefürchtet und durch
Dienst und Opfer besänftigt.[31]

Eine Leistung von Margarethe von Trottas *Jahrestage*-Verfilmung liegt
zum einen im Bereich der expressiven Dimension, genauer – wie die
Kritik erkannt hat – darin, die »Emotionalität« der *Jahrestage* »ans Licht
gebracht [zu haben] – in einseitiger Weise zwar und mitunter die Grenze des Kitsches streifend, aber eben doch anrührend.«[32] Allerdings zeigt
sich eine Schwäche des Films darin, die expressiven Dimensionen bis-
weilen eher in emotional weniger dichten Bildern mit zu starken Typi-
sierungen zu präsentieren (Abschnitt 3) und nicht in den emotionsstarken,
bewegenden Bildern, wie sie die von Langer beschriebenen präsentativen
Symbole mit ihren expressiven und performativen Dimensionen darstellen (Abschnitt 4).

3. Christmas Trouble –
mediale Unterschiede in der Gestaltung des Weihnachtsfests

Für die schwächere wie für die stärke Variante expressiver Symbolik
finden sich Beispiele am Anfang des 3. Teils des Fernsehfilms. Er beginnt
mit dem New Yorker Weihnachtsfest 1967, dem sich dann eine kurze
Szene zur Silvesternacht anschließt. In ihr tritt auch der tote Jakob auf,

bolismus mit so vielen Elementen, so myriadenfachen Zusammenhängen, sich nicht in
Grundeinheiten aufbrechen läßt, versteht sich von selbst. [...] Die Photographie hat
daher kein Vokabular« (S. 101).
  31 Ebd., S. 154f.
  32 Hofmann, Uwe Johnson (Anm. 5), S. 218.

den Gesine nach ihrer Zukunft fragt. »Was ist – also nicht für mich – was ist beständig?« Von diesem Totengespräch geht dann wieder eine längere Sequenz aus, die sich der erinnernd erzählten Vergangenheit in Mecklenburg widmet, genauer: Jakobs Abschied aus Jerichow, ehe er seine Ausbildung in Dresden beginnt.[33] Nicht nur, dass dieser ›Umzug‹ Jakobs in den *Jahrestagen* nur in einem Halbsatz erwähnt wird (»[...] vom Gaswerk machte er sich auf den Weg zu einer Lehre bei der Eisenbahn, die würde ihn wegfahren nach Gneez, nach Schwerin und einmal ganz weg aus Mecklenburg.«[34]) – die Szene, die der Film ausmalt, gibt es bei Johnson so gar nicht. Und auch die beiden vorhergehenden New Yorker Weihnachts- und Silvesterszenen nehmen nicht nur Material aus den Tageseintragungen zwischen Weihnachten und Neujahr auf und kombinieren es neu. Sie erzählen auch etwas Anderes und vor allem: sie erzählen es auch anders als der Roman.

Dieser stellt das christliche Weihnachtsfest ganz vielschichtig und differenziert dar: sowohl in Kontrast zur Kommerzialisierung des Festes in der US-amerikanischen Gegenwart, die Gesine in einem Brief an Kliefoth am 23. Dezember kritisch thematisiert (vgl. JT, 500-503), als auch zur Vietnampolitik des amerikanischen Präsidenten; dann im Vergleich mit dem jüdischen Chanukah (JT, 501) und schließlich in der Erinnerung an Weihnachten 1936 in Jerichow, als Lisbeth an Weihnachten ihr zweites Kind abtreibt und dadurch »jene [christliche] Weihnachtsgeschichte invertiert.«[35] Wie Thomas Schmidt deutlich macht, steht das Weihnachtsfest ganz unter dem Zeichen des Todes und der Roman diskutiert sehr detailliert die Frage nach der Schuld von Mutter, aber auch Vater Cresspahl. Gesine setzt sich mit der Bedeutung dieser Schuld für sie selbst intensiv auseinander:

Durch die Erwähnung »meine[r] drei Gräber« (JT, 503), bleibt das Finale dennoch präsent, denn das erste dieser Gräber erinnert an die Mutter. Der 24. Dezember führt die Handlung auf der Jerichow-Ebene anachronisch sogar bis ins Jahr 1922 zurück. Nicht nur der zeitliche Fokus wird in dieser Retrospektive geweitet, auch die Erzählperspektive ändert sich. Gesines Erzählung über den Ort ihrer Herkunft gibt sich nicht wie so oft auktorial, sondern implantiert eine

---

33 Diese Sequenz soll im folgenden Abschnitt ausführlicher analysiert werden.

34 Johnson, Uwe: Jahrestage. Aus dem Leben der Gesine Cresspahl, Frankfurt am Main 1988, S. 1450.

35 Schmidt, Thomas: Der Kalender und die Folgen. Uwe Johnsons Roman »Jahrestage«. Ein Beitrag zum Problem des kollektiven Gedächtnisses, Göttingen 2000, S. 196. Schmidt bezieht sich auch auf: Schulz, Beatrice: Lektüren von Jahrestagen. Studien zu einer Poetik der *Jahrestage* von Uwe Johnson, Tübingen 1995, S. 82, Anm. 43.

kollektive Fremdperspektive, die sich vor allem auf die Mutter Lisbeth richtet. [...] Unmittelbar vor der Klimax distanziert und objektiviert die Erzählende mit dieser zwischengeschalteten Fremdperspektive noch einmal die eigene Betrofenheit.[36]

Diese hier nur skizzierte, sehr differenzierte und – auch auf Grund von Gesines Traumatisierungen[37] – relativ instabile Erzählsituation des Romans wird im Film in eine überaus typisierende (Film-)Form gebracht, einen Beziehungskonflikt zwischen Gesine und D.E., den D.E. eifersüchtig zu einer Dreiecksgeschichte mit de Rosny uminterpretiert.[38] Gesine hingegen besteht auf ihrer beruflichen Selbstbehauptung, ihrer politischen Utopie und ihrer Partnerschaft zugleich und sie ist gerade in dieser Auseinandersetzung als eine eher starke Persönlichkeit gezeichnet. Marie stellt deshalb in der Szene fest: »Endlich will Gesine mal was Mutiges tun, was sie mir sonst immer nur predigt.« Der Streit um D.E.s, Anitas und Maries Heiratspläne für Gesine endet schließlich damit, dass D.E. Gesine vor die Entscheidung »Prag oder ich«, also zwischen sich und de Rosny bzw. einem – wie Gesine im Film hofft – »demokratischen Sozialismus« stellt und, mit seiner »hausgemachten Dialektik« und in seiner männlichen Attitüde lächerlich erscheinend, zu seiner Mutter zurückkehrt. Die Eifersuchts- und Beziehungsklischees werden durch Margarethe von Trotta also am Ende der Szene eher ironisch zitiert als nur aktiviert – wie es zuvor der Fall ist, wenn Gesine den Streit zu beschwichtigen und mit einer Umarmung D.E.s die Harmonie wieder herzustellen versucht: »Ich bitte euch, lasst uns aufhören. Es ist Weihnachten, können wir nicht ein andermal darüber reden.«

Im Roman stehen die Erinnerung und die Schmerzen, die sie Gesine im Gedenken an ihre Mutter bereitet, im Mittelpunkt. Der Film ist stärker auf die Gegenwart bezogen, in der Gesine den Erwartungen ihrer Umgebung gerecht werden soll, sie aber da vehement von sich weist, wo ihre eigenen beruflichen Ziele (die auch mit politischen Erwartungen auf einen humaneren Sozialimus verknüpft sind) mit D.E.s Familienplänen in Konflikt geraten. Diese zeitliche wie darstellerische Verschiebung ist aber dem Roman nicht einfach unreflektiert und beliebig aufgezwungen. Vielmehr bedient sich Johnson selbst in seiner Erzählkonstruktion

36 Schmidt, Kalender (Anm. 35), S. 196f.
37 Vgl. Elben, Christian: »Ausgeschriebene Schrift«. Uwe Johnsons *Jahrestage*: Erinnern und Erzählen im Zeichen des Traumas, Göttingen 2002.
38 Für die typischen Figurenkonstellationen im Film siehe: Hickethier, Film- und Fernsehanalyse (Anm. 13), S. 122.

der Tatsache, daß Jahrestage sich auch unabhängig von der Position des einzelnen zum jeweiligen Identitätswissen in die Leiber und die Köpfe der Menschen
einschreiben und Temporal maps erzeugen, die zu einer Wert- und Affektbesetzung der Zeit führen. Diese Korrelationen werden jedoch narrativ nicht
ausgebreitet, sondern durch jene aufgezeigten Markierungen – und das ist maß-
gebend – der kalendarischen Basisstruktur und den mit ihr verknüpften Diskur-
sen überantwortet.[39]

Dies ist auch ein rezeptionshermeneutisches Problem. Denn im Unterschied zur narrativen Implikation im Roman, die in dessen Rezeption
diskursivierbar wird, werden im Film die Ergebnisse seines Interpretations-
prozesses gestaltet, »narrativ [...] ausgebreitet« und an den »Leiber[n] und
Köpfen« der Darstellerinnen und Darsteller und an ihren »Wert- und
Affektbesetzung[en]« gezeigt. So werden innerhalb des Films insbesondere die weiblichen Figuren auf der New-York-Ebene tatsächlich mo-
dernisiert und sie werden in ihrem Verhalten eher zu Menschen der
1990er als der 1960er Jahre. Die Figuren werden in dieser Konstellation
plastischer, aber eben in etwas anderer Weise konkret als im Roman,
weil sie wesentlich stärker psychologisiert sind. Doch auch dies ist in der
von Schmidt beschriebenen Erzählstruktur angelegt, denn »[d]ie ausge-
stellte Reduktion von Sinnzusammenhängen, die in der Basisstruktur
komprimiert werden, führt zwangsläufig zu einer Psychologisierung der
Gesine-Figur, deren Kontur an den Lektürebarrieren und Referenz-
signalen sichtbar wird.«[40]

Auch die Filmerzählung insgesamt wird auf die New York-Ebene
hin aktualisiert. Neben der Aktualisierung des Stoffes und der Darstellungsweisen fällt auch die oben genannte veränderte Organisation des
Handlungs- und des Zeitablaufs auf. So gibt es in dieser Szenenfolge von
Weihnachten, Neujahr und der Erinnerung an Mecklenburg nur einen
Wechsel der Erzählebenen bzw. mit dem Totengespräch noch einen
Wechsel innerhalb der Gegenwartsebene. Darüber hinaus aber weichen
die Chronologien des Romans und der Filmerzählung inzwischen schon
deutlich voneinander ab. Denn der Erinnerungsprozess im Roman ist
erst bis Weihnachten 1936 gelangt. Die Filmerzählung erinnert hingegen schon an ein Ereignis in der Zeit nach dem Krieg. In den verschiedenen Medien verläuft Erinnerung also nicht nur anders,[41] sondern auch
mit ganz unterschiedlichen Geschwindigkeiten.

39 Schmidt, Kalender (Anm. 35), S. 199.
40 Ebd.
41 Erinnert wird auch in einer anderen Qualität. Dies zeigt sich am Beispiel des
Hauses, das Marie ihrer Mutter schenkt. Es ist im Roman – ähnlich wie die *Jahrestage* als

Dennoch fallen die beiden Prozesse auch im Film keineswegs auseinander. Denn die Anfangssequenz insgesamt ist von der spezifischen ›Idee‹ getragen, die der Film am Material des Romans gewonnen hat. Dessen Erinnerungsproblematik wird als Erinnerungsprozess einer Frau zur »Überwindung [ihrer] Angst«[42] und damit zur Behauptung ihrer selbst als Frau konkretisiert: Von der auch schmerzlichen Suche nach kultureller und geschichtlicher Identität durch ein komplexes erzählerisches Erinnern wird so umakzentuiert auf die filmische Darstellung einer weiblichen Identitätsbildung. Es sind die Notwendigkeit und die Schwierigkeiten Gesines (aber womöglich der Frauen der *Jahrestage* generell),[43] sich als Frau zu finden und ihre Selbst-Bestimmung gegen die Erwartungen insbesondere der Männer zu behaupten.[44]

Diese ›Idee‹ ist das Ergebnis einer Interpretation, die am Roman gewonnen worden ist. Nicht der Roman wird also ›ver-filmt‹, sondern eine Interpretation von ihm in Szene gesetzt und im Medium des Films dargestellt. Diese Interpretation, die Idee und das Bild, das sich von Trotta davon gemacht hat, sind nicht ›falsch‹.[45] Sie sind vielmehr in dem Sinn ›stimmig‹, als sie – gleichwohl interpretativ – die *Auswirkungen* von Gesines Reflexion und Verarbeitung (oder zumindest des Versuchs dazu) ihrer frühen Entwicklungsgeschichte, der Erziehung auch durch ihre

---

Aufzeichnung der Erinnerung Gesines – ein Modell, an dem die Lücken und Widersprüche der Erinnerung und ihrer Erzählung selbst wieder zu Tage treten können. Im Film hingegen vergegenständlicht – man könnte auch sagen: verdinglicht – sich die Erinnerung am Haus, um dann als solches von Marie wütend zerstört zu werden.

42 Trotta/Wiebel, Gespräch (Anm. 16), S. 193.

43 Dies lässt sich vielleicht auch deshalb verallgemeinern, weil es z.B. Marie ist, die in der Filmszene den Heiratswunsch ausspricht (»Wir heiraten dich«), und nicht wie im Roman D.E. im Gespräch mit Gesine und Marie: »– Fieber oder nicht; ich will jetzt hören, wie Professor Erichson sich bessern will im Neuen Jahr. – Indem ihr mich heiratet im Neuen Jahr. – Falsch! Wieder ein Wunsch. – Für mich ist das ein Vorsatz, dear Mary, quite contrary« (JT, 537).

44 Neben D.E. tatsächlich auch de Rosny, letztlich aber auch Marie. Dies nimmt im Zusammenhang mit der Schuldfrage, die im Roman an Weihnachten diskutiert wird, auch eine Dimension der Beziehung zwischen Lisbeth und Heinrich Cresspahl auf. Ebenso wie D.E. gegenüber Gesine hält Heinrich falsche, da unveränderte Rollenerwartungen an seine Frau aufrecht: »Sie [Lisbeth] war sich ähnlich wie oft, wenn sie nicht wach war. Er hielt sie immer noch für die, die er vor fünf Jahren geheiratet hatte, für ihn jung, für sich wie für ihn gern am Leben. Sogar stellte er ihre Worte von damals über was sie ihm nun verschwieg« (JT, 509).

45 Hier sei noch einmal auf den hermeneutischen Ansatz, wie ihn Schneider (Anm. 13) und Langer (Anm. 30) vertreten, hingewiesen. Stimmigkeit und Plausibilität, nicht Wahrheit und Richtigkeit sind von Interpretationen zu fordern.

Mutter Lisbeth, für ihr gegenwärtiges Verhalten in der Konstellation mit D.E. und mit ihrer Tochter Marie *zeigen.*

Darin, wie die Figurenkonstellation vergegenwärtigt, der Zeit- und Handlungsablauf anders organisiert und auf die Aspekte weiblicher Identitätsbildung akzentuiert wird, präsentiert sich auch die ›Inversion‹ des Weihnachtsevangeliums, wie sie Thomas Schmidt für den Roman beschreibt, im Film anders: Denn nachdem Marie das Modell des Elternhauses, das sie ihrer Mutter geschenkt hat, wütend zerstört hat, kommentiert Anita im Schlussbild der Eingangs-Sequenz die neue Figurenkonstellation, die sich nach dem Streit mit D.E. ergeben hat, ganz lakonisch: »Drei Frauen unterm Baum – das hat Zukunft.« Damit ist auch in Margarethe von Trottas Film die Weihnachtsgeschichte ›invertiert‹, aber invertiert nicht so sehr als *Geschichte* (dies leistet vor allem Anitas Kommentar), sondern vor allem als *Bild* aus der kunstgeschichtlichen Tradition, als Bild der Heiligen Familie.[46]

4. Ästhetisch-religiöse Präsentativität

Ähnlich wie in Johnsons Roman, für den die thematische und auch strukturelle Bedeutung des religiösen Diskurses zuletzt stärker beachtet worden ist,[47] hat dieser auch für Margarethe von Trottas Verfilmung eine hohe Bedeutung. Religiosität ist im Film nicht nur thematisch akzentuiert und als ein – auch problematisches – Sinnangebot zu verste-

---

46 Neben der Bildtradition der Heiligen Familie ist auch an die kunstgeschichtlich ebenfalls bedeutende Tradition der Anna-Selbdritt-Darstellung zu denken. Mit deren Aufnahme würde Marie in die Rolle der Erlöserin rücken. Wir danken Irmgard Müller für diesen und manch anderen hilfreichen Hinweis.

47 Vgl. hierzu die Untersuchungen von: Breuer, Dieter: Die unerledigte Sache mit Gott. Zum religiösen Diskurs in Uwe Johnsons Romanwerk *Jahrestage*, in: Literaturwissenschaftliches Jahrbuch (N.F.) 32, 1991, S. 295-305. Breuer schreibt: »Der religiöse Diskurs ist nur einer von vielen und vielleicht der versteckteste, gleichsam ins Unterbewußte des dargestellten Aufklärungsprozesses abgedrängte. Vollends zu Tage tritt er erst am Ende des Erinnerungsprozesses der Gesine Cresspahl« (S. 296); siehe auch den Aufsatz von Wittowski, Wolfgang: Zeugnis geben: Religiöses Helden- und Pseudo-Heldentum in Uwe Johnsons *Jahrestage* (Bd. 2), in: Carsten Gansel/Bernd Neumann/Nicolai Riedel (Hg.), Internationales Uwe-Johnson-Forum. Beiträge zum Werkverständnis und Materialien zur Rezeptionsgeschichte, Bd. 4 (1996), Frankfurt am Main 1996, S. 125-142 und zuletzt, ausführlicher und auch kritisch zu Wittowski: Paasch-Beeck, Rainer: Bißchen viel Kirche, Marie? Bibelrezeption in Uwe Johnsons *Jahrestage*, in: Johnson-Jahrbuch, Bd. 4, Göttingen 1997, S. 72-114. Siehe zur Problematik der Religion unter dem Aspekt der Kalender: Schmidt, Kalender (Anm. 35).

hen. Die filmische Auseinandersetzung mit der kulturellen (Bild–)Tradition der Religion setzt diese in die Bild–Arbeit,[48] das Bild-Gedächtnis und die Bild-Erinnerung fort. Dies zeigt sich im Anschluss an die Weihnachts- und Neujahrsszene, wenn in der dritten Szenenfolge des 3. Teils religiöse Symbolik zu einer neuen ›Ausdruckshandlung‹ (Langer) verdichtet wird, zu einer Präsentativität, die die expressiven und performativen Dimensionen überzeugend integriert.

Diese Sequenz spielt im Jahr 1946 in Mecklenburg. Gesine muss Abschied von Jakob nehmen, der für einige Jahre an die Verkehrstechnische Hochschule nach Dresden geht. Seine Mutter, Frau Abs, versucht Gesine zu trösten. Gesine und Frau Abs verzehren gemeinsam die Kekse, die Frau Abs ihrem Sohn mitzugeben vergessen hat.[49]

Ehe wir die Szenenfolge genauer analysieren, wollen wir sie hier im Protokoll ganz zitieren:

1. Szene
Das Mädchen Gesine zupft die Blütenblätter einer Blume.
Die Stimme der erwachsenen Gesine aus dem Off: Dein Vater Jakob konnte gut mit Mädchen. Mich nahm er als die kleine Schwester. Mit mir konnte er wie mit niemandem. Das Kind, das ich war.

2. Szene
Jakob und Frau Abs packen einen Koffer. Gesine sitzt dabei und beobachtet die beiden.
Jakob: Mutter, das ist kein Wochenendausflug! Die Verkehrstechnische Hochschule in Dresden dauert Jahre.
Frau Abs: Um Gottes Willen, so tief im Süden! Und dann noch bei den Sachsen. Das hältst Du doch nicht aus, Junge!
Gesine: In Sachsen, da wo die schönen Mädchen auf den Bäumen wachsen. Da wirst Du ja viel zu tun haben. *Gesine steht auf und geht zur Tür.*
Jakob: Gesine... Hier! Hast'n Bild von mir. Häng' Dir's über's Bett. *Gesine nimmt das Bild; es ist bei der Übergabe jedoch nicht zu sehen.*

---

48 Diese »Arbeit an den Bildern« ist von der Struktur her ähnlich zu verstehen wie Blumenbergs Modell einer »Arbeit am Mythos«; vgl. Blumenberg, Hans: Arbeit am Mythos, Frankfurt am Main 2001.

49 Junghänel, Die Frau und die Fremde (Anm. 11), erahnt die ästhetische Qualität dieser Szene, wenn er sie als »eine(r) der schönsten Szenen des Films« einschätzt. »[Hier] sitzen die junge Gesine und Mutter Abs an einem Tisch und essen die Erinnerung an Jakob auf, der fortgegangen ist. Sie essen einfach minutenlang Plätzchen, die für den Jungen gedacht waren. Für solche Momente stillen Unglücks, von denen es in dem Film einige gibt, möchte man Margarethe von Trotta umarmen.« Wie wir zeigen wollen, handelt es sich in dieser Szene um viel mehr als ein ›einfaches, minutenlanges Plätzchen-Essen‹ und Aufessen der Erinnerung.

Gesine: Bild' Dir bloss nix ein! *Gesine verlässt den Raum. Jakob und Frau Abs lächeln sich an.*
Frau Abs: Tja.

3. Szene

Gesine sitzt im Baum. Unten gehen Frau Abs und Jakob vorbei. Jakob schaut sich um.
Frau Abs: Komm, Jakob! *Jakob und Frau Abs verlassen den Hof.*
Gesine *(zu sich selbst)*: Ja, ja. Geh' Du nur nach Sachsen. *Sie betrachtet Jakobs Foto.*

4. Szene

Gesine sitzt alleine am Esstisch, den Kopf in ihre Hände gestützt. Frau Abs betritt den Raum. Sie seufzt beim Anblick Gesines.
Frau Abs: Weißt Du, Gesine, was ich vergessen habe, ihm mitzugeben? Die Kekse, die ich für Jakob gebacken habe. *Sie geht zum Schrank und nimmt eine Keksdose aus der Schublade. Sie stellt die göffnete Dose vor Gesine auf den Tisch.*
Gesine: Und jetzt ist es zu spät. *Frau Abs leert die Kekse auf den Küchentisch.*
Frau Abs *(nimmt Gesine in den Arm)*: Ich hab' Dich gehört im Baum, Gesine. *Frau Abs setzt sich.* Weißt Du was? Wir essen ihn erstmal auf. Das halten wir nicht aus mit der Erinnerung. Ich ess' jetzt einen Tannenbaum, und Du solltest Dir einen Mond nehmen. *Frau Abs sucht die Kekse aus.*
Gesine: Und was ist das jetzt wieder für eine Anspielung?
Frau Abs *(kauend)*: Tannenbaum, Mond, Nacht, das ist doch alles Abschied. Damit werden wir doch fertig! Hier, Du einen Stern und ich einen Pilz.
Gesine: Ich sehe hier aber keinen Nachtkeks. *Sie sucht sich selbst einen Keks aus, hält ihn vor sich und betrachtet ihn.* Das ist Jakob. Er hat mich zwischen seine Schichten genommen. *Sie beißt in den Keks. Frau Abs lächelt.*
Frau Abs *(hält einen Keks in Herzform in die Höhe)*: Du oder ich?
Gesine: Wir beide. *Die beiden brechen den Herz-Keks und essen ihn schweigend.*
Frau Abs: Gesine, wir müssen... *Gesine bricht in Tränen aus.* Komm! Gesine! Wir müssen das alles aufessen. Dann ist er erst einmal weg. Und wir werden nicht mehr von ihm reden.
Gesine: Aber heimlich doch.
Frau Abs: Aber heimlich doch. Aber wir verraten uns das nicht gegenseitig. *Die beiden essen weiter Kekse.*

5. Szene

Überblendung: New York. Vom Kai aus ist die South Ferry im Schnee zu sehen. Die Stimme der erwachsenen Gesine aus dem Off: Und ein für alle Mal hatte ich Jakobs Mutter für meine genommen. Und Jakob als den geschenkten grossen Bruder. Manchmal habe ich Heimweh nach der Ostsee. [...]

Frau Abs bietet Gesine die Kekse nicht nur als süßen Trost an. Im gemeinsamen Verzehr erfahren die Zurückgelassenen Gemeinschaft und Stärkung. Der Bezug zu dem ritualisierten Erinnerungsmahl par excellence, dem Abschieds-, Liebes- und Erinnerungsmahl Jesu Christi, ist

Szenenfotos aus von Trottas *Jahrestage*-Verfilmung

nicht zu übersehen: Die Szene ist in ihrer Symbolik – in Bild wie Text –
deutlich angelehnt an das Letzte Abendmahl im Neuen Testament.[50]

50 Siehe Lk 22, 19f.: »Und er nahm Brot, sprach das Dankgebet, brach das Brot
und reichte es ihnen mit den Worten: Das ist mein Leib, der für euch hingegeben wird.

Damit greift sie eine kulturelle Tradition auf, die das theologische Modell in ein ästhetisches Modell überführt.[51] Wie Christus sich selbst mit
dem Brot, das verzehrt werden soll, gleichsetzt, setzt Frau Abs Jakobs
Kekse mit Jakob gleich: »Wir essen ihn erstmal auf. Das halten wir nicht
aus mit der Erinnerung.«[52]

Es ist gerade die Präsentativität, die Bildlichkeit dieser Szene, die den
symbolischen Gehalt der Szene und ihren Bezug zur religiösen Tradition eröffnet. Langer, deren Vorstellung des präsentativen Symbols wir
oben entwickelten um das spezifische mediale Verhältnis von Sprache
und Bildern zu verdeutlichen, beschreibt diesen Prozess des Übergangs
vom Lebensweltlichen zum Transzendenten und der Anreicherung kultureller Vorstellungen und Handlungen so:

Sobald sich bei den Teilnehmern eine Ahnung des symbolischen Gehalts der
Einverleibung, z.B. eines Tieres, meldet, wird das Mahl in einem anderen, neu-
en Geist gehalten: nicht Nahrung sondern Wesenszüge des Tieres bilden die
Speise. Das Fleisch wird zur Hostie, obgleich die ihm innewohnende Kraft vielleicht gar keinen eigenen Namen hat und daher nur im Rahmen dieses Mit-
einanderseins, dieses Mahles, dieses Ortes und dieses Geruchs und Geschmacks
gedacht werden kann. [...] Wenn das Fleisch rituell genossen werden soll, [...]
füllt sich jedes Detail mit Bedeutung.[53]

Tut dies zu meinem Gedächtnis!« und Mt 26, 26f.: »Während des Mahls nahm Jesus das
Brot und sprach den Lobpreis; dann brach er das Brot, reichte es den Jüngern und sagte:
Nehmt und eßt; das ist mein Leib.« (Die Bibel. Altes und Neues Testament. Einheits-
übersetzung, Stuttgart 1980).

51 Zu dieser Tradition vgl. Neumann, Gerhard: Heilsgeschichte und Literatur. Die
Entstehung des Subjekts aus dem Geist der Eucharistie, in: Walter Strolz (Hg.), Vom
alten zum neuen Adam. Urzeitmythos und Heilsgeschichte, Freiburg u. a. 1986, S. 94-
150. Laut Neumann »bilden sich zwei Stränge der Argumentation heraus; ein kanoni-
scher, der dem theologischen Modell der Transsubstantiation folgt und es in ästhetische
Zusammenhänge überträgt; ein apokrypher, der auf die Erfahrung stummer Körper-
instanz rekurriert und die Transsubstantiationsidee verwirft.« (S. 132). Zum Verhältnis
von Sakramentalität und Poesie vgl. außerdem: Hörisch, Jochen: Brot und Wein. Die
Poesie des Abendmahls, Frankfurt am Main 1992.

52 Zum Problem der sakralen Anthropophagie vgl. Kott, Jan: Gott-Essen. Interpretationen griechischer Tragödien, übersetzt von Peter Lachmann, München 1975. Im
Roman empfindet Gesine die Vorstellung, dass Christus im Abendmahl präsent sei, als
»kannibalisch« (JT, 1603).

53 Langer, Philosophie auf neuem Wege (Anm. 30), S. 163.

Im Gespräch von Frau Abs und Gesine wird dieses Finden von Bedeutungen, dieser Deutungsprozess selbst vollzogen: Als Frau Abs den Keksen eine andere Bedeutung, die der Nacht bzw. des Abschieds verleihen will, lehnt Gesine dies entschieden ab: »Ich sehe hier aber keinen Nachtkeks.« Wenn sie vorher verlangt, dass Frau Abs ihre Auswahl interpretiert, erwartet sie ein Sinnangebot, das sie dann aber selbst formuliert: »Das ist Jakob. Er hat mich zwischen seine Schichten genommen.«

Dieser Akt ist mehr als ein bloßer Symbolisierungs-Akt. In der Abwandlung der Formel des ›Hoc est corpus meum‹ findet sich wieder, was Langer an der schon zitierten Stelle weiter über die Symbolik des gemeinsamen Mahls formuliert:

Jede Gebärde bezeichnet einen Schritt auf dem Wege zur Erlangung der tierlichen Kraft. Dem Gesetz aller primitiven Symbolisierung entsprechend wird der Sinngehalt nicht als solcher, sondern als echte Wirkungskraft erlebt; das festliche Mahl dramatisiert nicht nur die Erwerbung, sondern verleiht das Gewünschte tatsächlich. Der Vollzug des Mahles ist magisch und expressiv zugleich. Wir haben darin die charakteristische Mischung von Kraft und Bedeutung, von Mediation und Präsentation, die das Sakrament auszeichnet, vor uns.[54]

In der expressiven und performativen Geste Gesines erhält ihre Beziehung zu Jakob nicht nur eine be-zeichnende Deutung; sie ›verleiht‹ Gesine den gewünschten Menschen tatsächlich und wird damit zu einer sakramentalen Handlung von »echter Wirkungskraft«.

---

54 Ebd. – Langers Überlegungen folgt dann noch eine Fußnote, die sich explizit mit der Eucharistie befasst. Hörisch beschreibt die zeichen- und diskurstheoretische Dimension des Sakraments sehr präzise so: »Seinen ungeheuren ontosemiologischen Status fundiert das Sakrament des Abendmahls in Form zahlreicher Einzelparadoxien: in Brot und Wein ist Christus real präsent – aber nur für die, die an ihn glauben; das Abendmahl ist ein Gedächtnismahl – aber zugleich die Feier der Präsenz Christi und ein eschatologisches Mahl; die sakralen Elemente sind mehr als nur Zeichen – aber sie bedürfen, um mehr als Zeichen zu sein, der Wandlungsworte; die Kraft wandelnder Worte kommt der priesterlichen Epiklese zu – aber sie ist bloßes Zitat der Einsetzungsworte des Herrn; und schließlich – zentrale Paradoxie –: in den transsubstantiierten Elementen wird die Gegenwart des Gottessohnes gefeiert, um dann – verzehrt zu werden. Sein ist demnach sinnvoll nur auf der Folie seiner vergangenen Erlösung und seiner erlösten Zukunft, ja: seines Verschwindens.« (Hörisch, Brot und Wein [Anm. 50], S. 17.) In seiner zeichentheoretischen Perspektive erscheinen die »Elemente« des Sakraments als schiere Paradoxa, in Langers Perspektive eines integrierenden Symbols und – wie sich zeigen wird – auch in Margarethe von Trottas filmischer Arbeit an den Bildern des kulturellen Gedächtnisses wird das »Verschwinden« des Sakraments in der Einverleibung performativ aufgehoben und sinnvoll integriert.

Desgleichen gewinnt das Essen, obwohl ein tägliches Tun, sehr leicht zusätzliche Bedeutung, nicht nur durch die verwandtschaftliche Verbundenheit der mit einander Essenden, sondern auch durch die noch engere, die Identifikation des Essers mit der Speise; so daß diese Handlung für ein Gemüt, welches überhaupt allgemeiner Begriffe fähig ist, leicht sakramentalen Charakter annimmt.[55]

Diese sakramentale Handlung, in der Gesine sich mit Jakob identifiziert, stiftet ihre eigene Identität und auch Gemeinschaft – im Sinn verwandtschaftlicher Verbundenheit zu Mutter Abs – neu. Das Gedächtnis- wird auch zum Liebesmahl. Frau Abs bietet Gesine einen herzförmigen Keks an.[56] Sie hält ihn in der erhobenen Hand. Sie brechen das Herz und essen es schweigend.

Die Geste des ›Brotbrechens‹, die dem kulturellen Gedächtnis aus der Religion zukommt, und die Wahrnehmung der Handlung als eine gemeinschaftlich vollzogene Handlung, als ›communio‹, werden substantiell eins und stiften auch eine substantielle Einheit: »Du oder ich?‹ – ›Wir beide.‹« Beide Frauen sind in ihrer Beziehung zu Jakob und durch ihn auch in ihrer Beziehung zu einander neu bestimmt, und dies in einer durchaus eigenen, vielleicht sogar auch ganz eigenartigen Weise: Die Symbolik dieser Szene entfaltet sich erst im genauen Zusammenspiel von Bild und Text, das Margarethe von Trotta in dieser Szene inszeniert. Text und Bild sind aufeinander bezogen. In diesem speziellen Fall nun relativiert und verschiebt der Text die Bedeutung der Bilder: Gesines und Frau Abs' ›communio‹ dient nicht primär zu Jakobs ›Gedächtnis‹, sondern – paradoxer Weise – zu einem Vergessen: »Das halten wir nicht aus mit der Erinnerung.« Deshalb wollen sie ihn »aufessen. Dann ist er erst einmal weg.« Die Einverleibung der Jakob-Kekse soll die sprachliche Kommunikation über ihn erst einmal vermeiden. Die Einverleibung der Jakob-Kekse wird zu einer *stummen* ›communio‹. So, wie die beiden Frauen sich den Herz-Keks schweigend einverleiben, wollen sie zukünftig auch über Jakob schweigen:[57]

---

55 Langer, Philosophie auf neuem Wege (Anm. 30), S. 163.

56 Das Herz steht hier für Jakob und es weist gleichzeitig auf die emotionale Beziehung zwischen Jakob und Gesine hin. Gesine, die von Jakob nur als »kleine Schwester« betrachtet wird, scheint ihre Zuneigung zu Jakob schon zu diesem Zeitpunkt nicht nur geschwisterlich zu verstehen. Davon zeugt auch ihre Eifersucht auf Anne-Dörte, wie sie im 2. Teil des Fernsehfilms dargestellt wird.

57 Das Bildmedium kann hier die wortlose, aber zeichenhafte ›communio‹ zeigen, die der Text doch mit Worten beschreiben müsste.

Frau Abs: [...] Und wir werden nicht mehr von ihm reden.
Gesine: Aber heimlich doch.
Frau Abs: Aber heimlich doch. Aber wir verraten uns das nicht gegenseitig.

Gleichwohl ist diese Vereinbarung zu schweigen nur vordergründig und eben dadurch relativiert, dass Gesine und Frau Abs sehr wohl noch von Jakob *reden* wollen – genauer: sie wollen dies *heimlich* tun.

Wenn sie von Jakob *reden* wollen und nicht etwa nur an ihn *denken*, verbleibt ihr Erinnern durchaus im sprachlichen, diskursiven Vollzug. Erinnern ist, gerade für Gesine, sprachlich vermittelte Erinnerung. Dies zeigt sich auch an der ersten Szene dieser Folge. Zwar bietet Jakob ihr eine Fotografie, also ein Bild von sich an, damit Gesine sich seiner erinnern kann. Doch mindestens ebenso wichtig ist ihr das Reden über Jakob. Auf Jakobs Vorschlag: »Häng' dir's übers Bett.« reagiert Gesine recht schroff: »Bild' dir bloß nichts ein!«, also mit dem Verbot, sich ein (falsches) Bild von Gesine zu machen. Gesine betrachtet zwar später im Baum Jakobs Bild. Aber dieses Bild reicht ihr nicht, wie ihre Trauer im Gespräch mit Frau Abs zeigt: Zum Bild muss das Reden, die Sprache hinzukommen, um sich darüber zu verständigen. Wenn also, um dies medientheoretisch zu reformulieren, Breuer über Johnsons Erzählen feststellt: »Die Kunst des diesseitigen Trostes reduziert sich letztlich in der Tat auf das Erzählen, die Kunst selbst, eine Erzählkunst, die gleichwohl die Möglichkeit religiöser Erfahrung gelten läßt«,[58] so *zeigt* Margarethe von Trottas Verfilmung, dass das kulturelle Gedächtnis Erinnerung aus Texten *und* Bildern gewinnt. Das kulturelle Gedächtnis – um mit Langer zu sprechen – ist also ein »Sinngewebe«[59] präsentativer und diskursiver Formen, für das der Film, als Sprach- und vor allem Bildkunstwerk, zur Darstellung dieses Problems das vielleicht am besten geeignete Medium ist. Kritik am Film, die nur auf der Figurenebene ansetzt, vorschnell mit Schemata von Eigentlichkeit und Uneigentlichkeit wertet und die medialen Eigentümlichkeiten in der Betrachtung ausblendet, greift also zu kurz.

Doch kommen wir noch einmal zurück zum Ende dieser Szene, in der die bildlich-sprachliche Kommunikation der ›communio‹-Gesten »echte Wirkungskraft« (Langer) entwickelt. Der Vollzug des gemeinschaftlichen Mahls gewinnt auch insofern performative Qualität, als die verwandtschaftliche Beziehung zwischen Frau Abs und Gesine ›in Kraft gesetzt‹ wird. Das Zugeständnis doch noch *heimlich* über ihn zu sprechen

---

58 Breuer, Die unerledigte Sache mit Gott (Anm. 46), S. 305.
59 Vgl. dazu Langer, Philosophie auf neuem Wege (Anm. 30), S. 261-289.

zeigt, dass weder die Mutter noch Gesine Jakob tatsächlich vergessen wollen. Es besiegelt vielmehr das neue, engere und durch die ›communio‹ begründete Verhältnis beider Frauen zu einander. Dies zeigt ein Blick auf die Wortgeschichte von ›heimlich‹. Auch wenn im heutigen Gebrauch kaum noch die ursprüngliche Bedeutung ›zum Haus (Heim) gehörig‹ – und damit eben auch ›vor Fremden verborgen‹ – mitschwingt, ist diese hier nicht von der Hand zu weisen.[60] Gesine gewinnt in der ›communio‹ eine menschliche Heimat in Frau Abs wieder bzw. gewinnt ihr Elternhaus, das von beiden Eltern verlassen ist, als Heimstatt zurück. In dieser Heimstatt kann auch über die gesprochen werden, die das Haus verlassen mussten oder nun verlassen. Dies ist neben Jakob auch Gesines Vater, der im Internierungslager Fünfeichen in Gefangenschaft ist.

Liest man den Dialog der beiden Frauen mit dieser alten Bedeutung von ›heimlich‹, so wird auch der Schlusssatz dieser Szene neu akzentuiert: »Aber wir verraten uns das nicht gegenseitig.« Dieser verstärkt noch die *heimliche* Kommunikation. Das anaphorische »aber« wiederholt nicht nur die Vereinbarung des »Aber heimlich doch.« Es besiegelt den Bund zwischen Gesine und Frau Abs auch dadurch, dass aus ihrer beider Gemeinschaft das Prinzip des Verrats – wenn man dies in der religiösen Traditionslinie formulieren will: das Judas-Prinzip – ausgeschlossen ist; genauer noch, dass ihre Gemeinschaft keinen Verrat kennt. In dem Sinn, dass das Heim(e)liche nicht verraten werden darf und – so bekräftigt – auch gar nicht kann, lässt sich auch nicht von »Gegen-Seiten« sprechen. Gesine und Mutter Abs stehen nun nicht nur auf derselben Seite; sie finden Heimat und Heimlichkeit in ihrer unverbrüchlichen Gemeinschaft. Das Ergebnis des gemeinsamen Mahls ist daher nicht das Vergessen Jakobs, sondern die gestärkte und qualitativ veränderte Beziehung zwischen Frau Abs und Gesine. Gesine definiert das neue, ›heimliche‹ Verhältnis zu Frau Abs am Schluss der Szene so: »Und ein für alle Mal hatte ich Jakobs Mutter für meine genommen. Und Jakob als den ge-

---

60 Der Eintrag im Grimmschen Wörterbuch zu ›heimlich‹ zeigt, dass bis ins 19. Jahrhundert hinein die vorrangige Bedeutung diejenige war, die heute verdrängt ist: »*dem sinne nach sich mit dem adj.* heimisch *berührend, ist* heimlich *im allgemeinen von jeher mehr in anwendung gewesen und daher auch begrifflich reicher ausgebildet worden.*« Verschiedene Bedeutungen sind: »*1) zunächst von personen* einheimisch, *an einem bestimmten orte zu hause, gegensatz zu* fremd [...]. *3) aus der bedeutung des heimatlichen und häuslichen flieszt die vorstellung des traulichen und vertrauten [...]. 4) aus dem heimatlichen, häuslichen entwickelt sich weiter der begriff des fremden augen entzogenen, verborgenen, geheimen, [...]*« (Eintrag ›heimlich‹ in: Grimm, Jacob/Grimm, Wilhelm: Deutsches Wörterbuch. Bd. 4, 2. Abteilung, Leipzig 1877, Neuausgabe Gütersloh 1994, S. 873-879, hier: S. 873-875).

schenkten großen Bruder.«[61] Die zurückgelassene Freundin Jakobs nimmt dessen zurückgelassene Mutter in einem symbolischen Akt als ihre Mutter an.[62] Auch dieser Zusammenhang kann als Anspielung auf das Sterben Christi gesehen werden, der während der Kreuzigung seinen Lieblingsjünger Johannes seiner Mutter Maria als Sohn und Maria Johannes als seine Mutter anvertraut.[63]

Die Bemerkungen zum Adoptionsakt bilden sogar den Rahmen für die Szenenfolge insgesamt. Jeweils zu Beginn und zum Schluss ist die Stimme der erwachsenen Gesine aus dem Off zu hören. Sie erzählt der Tochter Marie, wie es zu der Verbindung zwischen Gesine und Jakob kam. Auch wenn die Filmerzählung dort noch nicht angelangt ist, bezieht Gesine sich zu Beginn ihrer Erzählung darauf:»Dein Vater Jakob konnte gut mit Mädchen. Mich nahm er als die kleine Schwester. Mit mir konnte er wie mit niemandem. Das Kind, das ich war.« Die ›communio‹ zwischen Frau Abs und Gesine mündet also nicht nur in die Adoption Gesines durch Frau Abs. Sie ist darüber hinaus auch insofern identitätsbildend für Gesine, als sie nunmehr im vollen Sinn initiiert wird: Gesine wird nicht nur Tochter, sie wird auch vom Kind zur jungen Frau.[64] Denn auch wenn sie sich selbst rückblickend als »Kind, das ich war« bezeichnet, zeigt schon die erste Szene der Folge, in der Gesine die Blüte als ihr Liebesorakel zerpflückt, dass sie für Jakob mehr als nur kindliche Gefühle hat. In der folgenden Szene wird offenbar, dass sich in die Trauer über den Abschied von Jakob auch Eifersucht mischt. Ihr Kommentar zum Reiseziel Sachsen bezieht sich auf die mögliche weibliche Konkurrenz: »In Sachsen, da wo die schönen Mädchen auf den Bäumen wachsen. Da wirst Du ja viel zu tun haben.« Auch Jakobs Erklärung zum geschenkten Bild enthält eine sexuelle Anspielung. Sie soll sich sein Bild »über's Bett« hängen. Mit seinem Bild jedoch flüchtet sich Gesine vor Jakobs Abschied auf einen Baum, unter dem er sich noch einmal nach der zurückgelassenen, nun verschwundenen ›Schwester‹ umwendet. Diese Bilder sind durchaus auch mythologisch interpretierbar: Die ›Aufhebung‹

---

61 Diese Wendung ist fast wörtlich aus den *Mutmassungen über Jakob* übernommen: »Und ein für alle Male hatte Gesine Cresspahl die Mutter Jakobs zu eigen genommen wie Jakob als den geschenkten grossen Bruder«; Johnson, Uwe: Mutmassungen über Jakob, Frankfurt am Main ²1993, S.17.

62 Wie ernst es Gesine damit ist, zeigt sich in der Filmszene des 4. Teils, in der sie Anitas Frage, ob Frau Abs ihre Mutter sei, bejaht.

63 Diese Stelle ist nur bei Johannes überliefert: Joh, 19, 26f.

64 Auch im christlichen Kontext ist die Erstkommunion bzw. die Konfirmation die eigentliche Initiation als Gemeindemitglied.

der Natur in der rituellen Geste der ersten Szene und Gesines Flucht *in* einen Baum sind mit den mythologischen ›Verwandlungen‹ des Weiblichen *in* die Natur, wie sie vielleicht am bekanntesten im Daphne-Mythos formuliert sind, auch Zitate aus dem mythischen Bildgedächtnis.[65]

Die ›communio‹-Szene selbst führt diesen geschlechtlichen Aspekt der Identitätsbildung Gesines weiter. Frau Abs ermutigt Gesine, einen Mond-Keks zu nehmen. Diese Kekse sind – in Anlehnung an Langer – ebenfalls als präsentative Symbole zu verstehen:[66] »Der Mond ist ein typisches ›verdichtetes‹ Symbol. Er bringt das Mysterium des Weiblichen voll und ganz zum Ausdruck«.[67] Frau Abs weist Gesine hier also ein Symbol genuiner Weiblichkeit zu. Gesine kann zu diesem Zeitpunkt diese Zuschreibung noch nicht ganz akzeptieren und sich zu Eigen machen: Sie nimmt den Keks zwar an, isst ihn aber nicht. Auch die Einverleibung Jakobs schließlich ist sexuell konnotiert. Der Bezug zum Liebesmahl, der beim Abendmahl nicht wegzudenken ist, wird hier explizit: Gesine inkorporiert den, der sie »zwischen seine Schichten genommen« hat.[68] Der nächste Keks, das Herz, das zur Hostie wird, ist selbst wieder-

---

65 Genau genommen handelt es sich um ein Ineinanderblenden verschiedener Mythen, des Daphne/Apoll-Mythos und des – in der Geste des Umwendens – auch zitierten Orpheus/Eurydike-Mythos. Neben die christlichen Mythologeme und rituellen Gesten treten damit auch pagane Bilder.

66 Nach Langer besteht ein Zusammenhang zwischen präsentativem Symbol und psychoanalytischer Verdichtung: »Der präsentative Symbolismus zeichnet sich dadurch aus, daß eine Vielzahl von Begriffen in einen einzigen totalen Ausdruck zusammengezogen werden kann, ohne daß diesen einzelnen Begriffen durch die den Gesamtausdruck konstituierenden Teile jeweils entsprochen wird. Die Psychoanalyse bezeichnet diese in der Traumsymbolik zuerst entdeckte Eigentümlichkeit als ›Verdichtung‹.« (Langer, Philosophie auf neuem Wege [Anm. 30], S. 191).

67 Ebd. Langer führt über das Symbol aus: »Wie das Leben bei zunehmendem Mond seiner Vollendung entgegenwächst, so ergreift im Abnehmen der alte Mond allmählich von den leuchtenden Teilen Besitz; in graphischer Anschaulichkeit wird das Leben vom Tod verschlungen, und das verschlingende Ungeheuer ist der Vorfahr des sterbenden Lebens. Die Sinnbildlichkeit des Mondes ist unwiderstehlich. In zeitloser Wiederholung steht das Bild des Lebens und des Todes uns vor Augen.« (Ebd., S. 191f.) Dies verdeutlicht auch, wie sehr Liebe und Tod in dieser Vorstellung des Mythos verbunden sind. Dies zeigt sich prinzipiell genau so in der Nähe von Gründonnerstag und Karfreitag, von Liebesmahl und Passion in der christlichen Theologie.

68 Der Essakt wird also auch zum Liebesakt. Zum Zusammenhang von Essakt und Liebesakt in religiöser und literarischer Tradition vgl. Neumann, Heilsgeschichte und Literatur (Anm. 50), S. 95-101. Schon für den »Mythos vom Sündenfall« sei festzustellen, »daß der Eßakt als jene Schlüsselstelle begriffen wird, in der Wissen, Liebe und Tod zusammenstoßen und aus sich eine Selbstgeburtsszene des Menschen entbinden, die in doppelter Weise historisch sich entwickelt« (S. 100).

um präsentatives Symbol. Es wird *gebrochen* und demonstriert so nicht nur Gesines aktuellen Liebeskummer. Es verweist auch auf ihre spätere »Schmerzensliebe« zu Jakob. Die Szene zeigt in ihrer präsentativen Symbolik expressive Dimensionen von Gesines emotionaler und auch geschlechtlicher Identitätsbildung. Damit wird sie zu einer Schlüsselszene der gesamten Verfilmung. In ihr wird die ›Idee‹ der weiblichen Identitätsbildung durch die religiöse Symbolik präsentativ gestaltet.

Die religiöse Dimension ist keine singuläre Erscheinung im dritten Teil des Fernsehfilms. Besonders dominant ist sie in den ersten beiden Teilen, in denen Lisbeths Geschichte erzählt wird. Religiosität ist in den vier Teilen des Fernsehfilms überwiegend an die Protagonistinnen geknüpft. In der Generationenfolge Lisbeth – Gesine – Marie stellt sich das Verhältnis zur Religion jeweils anders dar. Die Auseinandersetzung mit Religiosität als einem Aspekt der Identitätsbildung ist bei diesen dreien kaum zu übersehen. Wie genau das Verhältnis von weiblicher Identitätsbildung zu Religiosität zu denken ist, müsste im Einzelnen genauer diskutiert werden und kann hier nur als Ausblick skizziert werden. Als weitere Bereiche, auf die sich Identitätsbildung bezieht, werden der private, der berufliche und gesellschaftlich-politische Bereich gezeigt. Im Film werden sie immer wieder auf einander bezogen.

So sind in der Handlung um Lisbeth Aspekte ihrer Religiosität mit ihren Rollen als Ehefrau und Staatsbürgerin verbunden. Von der ersten Begegnung mit Cresspahl über die Momente des Wiedersehens bis zur Verlobung und Ehe ist ihre Rolle als Frau auch eine religiös definierte.[69] Sie setzt ihren Glauben als Maß und Richtlinie für ihr Handeln, im privaten wie politischen Bereich. Lisbeths Leben und Sterben ist religiös motiviert. Sie ist bereit ihre Tochter zu opfern; als ihr dies nicht gelingt, wählt sie selbst den Freitod. Ihr Selbstmord ist als religiöses Selbstopfer zu verstehen. Im Gespräch mit Pastor Büshaver, der sie darauf hinweist, dass sie die Schuld der Welt nicht auf ihre Schultern allein laden könne, da sie nicht Gottes Sohn sei, antwortet sie: »Aber seine Tochter«.

69 Die verschiedensten Stationen auf ihrem Weg in die Ehe sind religiös kontextualisiert: Lisbeths und Cresspahls Blicke treffen sich zum ersten Mal, während Lisbeths Mutter über Psalm 23 (»Der Herr ist mein Hirte«) nachdenkt. Bei einem Wiedersehen am Strand stellt Lisbeth Cresspahl die ›Gretchenfrage‹, und während Cresspahl bei Papenbrock um die Hand seiner Tochter anhält, beten Mutter und Tochter im Nebenzimmer.

Gesine steht dem Religiösen eher skeptisch gegenüber, »schon wegen Lisbeth«, wie sie Marie erklärt. Ihre Entscheidung, Marie auf eine
katholische Schule zu schicken, rührt daher auch nicht aus religiöser
Überzeugung, sondern geschieht zu *Bildungs*zwecken: »Damit du etwas
lernst«. In den Schulszenen wird Marie als selbstbewusstes Mädchen dargestellt, dem aktives politisches Handeln wichtiger ist als eine sehr klischeehaft dargestellte, eher aufs Private gerichtete Religiosität, wie sie
die Lehrerin vertritt und auch von Marie fordert.

Dadurch, dass für Gesine und Marie Religion eine weniger große
Rolle spielt als für Lisbeth, Gesine sich aber stärker mit ihrer Rolle als
Frau in der Gesellschaft auseinander setzt, stellt sich in den vier Teilen
eine gegenläufige Bewegung ein: Die Bedeutung der Religiosität nimmt
bis zum vierten Teil ab, die der weiblichen Identitätsbildung bis zum
Ende hin zu. Entsprechend ist in den ersten Teilen die religiöse Symbolik sehr dominant und kulminiert in der ›communio‹-Szene zu Beginn
des dritten Teils. Diese ist – auch in Verbindung mit der Weihnachts-
szene – als Schnittstelle und Schlüsselszene zu sehen. Denn deren religiöse Symbolik forciert die Auseinandersetzung mit der weiblichen
Identitätsbildung als der ›Idee‹, die der Film in der Arbeit am Roman
gewinnt. Bei der Darstellung dieser ›Idee‹ werden die religiösen Vorstellungen jedoch nicht unbedingt dazu eingesetzt, kulturell, sozial und religiös definierte Rollenvorstellungen von Frauen zu problematisieren.
Vielmehr arbeitet der Film mit und an diesen Vorstellungen, die als kulturelle Gesten und Bilder präsent werden, und wirkt so auf das kulturelle
Gedächtnis zurück.[70]

5. Schluss

Margarethe von Trottas Film ›zitiert‹ nicht nur Bilder aus dem kulturellen Gedächtnis, sondern präsentiert diese in ihrer gestischen Qualität
durchaus reflektiert und reichert sie um weitere – ästhetische und religiöse – Bild-Bedeutungen an. Damit stellt sich auch das Verhältnis von

---

70 Wenn hier die zwei Frauen ihr Erinnerungsmahl miteinander feiern, wird die
religiöse Symbolik auch nicht als Mittel zu frauenfilmerischen Zwecken instrumentalisiert.
Sie wird dem kulturellen Gedächtnis entlehnt, neu und anders präsentiert und kann so
auch die sakramentale Feier für die Frauen zurückgewinnen. Im Neuen Testament werden Frauen noch mit einem besonderen Zugang zu Christus gezeigt. Dieser präsentiert
sich oft über die Dimension des Leiblichen (z.B. salbt Maria Magdalena Christi Füße.
Die Frauen gehen zum Grab und kümmern sich um den Leichnam).

Roman und Verfilmung anders dar. Denn da, wo der Film seine Präsentativität voll zur Geltung bringt, wird er nicht nur als medial eigen-
ständig wahrnehmbar.[71] Er setzt gerade dadurch auch den von Schneider
beschriebenen »Produktionsprozeß von Sinn [in Gang], der in der Dialektik von literarischer Tradition und gestalterischer Innovation steht.«[72]
Die Verfilmung zu sehen verändert daher auch die Rezeption des Romans. Die *literarische* Arbeit des Romans am kulturellen Gedächtnis wird
vom Film *gezeigt*. Die diskursive Qualität des Romans wird in der
präsentativen Qualität des Films zum Ausdruck gebracht.

Margarethe von Trottas *Verfilmung* von Uwe Johnsons Roman *Jahrestage* ist also gerade da gelungen, wo sich expressive Aspekte und performative Aspekte zu einem die Zuschauer überzeugenden, wirkungs-
starken präsentativen Symbol integrieren, wie dies in der ›communio‹-
Szene geschieht. Das präsentative Symbol ist hier nicht so sehr emotio-
nales Indiz wie in der Weihnachtsequenz. Es erhält nun vielmehr einen
quasi beweisenden Charakter in seiner Wirkung. Oft bleibt diese Bilder-
Wirkung in der Verfilmung zwar aus. Letztlich ist dies aber vor allem ein
grundsätzliches Problem der unterschiedlichen medialen Verfasstheit, wie
sie im Blick auf Exaktheit und »Authentizität, Wahrscheinlichkeit und
Glaubwürdigkeit [... als] Hauptkriterien«[73] der Darstellung deutlich wird.
Denn für Margarethe von Trotta ist es so:

[U]nsere Erinnerungen zeigen uns die Dinge ja auch manchmal verschwom-
men. Nicht immer ist alles gleichermaßen präzise, als könntest du, wie bei einer
Kamera, den Fokus verstellen, d. h. scharf stellen. Meine Erinnerungsbilder sind
manchmal ganz scharf und dann wieder nicht. Und gerade dieses zwischen scharf
und unscharf Hinundherpendeln gefällt mir. Bei mir selbst. Aber Johnson hat
versucht, alles, alles scharf zu stellen.[74]

Die »Erinnerungsbilder« des Films sind daher etwas ästhetisch und medial grundsätzlich Anderes als Johnsons »photographische Augenblicke in
der erzählten Geschichte«.[75] Sie wollen eine »heimliche« Kommunika-

---

71 Es bleibt zu diskutieren, was der Film als Medium in seiner Präsentativität leisten
kann: Führt er die ›communio‹ nur vor oder kann er sogar selbst versammeln und
›gemeindebildend‹ sein? Ist dem Film selbst eine sakrale Bedeutung zuzuerkennen?

72 Schneider, Theorie der Literaturverfilmung (Anm. 13); zit. nach Schmidt-Ospach,
Lust und Frust (Anm. 27), S. 248.

73 Mecklenburg, Biblia pauperum (Anm. 7), S. 191.

74 Trotta/Wiebel, Ein Gespräch (Anm. 16), S. 192f.

75 Fahlke, Eberhard/Zetzsche, Jürgen: Photographische Augenblicke in der erzählten Geschichte der *Jahrestage*, in: Manfred Jurgensen (Hg.), Johnson. Ansichten –

tion mit den Zuschauern aufbauen. In ihr wird die Dialektik von Erinnerung und Vergessen (auch von Johnsons Roman) im Schwanken von Schärfe und Unschärfe der Bilder in Bewegung gesetzt.

Silke Jakobs und *Dr. Lothar van Laak*, Fakultät für Linguistik und Literaturwissenschaft, Universität Bielefeld, Postfach 10 01 31, 33501 Bielefeld

Einsichten – Aussichten, Bern 1989, S. 65-90, hier: S. 65. Vgl. auch Nedregård, Johan: Gedächtnis, Erfahrung und »Fotografische Perspektive«. Zu den *Jahrestagen*, in:text+kritik 65/66, hg. von Heinz Ludwig Arnold, München 1980, S. 77-86.

Ingeborg Gerlach

Bei ihm das Deutsche lesen gelernt?

Zur *Schach*-Lektüre in den *Jahrestagen* (JT, 1694-1707)[1]

Die extensive Behandlung, die der Praktikant Weserich Fontanes Erzählung *Schach von Wuthenow* angedeihen lässt, geht weit über das hinaus, was im Schulunterricht möglich und nötig ist. Die Vermutung, dass Johnson hier einen exemplarischen Rezeptionsprozess vorführe und dem Leser demonstriere, wie er selbst sich die Lektüre der *Jahrestage* wünsche, tauchte bald im Kreis der Interpreten auf.[2]

Auf den ersten Blick: Weserich arbeitet solide materialistisch; die Schulbehörde könnte mit ihm zufrieden sein. Der historische Hintergrund wird weitläufig einbezogen. Biografisches darf nicht fehlen. Keine werkimmanente Interpretation, wie sie damals im westlichen Teil Deutschlands unter Führung der Professoren Kayser und Staiger exerziert wurde. Statt dessen jede Menge Faktisches; eine Tendenz zum Positivismus ist unverkennbar.

Die Interpretation wird von dem Brief geleitet, den nach Schachs Tod Bülow an Sander schreibt und in dem der Rittmeister des Regi-

1 Johnson, Uwe: Jahrestage. Aus dem Leben von Gesine Cresspahl, Bd. I-IV, Frankfurt am Main 1970–1983.
2 »Will man schon ein Vorbild für die Lektüre der *Jahrestage* in den *Jahrestagen* selbst finden, so käme weit eher die Schach von Wuthenow-Lektüre von Gesines Gymnasialklasse in Betracht (1694ff.). Hier widmet sich eine Schulklasse in minutiöser Lektüre sowohl den Kunstmitteln als auch, um einen Begriff Benjamins zu gebrauchen, dem Sachgehalt des Fontaneschen Werkes, um die in Fontanes historischer Novelle sedimentierte historische Erfahrung herauszuarbeiten.« Auerochs, Bernd: Erzählte Gesellschaft. Theorie und Praxis des Gesellschaftsromans bei Balzac, Brecht und Uwe Johnson, München 1994, S. 237.

ments Gendarmes zur Symbolfigur des untergehenden Preußen erklärt wird. Zwar relativiert Weserich diesen Sachverhalt, indem er die Frage stellt, ob Bülow als Sprachrohr des Autors zu verstehen sei. Da er bereits den auktorialen Erzähler eingeführt hat (obwohl dieser erst einige Jahre später in der westdeutschen Literaturwissenschaft aufkam), erfährt Bülows Deutung in der Tat eine gewisse Einschränkung, die jedoch nur erzähltechnischer Art ist.

Nicht erwähnt wird, dass in der Erzählung selbst auf Bülows Brief noch ein weiterer folgt: der von Victoire von Schach an ihre Freundin Lisette. Was sie über ihren toten Mann schreibt, weicht von Bülows Deutung ab. Sie knüpft an den Spaziergang in Tempelhof an, auf dem Schach ihr versichert hatte, ihm wäre eine Lebensweise nach Art der Templer nicht unsympathisch; zumindest fühle er sich imstande, jedes Gelübde zu halten. Victoire vergleicht den auf Repräsentation bedachten Schach mit den Kardinälen, die sie jetzt in Rom des öfteren zu sehen bekommt. Schach, der dezidierte Nicht-Ehemann, schlussfolgert sie, hätte auch an der Seite einer schönen Frau nicht seiner Natur gemäß leben können.

Fontane präsentiert somit dem Leser zwei Deutungen: eine historisch-soziologische (Schach als Vertreter einer dekadenten Gesellschaft) und eine psychologische (Schach der Bindungsunfähige). Beide Briefe stehen kommentarlos hintereinander. Der auktoriale Erzähler schweigt sich hier gründlich aus. Fast hat es den Anschein, als habe Fontane den um die rechte Methode streitenden Germanisten des 20. Jahrhunderts einen dicken Brocken vorwerfen wollen: Welcher Interpretationsansatz ist der richtige?

Die ältere Forschung tendierte, wie Johnsons Weserich, zur Bülowschen Lesart. Doch immerhin kam bereits 1962 Benno von Wiese zu dem Ergebnis, beide Briefe seien als gleichberechtigt zu betrachten; de facto bevorzugt er allerdings den erstgenannten.[3] Peter Demetz gibt schon wenig später dem Brief Victoires den Vorzug, nicht nur, weil er der intimere ist, sondern vor allem, weil er an letzter Stelle steht.[4]

---

3 v. Wiese, Benno: Theodor Fontane. Schach von Wuthenow, in: ders. (Hg.), Die deutsche Novelle von Goethe bis Kafka, Bd. 2., Düsseldorf 1962, S. 238-241.

4 »Ich könnte mir vorstellen, ein vor allem auf das Politische bedachter Autor hätte die Reihenfolge der Briefe vertauscht und Bülows politische Reduktion ans bedeutende Ende gestellt. Da der Roman aber mit Victoires intimem Brief endet, vermag ich mich des Verdachtes nicht zu erwehren, dass ihr Brief die politischen Dimensionen durch das Private und Intime begrenzt und aufhebt [...].« Demetz, Peter: Formen des Realismus: Theodor Fontane, München 1964, S. 162-164, hier: S. 163.

Christian Grawe versucht im *Fontane-Handbuch* beide Sichtweisen miteinander zu verknüpfen. *Schach* sei »eine psychologische Novelle und ein politischer Gesellschaftsroman«, konstatiert er.[5] Beide Briefschreiber »unterziehen ganz Fontanisch das dramatische Handlungsende im Medium des Briefes einer Reflexion aus der Distanz und aus doppelter Perspektive: der männlich-politisch-kritischen Bülows und der weiblich-privat-einfühlenden Victoires.«[6] Grawe verweist auf die reichhaltige Literatur, in denen die Kontroverse um den Vorrang eines der beiden Briefe ausgetragen wird; er selbst beschränkt sich auf »das sich Ergänzende, das der doppelten Optik der Erzählung Entsprechende«.[7]

Und Johnson? Für seinen Weserich scheint Victoires Brief nicht zu existieren. Über Bülow befindet dieser, er werde »ein letztes Wort haben bis zum Ende« (JT, 1700). Ist ihm die zum Katholizismus tendierende Romantikerin Victoire zu suspekt? Existiert für ihn nur die männlich-politische Deutung im Sinne Bülows? Jeder Versuch einer Erklärung für dieses ›Verleugnen‹ von Victoires Brief gerät leicht ins Spekulative. Augenscheinlich ist aber, dass Johnson seinen Weserich einen Bogen um die Partien machen lässt, in denen von Schachs Innenleben die Rede ist. Zwar stellt der Erzählbericht kein Unterrichtsprotokoll dar, aber es scheint, dass Schachs Aufenthalt in Schloss Wuthenow allein dazu benutzt worden ist, den niederdeutschen Dialekt der Mutter Krepsch zur Geltung zu bringen. Von Schachs »larmoyante[r] Drückebergerei« ist einmal die Rede, aber nur, weil sie den Schülern das Vergnügen an der Beschreibung der Bootsfahrt schmälert (vgl. JT, 1699). Grawe hingegen sieht in diesem Aufenthalt die »wohl konzentriertesten und qualvollsten zwölf Stunden« in Schachs Leben.[8] Offensichtlich vermeidet Weserich aber alles, was zu stark ins Psychologische geht. Schach, am tiefsten Punkt seines Lebens, die Eiche im Schlosspark umkreisend, dafür findet sich bei ihm kein Platz.

Welchen Schluss soll man daraus ziehen? Auf jeden Fall den, dass Weserich zwar in den Augen seines Autors der ideale Interpret gewesen sein könnte, dass aber der Leser gut daran tut, seine Vorgaben mit Vorsicht zu behandeln.

Dr. Ingeborg Gerlach, Halberstadtstr. 16, 38124 Braunschweig

5 Vgl. Fontane-Handbuch, hg. von Christian Grawe und Helmuth Nürnberger, Stuttgart 2000, S. 533-556, hier: S. 538.
6 Ebd., S. 541.
7 Ebd.
8 Ebd., S. 544.

Lothar van Laak

Gelöschte Spur

Zu: Christian Elben: »Ausgeschriebene Schrift«.
Uwe Johnsons *Jahrestage:*
Erinnern und Erzählen im Zeichen des Traumas

In seiner neuen Einführung in Uwe Johnsons Erzählwerk interpretiert
Michael Hofmann die *Jahrestage* »als stringentes Ergebnis einer Besin-
nung auf die Möglichkeiten des Erzählens nach Auschwitz überhaupt.«[1]
Er fasst seine Überlegungen zu Johnsons Erzählpoetik so zusammen:

Der Zivilisationsbruch Auschwitz bedingt die Absage an harmonisierende Erin-
nerungskonzepte, die eine Kontinuität der Erfahrung und eine Identität der Person behaupten. Der Schock über das Grauen des Völkermordes bedingt die
Notwendigkeit, mit den Brüchen und Widersprüchen des individuellen und
kollektiven Gedächtnisses zu leben, und die nur scheinbar paradoxe Absicht,
»eine Empfindlichkeit gegen Schmerz zu vermehren«.[2]

Diese »grundlegende Spannung [...], die bei der Gestaltung des Gedächtnisses der Schoah auftritt«,[3] zeigt sich sowohl in kulturellen als auch in individuellen Dimensionen: Das kulturelle Gedächtnis kommt nicht aus ohne
Individuen, die sich erinnern und ihre Erinnerungen weitergeben, und
umgekehrt vermag niemand ohne kulturelle Selbstdeutungen zu leben.[4]

---

1 Hofmann, Michael: Uwe Johnson, Stuttgart 2001, S. 185. Er verweist für die
Problematik der Erinnerung u.a. auf: Butzer, Günter: Fehlende Trauer. Verfahren epischen Erinnerns in der deutschsprachigen Nachkriegsliteratur, München 1998. Vgl. ausführlicher zu Hofmanns Einführung auch die Rezension: van Laak, Lothar: Uwe Johnson
als Klassiker der Moderne, in: Johnson-Jahrbuch, Bd. 9, Göttingen 2002, S. 375-380.
2 Hofmann, Johnson (Anm. 1), S. 192. Zitiert wird: Johnson, Uwe: Jahrestage.
Aus dem Leben von Gesine Cresspahl, Frankfurt am Main 1988, S. 1828.
3 Hofmann, Johnson (Anm. 1), S. 189.
4 Vgl. zur hier nur angedeuteten Praxis des kulturellen Gedächtnisses: Assmann,

Wenn sich Christian Elben in seiner Studie dem »Erinnern und Erzählen im Zeichen des Traumas« in Johnsons *Jahrestagen* widmet,[5] nimmt er einen durchaus mit Hofmann vergleichbaren, aber deutlich konzentrierteren Blickwinkel ein. Er betrachtet die Erinnerungsproblematik des Romans von der individuellen, psychologischen Seite. Elben ist sorgfältig, wenn er Johnsons Romanwerk zum Sprechen bringt. Er ist – gegenüber einer umfassenderen Einordnung der *Jahrestage* in die moderne Erzählpoetik und deren Erzähltraditionen, insbesondere nach 1945 – einerseits aber auch vorsichtiger, genauer: skeptischer; andererseits wesentlich stärker auf die erzählenden Subjekte gerichtet: So tritt insbesondere Gesine Cresspahl ins Zentrum.

Welchen Ansatzpunkt Elben für seine Betrachtungen wählt, zeigt sich in der Auseinandersetzung mit dem folgenden Zitat aus den *Jahrestagen*:

Und ich trau dem nicht was ich weiß, weil es sich nicht immer in meinem Gedächtnis gezeigt hat, dann unverhofft als Einfall auftritt. Vielleicht macht das Gedächtnis aus sich so einen Satz, den Jakob gesagt hat oder vielleicht gesagt hat, gesagt haben kann. Ist der Satz einmal fertig und vorhanden, baut das Gedächtnis die anderen um ihn herum sogar die Stimmen von ganz anderen Leuten. Davor habe ich Angst. Mit einem Mal führe ich in Gedanken ein Gespräch über ein Gespräch, bei dem ich gar nicht dabei war und Wahrheit ist daran nur die Erinnerung an seine Intonation, wie Jakob sprach.
Der Satz von heute heißt ... daß ich ihn nicht sagen werde. (JT, 387)

Elbens einlässliche Lektüre, die sich auch dieser Stelle widmet (36), entfaltet präzise die Unzuverlässigkeit des Gedächtnisses bzw. die »Tricks der Erinnerung«.[6] Dabei bleibt Elben aber nicht stehen, sondern unter-

Jan: Das kulturelle Gedächtnis. Schrift, Erinnerung und politische Identität in frühen Hochkulturen, München [2]1997; Halbwachs, Maurice: Das kollektive Gedächtnis, Frankfurt am Main 1991.

5 Elben, Christian: »Ausgeschriebene Schrift«. Uwe Johnsons *Jahrestage*: Erinnern und Erzählen im Zeichen des Traumas, Göttingen 2002. Die Studie wird unter Nennung der Seitenzahl im Text zitiert.

6 Auch Hofmann, Johnson (Anm. 1), nimmt diese Erkenntnis der Johnson-Forschung auf und formuliert: »Johnsons *Jahrestage* artikulieren in Bezug auf die identitätsstiftende Kraft der individuellen Erinnerung eine tiefgreifende Skepsis, die damit begründet wird, dass die Erinnerung verstörende Eindrücke neutralisiert und damit ein geschöntes Bild der Vergangenheit erzeugt« (S. 200). Hofmann arbeitet von dieser Beobachtung ausgehend heraus, dass sich in den *Jahrestagen* eine Unterscheidung zwischen Erinnerung und Gedächtnis entwickelt: »Die *Erinnerung* erzeugt ein harmonisierendes Bild der Vergangenheit, das vom Bewusstsein bearbeitetes Material enthält, aus dem verstörende Elemente ausgesondert worden sind. Demgegenüber finden sich im Reservoir des *Gedächtnisses* Fragmente, die vielleicht nie als bewusstes Material vorhanden

sucht im Anschluss daran die »Angst Gesines« genauer. So versucht er darüber aufzuklären, was ein Erzählen als »ein Gespräch über ein Gespräch« und was ein Erinnern als Bedingung und als Gestaltung für ein solches Erzählen leisten kann: »Der Satz von heute heißt ... daß ich ihn nicht sagen werde.« Elbens Interpretation legt nicht nur das Dekonstruieren des Erinnerns und das sich selbst in ein »Gespräch über ein Gespräch« verwickelnde Erzählen offen; Elben rekonstruiert auch das Trauma als den Grund für dieses spezifische Erzählen der *Jahrestage*.

Wie der Titel der Studie verdeutlicht, interpretiert Elben die Traumatisierungen der historischen Protagonisten der *Jahrestage*, insbesondere von Gesine und ihrer Mutter Lisbeth, vor allem als traumatische Zeichen:

So wird lesend die Erfahrung zu machen sein, daß sich Erinnern und Erzählen in den *Jahrestagen* nicht in Zeichen für Trauma, sondern in Zeichen von Trauma realisiert. [... Auf Grund der] Qualität diese[r] Zeichen in Johnsons Darstellungsversuch [... ist] nicht damit zu rechnen, daß sie nach etablierten Regeln abschließend zu deuten sind. (23)

»Zeichen von Trauma« heißt nach Elben also genauer dies, dass die Traumatisierungen nicht einfach auszusprechen, schlicht zu ›verzeichnen‹ und letztlich zu ›verarbeiten‹ sind. Vielmehr reichen die Traumatisierung und die aus ihr resultierenden Schmerzen wesentlich tiefer, und sie hinterlassen bloße Anzeichen, die auf das Trauma nur verweisen können. Ja, als Spuren, die nicht nur verwischt zu werden drohen, sondern schon »gelöscht« erscheinen, drücken sie aus, wie wenig das Trauma aussagbar ist. Johnsons Erzählkonstruktion, sein »Darstellungsversuch« lege sozusagen nur offen, wie sehr die traumatisch erfahrene Wirklichkeit ›ver-zeichnet‹, verfälscht würde, wenn man die Traumata für zu verarbeiten und damit für zu ›ver-schmerzen‹ hielte.[7]

---

waren, dadurch aber gerade von der neutralisierenden Bearbeitung der Erinnerung verschont geblieben sind. Das Gedächtnis fungiert damit als kritische Instanz gegenüber den Harmonisierungen und Rationalisierungen der Erinnerung und ermöglicht einen Zugang zu den problematischen Gehalten der Vergangenheit, um deren Aufarbeitung es dem Roman gerade geht« (S. 201). In der Argumentation Elbens spielt diese Unterscheidung von Erinnerung und Gedächtnis eine weniger bedeutsame Rolle.

7 Eine weniger pessimistische Sicht der Thematisierbarkeit des Traumas entwickelt Knoche, Susanne: Generationsübergreifende Erinnerung an den Holocaust. *Jahrestage* von Uwe Johnson und *Die Ästhetik des Widerstands* von Peter Weiss, in: Johnson-Jahrbuch, Bd. 9, Göttingen 2002, S. 297-316, insbesondere S. 302-307.

Elbens Deutung hat daher die Konsequenz, »die Lesart der *Jahrestage* als Darstellung gelingender Trauerarbeit als unhaltbar auszuweisen« (16).[8] Es ist »mit keiner abschließenden Aufklärung einer schockierenden Geschichte zu rechnen – ebensowenig für Gesine Cresspahl, wie für Uwe Johnson und uns Leser« (22).[9] Und, wie Elben gegen Ende seiner Studie formuliert: »Einer Trauer, die das Phänomen Trauma aufklärend verständlich macht, die Schmerzen heilt und vergessen läßt, stellt Johnson eine dynamische, nicht abschließend zu vollendende Trauer als Lektürearbeit an Krankheitszeichen entgegen.« (271)

Die ›Symptomatologie‹, zu der Johnsons Erzählprozess in seiner Würdigung als eines performativen Generierens und Verschiebens von Zeichen der ›Krankheit‹, des Traumas, in Elbens Argumentationslinie wird, hat gravierende Auswirkungen: sowohl für die prinzipielle Einschätzung des Erzählwerks der *Jahrestage* wie für deren Rezeptions- und Deutungsweise. Für das Erzählen Johnsons verliert Referenzialität grundsätzlich an Bedeutung: »Johnsons Erzählkunst konfrontiert uns mit dem irreparablen Verlust einer stabilen Referenz, mit den Grenzen der Verständlichkeit« (ebd.). Etwas zugespitzt also erscheinen nach Elben die Momente ästhetischer Erfahrung an den *Jahrestagen*, die auf ein ›realistisches‹ Erzählen zu beziehen sind, als potenzielle Fehl-Lektüren. Statt dessen schlägt Elben vor, die *Jahrestage* eher als ein Verzeichnen eines Krankheits-, eines Traumatisierungsprozesses zu lesen, als eine Anamnese des ›Unsagbaren‹.[10] Die traumatischen Zeichen, die der Text nicht nur organisiert, sondern auch »inszeniert«, sind

8 Es gilt auch auf der Ebene des Erzählten, »daß sich die Inszenierung des dialogischen Erinnerns zwischen Gesine und ihrer Tochter Marie kritisch von dem Modell traditioneller psychoanalytischer Trauerarbeit absetzt. [...] Weder Gesine noch Marie gelingt ein aufklärender, heilender Einblick in ihre schockierende Familiengeschichte« (133). – Weil diese Konstellation aber nicht nur eine individualpsychologische, sondern in der Generationenfolge auch eine kulturelle bzw. kulturgeschichtliche (und literarisch vermittelte!) Konstellation ist, fragt Knoche mit Blick auf Marie zu Recht, »ob schmerzhafte Erinnerungen, bewusste oder unbewusste, überlieferte oder nicht mitgeteilte, überhaupt vergessen werden können.« Knoche: Generationsübergreifende Erinnerung (Anm. 7), S. 304.

9 Vgl. auch: »Die Lektüre dieser gemeinschaftlichen Bemühungen um Heilung macht uns ihr schmerzhaftes Scheitern deutlich. In den *Jahrestagen* mißlingt die Trauerarbeit, die erlittene Schmerzen stillstellt. Mit der Vergangenheit ist nicht ›fertig zu werden‹« (258).

10 Mit Knoche: Generationsübergreifende Erinnerung (Anm. 7), S. 306, lässt sich diese Tendenz auf das Unsagbare kritisch befragen: »Dennoch sind literarische Gestaltungen von traumatischem Erleben nicht ›Nicht-Schrift‹, wie Birgit Erdle, gegen Anselm Haverkamp gewandt, überzeugend in ihrer Zurückweisung der ›Pathosformel des

Zeichen, mit denen im Sinne psychoanalytischer Trauerarbeit nicht fertig zu werden ist. Sie sind weder zu vergessen noch aufklärend zurechtzurücken. Denn ihr Lesen und Schreiben gilt nicht vergangenem Schmerz, sondern generiert ihn.

So lehren uns die in Johnsons Roman vorgeführten Wirkungen des Zusammenspiels von Erinnern und Erzählen einen Umgang mit dem Phänomen Trauma, der sich zwischen seiner Setzung als »das Unsagbare« und der Annnahme verortet, daß es adäquat zu repräsentieren sei. (270)

Elbens Studie »präsentiert sich damit als Lektüre einer Lektüre von Zeichen des Traumas, in deren besondere Schwierigkeiten wir durch Johnsons Inszenierungskunst schrittweise eingeführt werden« (84). Johnsons »Inszenierungskunst« verwandelt Erzählen, Erinnern und Deuten in einen performativen Prozess – in dem sich für Elben das Deuten vor allem als eine Reihe scheiternder Deutungsversuche erweisen muss.

Dies zeigt Elben an verschiedenen Abschnitten des Textes, die er als exemplarisch bzw. als ›symptomatisch‹ bespricht. Die Studie beginnt mit Passagen, in denen Gesine über ihr Gedächtnis nachdenkt (25-51). Neben der schon genannten Stelle werden z.B. auch ihr Treffen mit Shuldiner in der Sandwichstube (JT, 62-65) und allgemein »die Katze Erinnerung« untersucht. Sie wird nicht als Metapher, Symbol oder Allegorie interpretiert, sondern als »metonymische Verschiebung« (42), und sie entspricht so der Zeichenstruktur des darstellerischen Umgangs mit dem Trauma, dem sich Elben dann weiter widmet.[11] In ausführlicheren Abschnitten wird danach das Princeton-Experiment (JT, 226-235) diskutiert (52-85):

›Undarstellbaren‹ zeigt; gerade das Trauma, ›die ›Wunde‹ [hat] mit Lesbarkeit zu tun.‹« Knoche zitiert hier: Erdle, Birgit R.: Die Verführung der Parallelen. Zu Übertragungsverhältnissen zwischen Ereignis, Ort und Zitat, in: Bronfen, Elisabeth/Erdle, Birgit R./ Weigel, Sigrid (Hg.), Trauma. Zwischen Psychoanalyse und kulturellem Deutungsmuster, Köln 1999, S. 27-50, hier: S. 32.

11 Die Metonymie so zu privilegieren erscheint mir zu rasch und zu thetisch; und dies ist auch kein marginales oder nur terminologisches Problem. Denn die Metonymie beschränkt sich auf die Bedeutungs*verschiebung*. Die (Neu-)Konstituierung von Sinn im Übertragungsvorgang der Metapher sollte aber nicht einfach als Verstehensmodell ausgeschlossen werden. Vgl. zur Unterscheidung beider Figuren Wellbery, David: Übertragen: Metapher und Metonymie, in: Bosse, Heinrich/Renner, Ursula (Hg.): Literaturwissenschaft. Einführung in ein Sprachspiel, Freiburg 1999, S. 139-155, hier: S. 153f. Vgl. zu einem differenzierenderen Sprachgebrauch darüber hinaus z. B. auch: Kurz, Gerhard: Metapher, Allegorie, Symbol, Göttingen [2]1988. Für »die Katze Erinnerung« scheint die Bezeichnung »Zentralmetapher« sinnvoll; vgl. dazu Steiner, Uwe: Das »Handwerk des Erzählens« in Uwe Johnsons *Jahrestagen*, in: Poetica 32, 2000, S. 169-202, hier: S. 200.

Der Dynamik des aufreißenden Zerbrechens des Erinnerungstextes, wie sie in der Darstellung von Gesines Nachdenken in Gustafsons Sandwichstube zu beobachten war, entspricht hier einer Dynamik der Vermischung, der Interpenetration von Wortbedeutungen, die in einer Metaphorik der Liquidität gefaßt ist. Die Sprache als Erzählmedium findet sich damit erneut um ihre Stabilität gebracht. (84)

Ins Zentrum der traumatischen Erfahrungen rückt Elbens Studie dann, wenn sie sich in längeren Passagen Lisbeths Tod (86-158) und dem tödlichen Flugzeugabsturz D.E.s (159-272) widmet.

Nicht von gelingender Trauerarbeit kann die Rede sein, denn »Gesines Monolog an Lisbeth stellt von Beginn an den Versuch dar, die Toten von den Lebenden zu trennen. Mit Nachdruck erklärt die Sprechende die Mutter für tot, um sie von sich abzugrenzen« (88). Im Umgang mit dem Tod der Mutter ist diese nicht zu vergegenwärtigen, denn: »Der Moment der Vergegenwärtigung zerfrißt sofort beides, Vergangenes wie Jetzt.« (JT, 519) Und daraus schließt Elben: »Das Aufbrechen von Gesines Erinnerungstext erweist sich als beredt. In ihm wird Trauma als ›ausgeraubte[s] und raumlose[s] Bild‹ (JT, 64) als Abwesenheit, die Wirklichkeit vorzeigt, lesbar« (95).

Warum und wie Elben die Zeichenstrukturen angesichts der Traumata nur als metonymische Verschiebungen interpretieren kann, wird an seinem postulierten Übergang von einer textlich beschriebenen Erinnerung (»Erinnerungstext«) zu einer visualisierten Lesbarkeit des Abwesenden (»als Bild lesbar«) deutlich – aber m.E. an dieser Stelle seiner Argumentation nicht wirklich nachvollziehbar. Denn anstatt – z.B. mit Überlegungen Walter Benjamins[12] – dem Bildstatus und der zugeschriebenen Rhetorizität dieser Erinnerungsbilder (»beredt«) nachzugehen, bescheidet sich Elben doch mit einem Paradox »sichtbarer Unsichtbarkeit«:

In Johnsons Darstellung vollzieht sich der Prozeß der »sich öffnenden Augen« gleichzeitig in der Vergangenheit und in der Gegenwart der sich Erinnernden. Dabei fällt der erinnerte Blick in der Vergangenheit und der erinnernde Blick in die Vergangenheit auf eine gelöschte Spur. In seiner Unsichtbarkeit wird Lisbeths Verhalten lesbar, ohne klar sichtbar zu sein. Das in der Gegenwart schokkierende »Stück Vergangenheit« zeichnet sich also, paradox genug, durch seine sichtbare Unsichtbarkeit aus. (119)

Etwas klarer werden diese Prozesse des Übergangs zwischen dem sprachlichen Erinnern des Erzählens und der in der Rezeption und Deutung

---

12 Buck-Morss, Susan: Dialektik des Sehens. Walter Benjamin und das Passagen-Werk, Frankfurt am Main 1993.

bildhaft aufscheinenden Erinnerung in den Bemühungen, sich über das Trauma, das D.E.s Tod darstellt, zu verständigen. Hier wird schließlich verständlich gemacht, dass diese Übergänge auf die Medialität des Erzählens selbst referieren. Denn sie stellen sich dar als »überlieferndes Erzählen als Stimmenhören [...]. Johnson inszeniert das Erzählen der *Jahrestage* als eine Kette der Oralität, die von den Stimmen der Toten über die Stimme Gesines, die Marie erzählt, zu seiner Stimme reicht, die solche Mündlichkeit für uns Leser schriftlich überliefert« (206).

Diese komplexe, psychoanalytische und eben auch kulturelle Leistung des erinnernden Erzählens unterschätzt man, wenn man hier nur auf Metonymien abzielt, auf ein unendliches Verschieben von Sinn, auf das permanente Löschen von deutbaren Spuren: Auch wenn das Trauma als Zeichen-Figur erscheint, sollte das Trauma in seiner kulturellen, sozial- und individualpsychologischen Dimension thematisiert werden, als Trauma, nicht nur als Zeichen von Trauma – Elben sieht ja selbst ein:

Die Stimmen der Toten lenken von Leid nicht ab, sondern auf es hin. Der Sicherheit, Trost und Vergessen spendenden, konsolidierenden Wiederherstellung einer Weltordnung, eines Ursprungsortes, wie sie die *Theogonie* inszeniert, steht in den *Jahrestagen* so ein verunsicherndes, schmerzhaftes Hineinhören in Verlorenes gegenüber, das sein Vergessen ebenso verunmöglicht, wie seine heilende Rekonstruktion. Zu hören ist, auch von den Stimmen der Toten, eine Stille, die wehtut – als Zeichen irreparabler Zerstörung von Heimat und Ordnung. (252)

Es sind nicht nur Zeichen von Zerstörung, es *ist* traumatisch, wenn Heimat und Ordnung zerstört sind.[13]

Dr. Lothar van Laak, Fakultät für Linguistik und Literaturwissenschaft, Universität Bielefeld, Postfach 10 01 31, 33501 Bielefeld

---

13 Vgl. zuletzt zur Heimatproblematik in Johnsons *Jahrestagen*: Paefgen, Elisabeth K.: Farben in der Fremde, Farben in der Heimat. New York und Mecklenburg in Uwe Johnsons *Jahrestagen*, in: Johnson-Jahrbuch, Bd. 9, Göttingen 2002, S. 241-274, insbesondere S. 262-272.

Rudolf Gerstenberg

Kleinkassiber für den Kalten Krieg

Uwe Johnsons Briefe und Postkarten an Jochen Ziem.
21. März 1955 – 19. September 1968

Zu: Uwe Johnson: »Leaving Leipsic next week«.
Briefe an Jochen Ziem. Texte von Jochen Ziem[1]

> The direction is intending to use now guns with great
> calibre in the society for sporting and technique
>
> Uwe Johnson[2]

Warum ist dieses Kleinod einer gedeckten Verbindung erst jetzt auf uns
gekommen? Und warum erschien es nicht im Hausverlag Johnsons, dem
Suhrkamp-Verlag? Vielleicht lässt sich das ein andermal klären. Buch-
technisch gesehen, ist die Veröffentlichung im Berliner Transit Verlag
allemal ein Glücksfall.

Was erwartet den Leser? Viel Buch für's Geld, das zum Ersten. Gud-
run Fröba hat den graugrünen, quergerippten Pappeinband mit dem stark
vergrößerten Faksimile einer Zeichnung von der Hand Johnsons versehen. Es ist von geradezu Jeanpaulschem Witz, dass sich die fotografische
Vorlage dazu auf dem Innentitel (Seite 2) findet: Der junge Johnson, en
profil, mit der Pfeife im Maul. Das Bild ist aber von später.

Die Wahl ist dennoch gut getroffen: Der Titel zeigt uns das nachge-
tragene Porträt der Innenseite, nachdem es durch des Dichters Auge,
Hirn und Hand gegangen und merkwürdig, selbstironisch anverwandelt
wieder auf die Mitwelt losgelassen wird.

---

1 Johnson, Uwe: »Leaving Leipsic next week«. Briefe an Jochen Ziem. Texte von
Jochen Ziem, herausgegeben und eingeleitet von Erdmut Wizisla, Berlin 2002.
2 Johnson, Postkarte vom 7. April 1955 an Jochen Ziem, ebd., S. 42.

So also wünscht Johnson sich selbst abzukürzen: Als turmschädliger Pfeifenraucher. Wer genau hinsieht, entdeckt hinter dem fehlenden Hinterkopf einen kleinen Makel. Zufällig dahin geraten, vielleicht aber auch nicht. Und das könnte der kleine Makel hinter dem Hinterkopf bedeuten: Johnson hat sich auf den Punkt gebracht. Wirklich? Ist dieser Hinterkopf nicht vielmehr und zuallererst eine einzige Frage? Man sehe genauer hin. Wo nicht, ist's ein hübscher Effekt der Vergrößerung, der sich aber auch auf Seite 36 noch nicht verlieren will. »Halloh Schochen«, so lässt der Herausgeber den Textteil einläuten. Es ist dies die Grußformel zum dreiundzwanzigsten Geburtstag Jochen Ziems. Der im September des Vorjahres nach Leipzig gewechselte Johnson kannte Ziem erst knappe sechs Monate. Diese Karte wie die des folgenden Tages schmückt jene verschmitzt fragende Paraphe, dem Leser bereits vom Titel bekannt. Diesmal aber ohne Punkt.

Viel Buch für's Geld – das lässt sich auch auf das kenntnisreiche Vorwort des Herausgebers Erdmut Wizisla münzen. Man könnte geneigt sein, es ein wenig zu lang zu finden. Aber das stimmt nicht. Da ist kein Satz zuviel, die Ausführlichkeit ist angemessen.

Die Krux des Bandes liegt anderswo.

Zum andern nämlich handelt es sich um einen einseitigen Schriftwechsel, die Antworten des Adressaten, Jochen Ziem, sind nicht erhalten. Und selbst wenn, den Schreiber kennt kaum einer. Wizisla hat ihn für die Johnson-Leser noch einmal kurz der endgültigen Vergessenheit entrissen. So umfasst der Korpus lediglich 41 Schriftstücke, über einen Zeitraum von gerade mal zwei Jahren. Dann klappt eine Karte nach, am 19. Dezember 1968: »Lieber Herr Ziem, ich bin dafür, dies zu vergessen.«

Das ausführliche Vorwort also ist nicht zu lang. Ob Wizisla allerdings gut daran getan hat, den Band mit späteren Texten Ziems aufzupusten – ich bezweifle es. So hat er die Lektüre und Interpretation mit zusätzlichem Wissen ex post beladen, das so nicht in diesen Kontext gehört. Und wir wissen, dass wir beim besten Willen nicht mehr von diesem Wissen absehen können. Das ist umso problematischer, weil Wizisla eigens Texte aus den »Jahrebüchern« Ziems hervorkramt, von denen er andeutet, sie blieben als Ganzes besser unter Verschluss. Aber dass sich Erdmut Wizisla hinter dieses Buch geklemmt hat und es mit dem Transit Verlag durchsetzte, das kann gar nicht hoch genug gewürdigt werden. Denn immerhin handelt es sich, wie gesagt, um einen auf den ersten Blick dürren Textkorpus aus zwei Jahren.

Aber die haben es in sich. Die Schriftstücke wie die Jahre auch. Die Johnson-Gemeinde darüber zu belehren, hieße Eulen nach Athen zu tragen.

Schon die beiden ersten Zeugnisse eines Konvoluts von vierzig Stükken zeigen dies: Der Schatten Stalins steht nicht zwischen, sondern in den Zeilen.

Am 21. März 1955 schreibt Johnson aus Leipzig den ersten erhalten gebliebenen Brief an den noch immer aus Hannover zurückerwarteten Ziem. »Sie werden bemerkt haben dass Stalin nun tot ist; auch bedanke ich mich für das Pack Tabak das mich von Ihnen betraf.« Der Kommentar des Herausgebers vermerkt lakonisch, er, Stalin, sei »bereits am 5. März 1953 gestorben.«[3] Trotzdem war das mehr als zwei Jahre danach offensichtlich noch eine Nachricht wert: Totgesagte leben länger.[4] Noch standen Stalin-Statuen an ostdeutschen Straßen, ein »demokratischer Schriftsteller werden« zu wollen, das »ging nun nicht«, meinte Uwe Johnson.[5]

Dies ist aber nur eine geringe Merkwürdigkeit. Die zweite Karte der Korrespondenz weist nämlich weitere auf. Das Datumsformat ist hier anders, die Jahreszahl ist in römischen Zahlen angegeben: LV. Und das Datum ist einen Monat vorverlegt: März 6, LV. »Johnson datiert irrtümlich auf März«, vermerkt der Kommentar. Ist das zu glauben? Ich glaube das nicht. Das falsche Datum ist ein Fehler, kein Irrtum.

Denn der 6. März 1955 ist der 2. Jahrestag der Nachricht von Stalins Tod. Am 6. März erreichte die Nachricht von seinem Tod die Welt.[6]

---

3 Ebd., S. 39.

4 Vgl. Johnson, Uwe: Jahrestage. Aus dem Leben von Gesine Cresspahl, Bd. I–IV, Frankfurt am Main 1988, S. 769: »Um Stalin Schmerz zu ersparen, haben die U.S.A. ihm bis heute [23. Februar 1968 – RG] verschwiegen, daß sein Sohn Jakov schon im April 1943 im Lager Sachsenhausen erschossen wurde, auf eigenes Verlangen.« Da Stalin nach dem julianischen Kalender am 9. Dezember Geburtstag hatte, würde sein Todestag, je nach Schaltjahr, im 20. Jahrhundert auf einen Termin um den 22. Februar fallen. Das dürfte die Inszenierung des XX. Parteitages der KPdSU 1956 mitbestimmt haben. Und vielleicht auch die *Jahrestage*, wenn da steht: »und übermorgen [22.Februar – RG] / stehl ich / der Königin Kind. And there will be / an end of me. – Of him, Gesine. Rumpelstilzchen.« Vgl. ebd., S. 751.

5 Johnson, Leaving Leipsic (Anm. 1), S. 39. Vgl. JT, 1851.

6 »Wer an jenen Märztag des Jahres 1953 zurückdenkt, an jene Stunden, da wir erfuhren, dass Stalins Herz nicht mehr schlägt, erinnert sich der Tränen aus ungezählten Augenpaaren«. So Max Zimmering in: Als schritte er unter uns, in: Günther Caspar (Hg.), Du Welt im Licht. J. W. Stalin im Werk deutscher Schriftsteller, Berlin 1954, S. 340.

»Die schreckliche Dunkelheit jener frühesten Frühe des 6. März 1953, in der die Nachricht über den Sender ging, legt sich von Moskau aus über die ganze Sowjetunion, über alle Länder, über jedes ehrliche Herz«, schrieb Stephan Hermlin in der unvergesslichen Anthologie zu Stalins 1. Todestag, gewidmet wiederum dessen 75., dem 2. Geburtstag postum am 21. Dezember 1954.[7]

Johnsons Untertext beglückwünscht hier einen, der entkommen ist, einen »Überlebenden«.[8] Noch in den *Jahrestagen* wird es heißen, »Stalin sei doch gestorben am 6. März« (JT, 1850). Das ist aber ganz richtig, denn erst am 6. März 1953 konnten Johnson und Ziem, konnte aber realistischerweise auch eine vorgestellte Person wie Gesine Cresspahl überhaupt erst »bemerkt haben, dass Stalin nun tot«[9] war. Nicht früher. Weiter wird auch die Erinnerung, das jährliche Eingedenken nicht zurück reichen dürfen, alles andere wäre eine Fälschung. Mit andern Worten: Stalin war für viele schon lange gestorben, politisch ein toter Hund. Aber am 5. März lebte er für die Welt noch.

Ganz ähnlich verfährt der Barlach-Kenner Johnson deswegen auch mit dem Todesdatum Ernst Barlachs in den *Jahrestagen*.[10] Gestorben war Barlach nicht am 27.10. 1938, sondern schon drei Tage zuvor. Aber die Nachricht erfuhr man in Jerichow und Umgebung erst am 27.10. 1938 aus dem *Lübecker General-Anzeiger*. Die Trilogie heißt nicht ohne Grund *Jahrestage aus dem Leben von Gesine Cresspahl*. Die Jahrestage der individuellen Erinnerung dürfen nicht gefälscht, nicht vom offiziellen Gedenkritual überschrieben werden. Das scheint mir der geheime Sinn der offenbaren Krudität von Johnsons scheinbaren Fehldatierungen zu sein. Sie haben Methode, und die wird durchgezogen.

Wie gesagt: Der gestelzte Ton der Geburtstagskarte ist so vielleicht nicht als bloße Zumutung zu deuten, sondern eher als Hinweis auf den glücklichen Umstand, dass Ziem zu denen gehörte, die den Pfeifenraucher Stalin überlebten.

Dass die Korrespondenz, in immer größer werdenden Abständen freilich, unterhalten wurde, hat seinen Grund nicht in den andauernden Rückrufbemühungen Johnsons. Das Gerüst scheint mir vielmehr der

---

7 Hermlin, Stephan: Das Abbild der Hoffnung, in: ebd., S. 299.

8 Vgl. Johnson, Uwe: Brief an Kurt Hoppenrath (1954), in: ders., »Entwöhnung von einem Arbeitsplatz«. Klausuren und frühe Prosatexte, hg. von Bernd Neumann, Frankfurt am Main 1992 (Schriften des Uwe Johnson-Archivs 3), S. 104-107, hier: S. 105.

9 Johnson, Leaving Leipzig (Anm. 1), S. 39.

10 Vgl. JT, 712.

Umstand abzugeben, dass Johnson einen Auftrag von Ziem sehr genau und wörtlich nahm: Er möge sich um Sonja Kehler kümmern, die Freundin Ziems und Mutter der gemeinsamen Tochter Gabriele. Was dann Eigeninteresse, was widerwillig ausgeführter Auftrag, was Selbstschutz war – den hermeneutischen Stress sollte man auskosten, der sich aus dem mitunter unentwirrbaren Gewirr der Kommunikationsabsichten ergibt. Denn er macht diesen Band so unendlich genießbar und verzwirbelt, macht aus dem dünnen Buch einen dicken Wälzer. Darum wohl auch hat der kleine Band einen Widerhall in den Feuilletons gefunden, der so nicht zu erwarten war, nicht was die Zahl, nicht was den langen Atem der Rezensenten anlangt. Er trug zahlreiche Rezensionen ein; zuletzt die von Heinz Ludwig Arnold in der FAZ vom 16.5. 2003.

Viele Rezensenten schreiben ein richtiges Wort fort, das Erdmut Wizisla in seinem überaus genauen und ausführlichen Vorwort ausgesprochen hat: Johnson jongliere in seinen Briefen mit »Gesteltheiten, Archaismen, Untertänigkeitsfloskeln, synthetischen, kryptischen und offenen Zitaten, Anspielungen, Dialogfetzen, expressiver Syntax und Interpunktion« die »Kennzeichen seiner literarischen Sprache« seien.[11] Das ist gewiss richtig, nur – umgekehrt schiene mir der Satz noch richtiger.

»Der Sinn von Ziems Satz scheint nicht nur Johnson dunkel geblieben [zu] sein«,[12] meint Erdmut Wizisla mit Bezug auf einen in der Tat obskuren Satz Ziems. »[Die] Heimat lässt sich am bittersten aus der Nähe betrachten«,[13] hatte der geschrieben. Von Johnsons inkonsistenten und widersprüchlichen Äußerungen gegenüber Ziem kann man aber keineswegs sagen, dass ihr Sinn im Verborgenen bliebe. Gerade die Widersprüchlichkeit mehrerer in sich konsistenter Äußerungen kann besser als eine absichtliche Irreführung der Behörden gelesen werden. Was da Blendwerk, was Eins zu Eins gemeint war, sollte dem Wohl- oder Übelwollen der jeweiligen doppeldeutschen »Postzensur« anheim gestellt bleiben.

Er »mache hier wirklich keine Stil-Übungen, der Satzbau ergab sich so, und andres auch«, schreibt Johnson am 27. Juli 1955. Seine Briefe sind in der Tat eben keine »literarischen Etüden«[14], dies vor allem, wenn man bedenkt, dass auch Johnsons ganze Alltagskommunikation aus diesem Guss gewesen sein soll, wie Freunde und Bekannte immer wieder berichtet haben. Es handelt sich um einen ausgeprägten kryptischen Rea-

---

11 Johnson, Leaving Leipsic (Anm. 1), S. 30.
12 Ebd., S. 27.
13 Ebd., S. 27, 61.
14 Ebd., S. 28

lismus, gespeist durch enorme eidetische Fähigkeiten. Andersherum gesagt: Johnsons Stil ist ein Briefbücherstil.[15] Und ganz gewiss ist dieser Stil nicht mehr künstlich verrätselt – weil sein Vorwurf in der alltäglichen Kommunikation bereits kunstvoll verrätselt zu sein hatte.

Die kunstvolle Verschlüsselung des Faktischen, die Veränderung der Namen von Personen und Orten konstituiert den fiktionalen Charakter der zeitgleich entstehenden Texte, ihre Qualität als Artefakte. Zugleich und nur dadurch aber besiegelt dieser »Umstand« der Verschlüsselung »die Wirklichkeit des Materials und die Existenz jener, die es herstellten und mit ihm umgingen«, wie es in einer nachgereichten Leseanweisung des Autors heißen wird.[16] Wäre das nicht so, so wären die Formentscheidungen ja beliebig. Durch solchen Umgang mit einem Umstand der Realität gelingt es Johnson, die »trostlose Prämisse der Fiktion« zu umgehen, denn was auch bei ihm wie Täuschung, Fiktion, Lüge oder Lässigkeit aussieht, ist gerade dies nicht, obwohl es das ist. Die Täuschung und der Fehler, selbst das offenbar inkonsistente Selektionsprinzip werden zu Siegeln der Echtheit. Die Täuschung des Autors, wo sie nicht zur Selbsttäuschung geworden ist, besiegelt nämlich genau jenen Umstand der Realität, der das moralische Subjekt zur Lüge zwingt. Die Lüge wird darum nicht wahr, sie bleibt Täuschung, aber sie täuscht nicht über die schlechte Wirklichkeit hinweg, sondern weist auf sie hin. Die »vorsätzliche Fälschung« eines Dokuments, als Dokumentation eines Vorgangs unbrauchbar, ist dennoch brauchbar als Ausweis einer Wirklichkeit, die zur Fälschung zwingt: aus Angst, aus Anstand und aus Klugheit. Denn klug war am Ende nur, wer überlebte, indem er die Bälle in der Luft und sich die Option zu Gehen oder zu Bleiben so lange als möglich offen hielt. Aber die Vorstellung, Johnson habe nicht nur seine Korrespondenz, sondern seinen ganzen Alltag als Vorgriff auf ein Werk inszeniert – das will mir nicht einleuchten. Andersherum schon.

»Wenn ich solche kennen soll,« sagt Jakob Abs zu Hauptmann Rohlfs, »muss ich ihnen wohl ähnlich sein«.[17] Solche, die Abweichler, die Renitenten, pflegen ihre eigene Sprache. Wer ihr Vertrauen erringen will, um für den Geheimdienst von Wert zu bleiben oder zu werden, der muss sich ihnen anverwandeln. Jochen Ziem hatte sich als ein »solcher« für den Geheimdienst und die Postzensur kenntlich oder wenigstens

---

15 Vgl. Beyrer, Klaus/Täubrich, Hans-Christian (Hg.): Der Brief. Eine Kulturgeschichte der schriftlichen Kommunikation, Heidelberg 1997.

16 Johnson, Uwe: Begleitumstände. Frankfurter Vorlesungen, Frankfurt am Main 1980, S. 264.

17 Johnson, Uwe: Mutmassungen über Jakob, Frankfurt am Main 1974, S. 52.

verdächtig gemacht, einfach, indem er es nicht eilig hatte mit der Rückkehr zum Osten Deutschlands. Das sollte man bedenken. Johnson jedenfalls wird es immer bedacht haben, sei es, dass er sich über die »Postzensur« mokierte, sei es, dass er nicht Ziem anredete, sondern die Mit-
Leser: als »Amt für Ansichtpostkarten«[18]. Das ist ja auch ganz hübsch
gedacht, denn unterstellt wird da gar nichts. Offene Post kann gelegentlich immer mal mitgelesen werden, von wem auch immer. Selbst wenn
das Briefgeheimnis ein Menschenrecht ist und sein sollte. Denn auch das
sollte bedacht werden: Die Korrespondenz, die Johnson und Ziem miteinander führten, war gar kein Briefwechsel. Für das ältere »Briefwechsel« fehlt uns da ein »Postkartenwechsel«, damit auch gleich klar wird,
dass es sich um eine offene Kommunikationsform handelt.[19] Die Ge-
stelztheit, die Manierismen sollten darum immer auch als Markierung
für eine Überschlüsselung gelesen werden, etwa so: »Sehr geehrte Zensur diese Postsendung ist in offenem nicht verschlüsselten Missingsch
abgefaßt«.[20] Wenn etwas falsch, missingsch klingt, könnte es sich also
auch um verschlüsselte Informationen handeln.

Einmal so weit gedacht, muss man aber auch fragen dürfen: Ist es
wirklich paradox, dass Johnson Ziem aufforderte, in die DDR zurückzukehren? Und: Versuchte er wirklich, Ziem zu halten? Die meisten Rezensenten sind sich da einig. Aber man wird ja noch fragen dürfen.

Nämlich so: Sind dies nicht alles bloß salvatorisch gemeinte Lippen-
bekundungen des Leipziger Studenten Johnson, gerichtet an einen, der
außer Landes ging und eh schon wusste, wie's gemeint war? Hat er nicht
damals schon gesprochen und geschrieben, wie er auch zuvor schon den
Brief für Kurt Hoppenrath schrieb, so und auch so oder auch anders zu
lesen? Aus gutem Grund?

Für solche Überlegungen eignet sich der graugrüne Band auf das Beste.
Seinen erstaunlichen Erfolg in den deutschen Feuilletons und im Buchhandel verdankt er den »Alles-von-Johnson-Lesern«, und für die ist er
auch genau das Richtige. Die Farbe des Einbands weist dem Band seinen

---

18 Johnson, Leaving Leipzig (Anm. 1), S. 91. Die Vermeidung des Fugen-S weist
den Jean Paul-Leser aus.

19 Vgl. die knappe und informative Einführung Katrin Kilians zu: Der Erste Welt-
krieg in deutschen Bildpostkarten, hg. vom Deutschen Historischen Museum, Berlin.
Mit einer Einführung und Kommentaren von Katrin Kilian, Directmedia Berlin 2002,
Digitale Bibliothek Band 66 (CDR), S. 15-53, hier besonders die Abschnitte »Entwicklung der Postkarte«, S. 17-21, und »Zensur«, S. 47-49.

20 JT, 168. Die Kommata sind übrigens sämtlich gelöscht, demnach hätte die Zensur das Band abgehört und zurückgespult.

Platz im Regal. Das Graugrün stellt ihn als ein Seitenstück zur *Entwöhnung von einem Arbeitsplatz*, neben *Ingrid Babendererde* und die *Mutmassungen über Jakob*.

Darüber hinaus findet der Leser manche Wendung wieder, die ihm auch beim mehrfachen Lesen der Bücher Uwe Johnsons merkwürdig geblieben ist. Nun weiß man endlich, seit wann und aus welcher Quelle Heinrich Cresspahl so gut über den Unterschied zwischen Schnitzel und Carbonade unterrichtet ist, oder hat vielleicht den Anfang jener seltsamen leviathanischen Motivkette gefunden, die sich darum dreht, dass die »Haut [...] immer außen«[21] ist: »Sie sehen, lieber Herr, es geht mir ein bisschen mühselig, und sie sagen: Das dauert etwa vierzehn Tage, da muss sich die Haut erst an gewöhnen.«[22]

Zeitzeugnis, Steinbruch, biographisches Dokument – diese sorgsam transkribierten Kassiber sind vor allem eins: Ein Buch, gut und schön.

Rudolf Gerstenberg, Frommannstr. 3, 07743 Jena

---

21 JT, 1674. »Jedermann ist der Beste in seiner Haut«, heißt es, Brecht aufnehmend, schon in den *Mutmassungen über Jakob*, vgl. MJ, 97. Hier weitere, ziemlich wahllose Funde: Johnson, Uwe: Das dritte Buch über Achim, Frankfurt am Main 1973, S. 137, 160, 168, 215, 282, 288, 293; ders., Eine Reise wegwohin, 1960 in: ders., Karsch und andere Prosa, Frankfurt am Main 1990, S. 29-81, hier: S. 30, 61; ders., Johnson, Uwe: Berliner Stadtbahn (veraltet), in: ders., Berliner Sachen, Frankfurt am Main 1975, S. 7-21, S. 8.

22 Johnson, Leaving Leipsic (Anm. 1), S. 80.

Thomas Geiser

»Alles ist Ironie. Er ist keine«[1]

Zu: Uwe Johnson.
Befreundungen. Gespräche, Dokumente, Essays
Herausgegeben von Roland Berbig, gemeinsam mit
Thomas Herold, Gesine Treptow und Thomas Wild

Ein schön gemachtes Buch, ein Buch von einladender Fülle. »Die Beiträge [...] eint Misstrauen an Vorgefertigtem«, steht im Vorwort. »Sie laden in geziemender Zurückhaltung ein, der Übermacht schillernder, aber wirkungsvoller Klischees entgegenzutreten. [...] Die ›Befreundungen‹ sind ein Plädoyer für Unvereinbarkeiten, aus denen ein Leben besteht.«[2]
Solches zu lesen über den Umgang mit einem Menschen, der ja nun fast zwanzig Jahre tot ist, tut gut. Natürlich könnte sich ergeben, dass gerade durch einen Sammelband wie diesen Legenden geboren werden; genügt es doch, dass mehrere der Gefragten Gleiches sagen oder eben auch nur weitersagen. Marianne Frisch geben wir nachträglich Recht, wenn sie meint: »Ich kann das ewige Gerede von der schwarzen Lederjacke nicht mehr hören!« (332) Für Wiederholungen dieser Art können die Herausgeber freilich nichts. Sie haben bei der Auswahl aus Johnsons Freundeskreis auch »eigenen Vorlieben und Neigungen« nachgegeben und danken weiteres »dem glücklichen Zufall« (11). Dass Walser und Enzensberger immer noch schweigen wollen, erfahren wir (wiederum im Vorwort) mit Bedauern, während Grass überhaupt nicht erwähnt

---

1 Wolfgang Neuss in: Salvatore, Gaston: Wolfgang Neuss – Ein faltenreiches Kind, Frankfurt am Main 1974, S. 237.
2 Uwe Johnson. Befreundungen. Gespräche, Dokumente, Essays, hg. von Roland Berbig, gemeinsam mit Thomas Herold, Gesine Treptow und Thomas Wild, Berlin 2002, S. 8. Bei Zitaten daraus stehen die Seitenzahlen in Klammern im Text.

wird, der doch auch mehr sagen könnte als das, was wir kennen.[3] Und
Kempowski? Hat er den Herausgebern nur Auskünfte gegeben, aber
keine Druckerlaubnis für das ganze Gespräch? Sicher: Über den Menschen Johnson ist mittlerweile wohl alles aufgeschrieben, was er selber
hat preisgeben wollen. Aber über den Dichter? Müssen wir uns damit
abfinden, dass sich die wichtigsten Kollegen verweigern?

Zurück zur Fülle. Versammelt sind acht Gespräche, geführt zwischen
Herbst 1998 und Frühjahr 2001, nämlich mit Toni Richter, Klaus Wagenbach, Reinhard Baumgart, Peter Wapnewski, Peter Rühmkorf (von ihm
stammt das Wort »Befreundungen«), Tankred Dorst, Hans Dieter Zim-
mermann und Thomas Brasch; weiter fünf Berichte über Arbeitsbe-
ziehungen oder Freundschaften (Wolfgang Neuss, Reinhard Baumgart,
Marianne Frisch, Walter Kempowski und Margret Boveri); der Briefwechsel mit Lotte Köhler; je ein Text von Wolfgang Neuss und Martina
Düttmann sowie die redigierte Mitschrift des Salon-Gesprächs mit Franz
Josef Strauß von 1964, an dem neben Hans Werner Richter, Ernst Schna-
bel und Theo Pirker auch Johnson teilgenommen hat.

Roland Berbig ist vorweg sehr zu danken dafür, dass (endlich) auch
Frauen zu Wort kommen, wenn wir einmal vergleichen mit den bekannten vier Suhrkamp Taschenbüchern und mit »Wo ich her bin ...« von
1993. Denn es fällt auf, dass sich Johnson nur mit Männern verkracht hat
(streiten konnte er nicht; das wird hier mehrfach ersichtlich), während er
»Befreundungen« mit Frauen – und mit Eheleuten – über alle Jahre pflegte.
Das Gespräch mit Toni Richter, Zitate von Marianne Frisch, die Briefe
an Frau Köhler und der wunderbare Text von Martina Düttmann: Von
diesen Seiten scheint ein warmes Licht auf den gewiss schwierigen Menschen, etwa, wenn Toni Richter sagt: »Es war nicht einfach mit ihm.
Andererseits ging von ihm dabei auch eine Hilflosigkeit aus, dass man
doch für ihn war.« (115)

Beim Lesen wird uns dann bewusst, wie weit zurück die Begeben-
heiten mittlerweile liegen, von denen die befragten Personen berichten,
denn viele dieser Beziehungen wurzeln in der Gruppe 47. An deren 21.
Tagung, 1959 auf Schloss Elmau bei Mittenwald, war Johnson zum ersten Mal dabei: Vor über 40 Jahren ... Die Erinnerung, das ist verständlich, hat Lücken bekommen und kann trügen. In zwei, drei Fällen wird
ihr denn auch in einer Fußnote widersprochen.

---

3 Vgl. Grass, Günter: Distanz, heftige Nähe, Fremdwerden und Fremdbleiben.
Gespräch über Uwe Johnson, in: Roland Berbig/Erdmut Wizisla (Hg.), »Wo ich her
bin ...«. Uwe Johnson in der D.D.R., Berlin 1993, S. 99–121.

Berlin, anfangs der sechziger Jahre. Unmittelbar nach dem Mauerbau gab es, so Klaus Wagenbach, »große Hoffnungen in der DDR, bei vielen Autoren. Die haben gesagt ›na gut, jetzt steht die Mauer, jetzt ist der Abfluss der Intelligenz gestoppt, jetzt muss es hier, im abgeschlossenen Raum, freier werden‹ [...] Entsprechende Hoffnungen gab es auch im Westen. Dass da zwar die Mauer sei, aber doch auch erste Hoffnungen einer Annäherung« (136f.). Man traf sich. Grass und Johnson lebten bereits in Berlin, Höllerer auch, Hans Werner und Toni Richter bezogen die Villa von Samuel Fischer im Grunewald, Klaus Roehler war Lektor beim Luchterhand-Verlag, es kamen Enzensberger, Frisch, Ingeborg Bachmann. Etwas wie eine solidarische, politisch-intellektuelle Gemeinschaft war entstanden. »[A]ber Johnson kam immer als Individuum, und er blieb es auch. [...] Er hat die richtig politischen Aktionen mehr beobachtend begleitet, als sie zu betreiben. Zuhören und Notizen machen, so sehe ich ihn vor mir.« (Toni Richter, 107) Was nicht heißen muss, dass dieses »kollegiale Verhalten einer [linken] Minorität« (Klaus Wagenbach, 142) seinem Verständnis von Zeitgenossenschaft nicht entsprochen hätte; denn tatsächlich engagierte er sich zu der Zeit noch: Zuerst schreibend (1961 und 1964 mit den beiden Texten über die Berliner Stadtbahn), dann auch öffentlich (1962 in der Spiegel-Affäre), aber auch handelnd (1963 im Prozess der Gruppe 47 gegen Josef-Hermann Dufhues). »Weder vorher noch später hat sich Uwe Johnson in vergleichbarem Maße als Schriftsteller unmittelbar politisch verhalten« (Roland Berbig, 45). Den Schlussstrich unter diese Erfahrungen zog er wiederum schreibend, da war er schon in New York: »Über eine Haltung des Protestierens« wurde gedruckt im *Kursbuch 9* von 1967 und wie zur Sicherheit gleich nochmals, 1968 im ersten Jahrgang des *Tintenfischs*.

Damit wären wir wieder bei Wagenbach. Er erinnert sich: »Vor 1968 war das Verhältnis der Linken untereinander ein vollständig anderes als später« (142). Da ging der Zusammenhalt unter den Intellektuellen verloren, die Gemeinschaft zerfiel. Wagenbach zerstritt sich mit Grass und Johnson überwarf sich mit Enzensberger. Noch einmal Wagenbach: »Er hatte die Schnauze voll vom Kommunismus. Er hatte aber auch keine Lust, sich im ›Kalten Krieg‹ instrumentalisieren zu lassen. Ich kann das gut verstehen. Er hatte ganz andere Erfahrungen mit dem Kommunismus als wir.« (143) Während der größten Turbulenzen war Johnson noch in New York; seine Rückkehr nach Berlin mag ihm dann vorgekommen sein wie die Ankunft in einer Fremde, wo die guten Leute das Maul nicht hielten. Die Folge war ein Rückzug ins Private. In den *Jahrestagen* sagt Gesine schon im ersten Band: »*Es ist was mir übriggeblieben ist: Be-*

scheid zu lernen. Wenigstens mit Kenntnis zu leben.«[4] Wer so redet, hat die Bühne verlassen. Vielleicht müsste man beim Rätseln nach den Gründen für den Umzug nach Sheerness auch daran denken.

Alle hier gedruckten Gespräche vermögen zu fesseln; jedes hat seine eigene Farbe und Qualität, darauf gründen Reichtum und Lesenswert des Buches. Die Namen, die es vereint, sind ein Versprechen, das gehalten wird. Freuen darf man sich über gutes, kompetentes Fragen und darüber, dass fast nie unterbrochen wird. (Für die zweite Auflage wünsche ich mir aus Neugier und als einziges, Toni Richter möge den Satz auf Seite 107 noch beenden können.) Trotzdem: An mancher Stelle hätte sich, spätestens beim Redigieren, nachhaken gelohnt, um wirklich eine Antwort auf die gestellte Frage zu bekommen. Denn die Gefahr des Abschweifens ist ja dort am größten, wo aus dem Vollen geschöpft wird. Interessant ist am Rande, wie wenig eigentlich bei den Befragten herauskommt darüber, was ihnen die Bekanntschaft mit Johnson bedeutet hat, denn einmütig wird ja hervorgehoben, wie verschlossen er war. Manche fanden bei ihm Hilfsbereitschaft und Schutz; gleichzeitig wird etwas vage und doch befremdend von Angst geredet;[5] da ist der Leser besser bedient bei Kempowski, der sich von Mann zu Mann traute, wenn auch nur brieflich: »Ich würde Sie auch gerne einmal besuchen, lieber Herr Johnson, aber ich habe immer etwas ›Schiß‹ vor Ihnen. Sie haben so etwas Strenges an sich, das mir zwar vertraut ist, aber mir den Mund verschließt.« (386) So hatte jeder seine eigenen Schwierigkeiten im Umgang mit diesem Menschen, nicht zuletzt wohl, weil der »im Grunde seine Literatur, seine eigene literarische Welt war« (238), wie Peter Wapnewski treffend sagt. Wapnewski? Sein Gespräch mit Thomas Herold gehört zu den Glanzstücken des Buches.[6] Wir erfahren (zum ersten Mal) von dieser Duz-Freundschaft auf Augenhöhe, von Briefen, in denen Johnson in hohen Tönen fiktive Geschichten ausfabuliert und solchen, wo er sehr direkt und unverstellt über sich berichtet. Bei Wapnewski erkundigt sich Johnson 1975 nach dem Androgynen-Mythos aus Platons *Symposion* – und fügt dessen Antwort weitgehend wörtlich ein in die *Skizze eines Verunglückten.* Wohl möglich, dass Johnson Gefühle (der

4 Johnson, Uwe: Jahrestage. Aus dem Leben von Gesine Cresspahl, Bd. I-IV, Frankfurt am Main 1970–1983, S. 209f.

5 »So hatte man denn auch Angst vor ihm«, Thomas Herold, S. 249; »diese finstere Gestalt, von der Luise Rinser sich beängstigt fühlte«, Peter Rühmkorf, S. 267.

6 »Ein Stein, aus dem keine Quelle schießt, wirklich nicht.« Peter Wapnewski und Uwe Johnson, von Thomas Herold, S. 237-260.

Freundschaft und Zuneigung) nicht artikulieren konnte. Wohl wahr, dass er sie ausdrückte, auf seine Weise.

Vom Gespräch mit Reinhard Baumgart[7] weht ein frischer Wind in die Sekundärliteratur. Da wird nicht seziert und eingeteilt, sondern in großen Räumen gedacht. »Sie wissen, dass das ein Motiv der ›Jahrestage‹ ist, das Reinnölen der Toten, dass er in Stimmen lebte und sein Erzählen auch aus diesem Stimmengewirr kommt. [...] Das Dokumentarische und dieses Realiengerüst, was so fasziniert und den Büchern einen Halt in der Wirklichkeit, und der Gegenwart und auf der Erde gibt, musste wohl sein. Die Kontrolle, diese Besorgtheit und Haftbarmachung des Fiktiven in der Wirklichkeit, brauchte er, um nicht einfach zu implodieren oder zu explodieren in der Fiktion, ins Phantastische.« (177) Wir lesen aber auch (endlich sagt es jemand) von Johnsons »ungeheure[r] Emotionalität« (168) und von »eine[m] der inständigsten Versuche im 20. Jahrhundert, [im Erzählen] sehr nah an das Mündliche heranzukommen« (162). Der nachfolgende Essay von Thomas Wild[8] beleuchtet eine geglückte Arbeitsbeziehung und eine Freundschaft auf dünnem Eis, das dank Baumgarts standhafter Behutsamkeit nie zerbrach. Ausführlich zitiert wird aus dem Briefwechsel, »der rein am Umfang gemessen einen der wichtigsten in der Korrespondenz Uwe Johnsons darstellt« (191). Da warten wir gerne auf mehr.

Nicht ganz befriedigen kann die Form jener Beiträge, in denen lediglich über ein Gespräch berichtet wird. Von Marianne Frisch zum Beispiel[9] erfahren wir nur Bruchstücke dessen, was sie gesagt hat. Zudem stehen diese teils in indirekter Rede, teils zwischen Anführungszeichen (Einzelwörter, Wortpaare und Satzteile) und oft leider auch im Indikativ. Dieser wird naturgemäß aber auch von den Verfassern gebraucht, so dass an manchen Stellen nicht erkennbar ist, ob jetzt da ein Satz von Frau Frisch steht oder eine Meinung der letzteren. Auch Gesine Treptow dankt Walter Kempowski zu Beginn ihres fast fünfzigseitigen Essays[10] »für zwei ausführliche Gespräche« (346). Dazu passt nicht, dass im Text

---

7 »Aber es gibt ein Schweigen, das nicht ganz unvernehmbar ist.« Ein Gespräch mit Reinhard Baumgart über Uwe Johnson, geführt von Gesine Treptow und Thomas Wild, S. 157-190.

8 »Drittens vertraue ich Ihnen aus vollem Halse.« Uwe Johnson und Reinhard Baumgart, eine Begegnung in Büchern und Briefen, S. 191-236.

9 Der fremde Freund. Marianne Frisch und Uwe Johnson, von Thomas Herold und Thomas Schulz, S. 325-344.

10 »Ruhe! Walter Kempowski soll weiterschreiben!« Wie zwei Mecklenburge Schriftsteller ein Auge aufeinander haben, sich lesen und lektorieren, S. 345–391.

weiterhin Vermutungen geäußert und Fragen offen gelassen werden; ganz abgesehen davon, dass wir auch in diesem Fall nicht wissen, was Kempowski wirklich gesagt hat. Das wüssten wir aber gerne. (Es geht hier ja um Johnson. Dieser hat, das belegen die erhaltenen Interviews, auf gute Fragen klare Auskünfte gegeben; mit Reinhard Baumgart bedauern wir, dass das nicht öfter geschehen ist.)[11] Andererseits kämen wir bei den vielen Zitaten aus den Briefwechseln meist von selber drauf, was sie meinen und wie sie wirken; da wird zuviel erklärt und zu vieles wiederholt – etwa: »In der prägnanten Schilderung von Sheerness gewährt Johnson einen kurzen intimen Einblick in sein Leben und öffnet sich Kempowski ein Stück« (378). – Na ja ...

Wir können uns also selber prüfen: Sind wir bereit, unser »Vorgefertigtes« zu hinterfragen, wenn wir auf andere Meinungen treffen und ohne zu unterscheiden, von wem diese kommen?

Mit *Uwe Johnson. Befreundungen* halten wir ein willkommenes Buch in der Hand. Noch ein Kompliment zum Schluss: Es gilt den sinnig eingestreuten, gut ausgewählten Fotografien.

Thomas Geiser, Untere Leihofstrasse 21, CH 8820 Wädenswil

---

11 Vgl. das Gespräch mit Reinhard Baumgart, S. 185, wo er sagt: »solche Dinge hätte man ihn fragen können«.

Gesamtinhaltsverzeichnis
Johnson-Jahrbücher Band 1 – Band 10

Gespräche, Biographisches, Verstreutes

Ingrid Babendererde

Romanübergreifende Themen

Andere Prosa

Paasch-Beeck, Rainer: *Es gibt da auch Dinge, die der Regen nicht abwäscht.* Uwe-Johnson-Tage 1999 in Recknitz und Güstrow, Bd. 7, S. 227-230.

Paasch-Beeck, Rainer: Von der Trave an die Nebel. Zwei Johnson-Tagungen in Norddeutschland, Bd. 9, S. 351-358.

Riordan, Colin: »Bitte, melden Sie sich, Mrs. Cresspahl.« Zu: Dimension². Focus: Uwe Johnson Archives, Bd. 3, S. 278-283.

Riordan, Colin: Johnsons Werk als Autobiographie. Zu: Wolfgang Paulsen, Innenansichten: Uwe Johnsons Romanwelt, Bd. 5, S. 241-248.

Schmidt, Thomas: Auf dem Weg zum Klassiker? Zu: Uwe Johnson, »Entwöhnung von einem Arbeitsplatz«. Klausuren und frühe Prosatexte; Uwe Johnson, »Wo ist der Erzähler auffindbar?« Gutachten für Verlage 1956–1958; du. Die Zeitschrift der Kultur, 1992, Heft 10: Uwe Johnson. Jahrestage in Mecklenburg, Bd. 1, S. 282-293.

Schmidt, Thomas: Kalender und Identität. Zu: D. G. Bond, German History and German Identity. Uwe Johnson's *Jahrestage*, Bd. 2, S. 277-294.

Siemon, Johann: Geschichte vs. Literatur. Zu: Sabine Fischer-Kania, Geschichte entworfen durch Erzählen. Uwe Johnsons *Jahrestage*, Bd. 5, S. 217-222.

Snyder, Emery: »Mit de Leser schnacken?« Zu: Kurt Fickert, Dialogue with the Reader. The Narrative Stance in Uwe Johnson's Fiction, Bd. 4, S. 260-264.

Spaeth, Dietrich: Poetologie und anderes in zwölf Stücken. Zu: Carsten Gansel/Nicolai Riedel (Hg.), Uwe Johnson zwischen Vormoderne und Postmoderne, Bd. 4, S. 203-231.

Stoehr, Ingo: Wie geht es weiter mit der Johnson-Forschung? Ein text+kritik-Heft gibt eine erste Antwort. Zu: text+kritik 65/66, Uwe Johnson, Bd. 9, S. 381-388.

Zschachlitz, Ralf: Verlust oder Rettung der Aura in Uwe Johnsons frühen Erzählungen? Zu: Sybille Horend, »Ein Schnappschuss ist eine ungezogene Sache.« Zur Bedeutung der Photographie im Frühwerk Uwe Johnsons, Bd. 9, S. 389-393.

Johnson-Studien

V&R
Vandenhoeck & Ruprecht

Das Buch zum Buch

Johnsons »Jahrestage« Der Kommentar

Herausgegeben von Holger Helbig, Klaus Kokol, Irmgard Müller, Dietrich Spaeth (†) und Ulrich Fries. Unter Mitarbeit von Thomas Schmidt, Birgit Funke, Thomas Geiser, Ingeborg Gerlach und Rudolf Gerstenberg.

1999. 1133 Seiten, Leinen
ISBN 3-525-20789-1

Im Sommer 1991 wurde eine Gruppe Jenaer Studenten zum Abschluß eines Johnson-Seminars nach New York eingeladen. Nach Betrachtung der Roman-Schauplätze – und in deutlicher Unterschätzung des Aufwands – beschlossen einige der Reisenden auf dem Heimflug, die Jahrestage zu kommentieren. Alles, was an geographischen, zeitgeschichtlichen und literarischen Bezügen erkennbar ist, sollte erklärt werden.

Seitdem wird am Zeilenkommentar zu einem der bedeutendsten Werke der deutschen Gegenwartsliteratur gearbeitet. Mit zunehmender Dauer der Arbeit haben sich die Zusammensetzung der Gruppe und Einzelheiten des Vorhabens geändert; die Idee ist geblieben: ein Buch zum Buch von Lesern für Leser. Es schreibt keinem vor, wie der Roman zu lesen sei, sondern stellt das Material bereit, das sonst mühsam aus Landkarten, Lexika und Johnsons Leseliste zusammengesucht werden müßte.

Entstanden ist auf diese Weise ein grundlegendes Werk der Johnson-Forschung. Es ist nützlich für Erstleser und informativ für Kenner; für wissenschaftlich Interessierte wird es unverzichtbar sein. Der Kommentar enthält eine Fülle von Material zu Uwe Johnsons Umgang mit der New York Times, dem Spiegel, den Mecklenburgiana; darüber hinaus Angaben zu Personen und Schauplätzen. Die Einträge verdeutlichen, weshalb eine Stelle in der Forschung diskutiert wird; Verweise auf Sekundärliteratur machen diese Diskussion nachvollziehbar – der Gebrauch des Bandes ist jedoch davon nicht abhängig. Der Kommentar ist ausdrücklich auch an die Noch-nicht-Leser gerichtet, die neugierig gemacht werden sollen auf den Gegenstand der Bemühungen.

„Herausgekommen ist ein Werk – die Herausgeber nennen es zurückhaltend ‚ein Buch zum Buch von Lesern für Leser‘ – an dem die Johnsonforschung sicher über Jahrzehnte nicht wird vorbeikommen können. Aber auch für ‚normale‘ ‚Jahrestage‘-Leser erleichtert und bereichert der Kommentar die Lektüre enorm."

Litertatur in Wissenschaft und Unterricht

V&R
Vandenhoeck & Ruprecht